ALAIN COTTA

La France et l'impératif mondial

Presses Universitaires
de France

ISBN 2 13 035685 0

Dépôt légal. — 1re édition : 2e trimestre 1978
© 1978, Presses Universitaires de France
Tous droits de traduction, de reproduction et d'adaptation
réservés pour tous pays

Sommaire

Avant-propos

PREMIÈRE PARTIE

L'INTÉGRATION DE L'ÉCONOMIE MONDIALE

1 / *L'état actuel de l'intégration mondiale*	17
A / *Les entreprises et l'intégration mondiale*	17
1 / Les entreprises de production	17
a / L'internationalisation des stratégies d'entreprises	18
b / La constitution et le développement des oligopoles mondiaux	25
2 / Les entreprises financières	31
B / *L'intégration mondiale et les Etats-Nations*	45
1 / Les relations entre l'Etat et les entreprises	46
2 / Les relations d'Etat à Etats	51
C / *L'intégration mondiale et les organisations internationales*	58
D / *La complexité des modes actuels de l'intégration mondiale*	65
2 / *Les problèmes actuels de l'économie mondiale*	77
A / *L'évolution des prix relatifs et le transfert mondial*	79
B / *L'inflation mondiale*	96

DEUXIÈME PARTIE

L'ÉCONOMIE FRANÇAISE DANS L'INTÉGRATION MONDIALE

1 / L'économie française depuis 1973   127

   A / L'évolution de l'économie française depuis 1973 ou la difficulté du transfert   128

      1 / La succession des politiques de « stabilisation » contradictoires   133
      2 / Le cercle vicieux du non-transfert   150

   B / Les difficultés du transfert ou les insuffisances de notre politique industrielle   154

      1 / La nature de la croissance industrielle française depuis 1950   155
      2 / Les conséquences de la croissance industrielle française depuis 1958   162

2 / Les voies de l'intégration de l'économie française à l'économie mondiale   181

   A / La nécessité d'une nouvelle politique industrielle   185

      1 / La nécessité d'une politique verticale   186
      2 / La nécessité d'une politique structurelle   192
      3 / Les mesures d'accompagnement   199

   B / La nécessité d'une nouvelle politique de croissance   202

      1 / La nécessité du ralentissement de la croissance   202
      2 / Le ralentissement de la croissance, l'emploi et l'inflation   207
      3 / La croissance ralentie et le consensus social   213

   C / La nécessité d'une politique internationale   218

CONCLUSION   223

Avant-propos

Les accords entre économistes sont d'autant plus significatifs qu'ils sont rares et souvent éphémères. L'un d'eux, cependant, devrait durer : la fin des années 1960 aurait vu se modifier profondément les conditions de la croissance de la presque totalité des économies occidentales et, par là même, de l'économie mondiale. L'après-guerre aurait cessé aux alentours des années 1968 et 1969. Il est encore trop tôt pour que les historiens attribuent aux phénomènes économiques, démographiques, politiques et sociologiques leur rôle respectif dans cette rupture. Un fait essentiel demeure : la belle époque d'une croissance rapide, de deux à trois fois plus élevée que celle du siècle précédent, permettant le maintien du plein emploi des hommes sans que l'inflation soit autre que « rampante », aux alentours de 3 à 4 %, a pris fin.

Dans tous les pays développés, l'accélération de l'inflation et l'apparition d'un chômage endémique accompagnent le ralentissement de plus en plus net de la croissance qui semble retrouver ses vieilles habitudes du siècle précédent. En 1973, le relèvement des prix des produits pétroliers ne fit que révéler, de façon spectaculaire, un autre changement d'importance : les prix de toutes les matières premières, aussi bien industrielles qu'agricoles, avaient fini, et pour longtemps, de se déprécier par rapport à ceux des produits finis et, notamment, des produits industriels. Une difficulté, toute aussi générale mais beaucoup plus inégale encore que celle de l'inflation et du chômage, allait s'imposer à toutes les économies nationales : celle de réaliser l'équilibre de leurs paiements avec le reste du monde. Aussi n'est-il pas aujourd'hui, près de dix ans après que la « belle époque » s'est évanouie, de nations qui n'éprouvent, de façon permanente et toujours renouvelée, la nécessité de se battre simultanément sur les trois fronts de l'inflation, du chômage et de l'équilibre extérieur. Et tous les pouvoirs politiques s'y usent sans en recevoir, pour autant, plus de reconnaissance. Il est vrai que les résultats de leurs efforts sont rarement tels qu'ils puissent la mériter et que, seuls, les candidats au pouvoir peuvent être jugés uniquement sur leurs intentions.

Dans tous les pays, y compris ceux qui connaissent la planification impérative, la politique économique n'est pas inspirée par l'idéal de la croissance « optimale » mais se contente d'assurer une croissance la plus élevée possible sans que l'inflation dépasse un seuil critique, variable selon les époques et les lieux, sans que la montée du chômage ne provoque des troubles sociaux mettant en question la pérennité du pouvoir politique, sans que le déséquilibre des paiements extérieurs ne vienne menacer l' « indépendance nationale » et la poursuite de la croissance elle-même. Parmi toutes les difficultés qui s'imposent à une telle politique, les évidentes relations qui existent entre ces trois périls ne sont pas les moindres.

Inflation et chômage ne sauraient être indépendants quelle que soit l'économie envisagée. Et l'on a même fait de leur relation négative, depuis plus de vingt ans, l'une des plus essentielles de l'évolution des conjonctures des différentes nations occidentales. Que l'on introduise entre ces deux phénomènes les chaînons intermédiaires du salaire ou de la croissance globale (pour ne prendre que les deux plus faciles), le résultat est bien identique : la baisse du chômage doit, en général, coïncider avec une accélération de l'inflation et inversement. Lorsque le taux de chômage s'élève, les revendications salariales doivent devenir moins vives et donc l'inflation diminuer. Lorsque la croissance s'accélère, le taux de chômage doit, en général, diminuer et le taux d'inflation, ou rester constant, ou augmenter. Mais cette relation peut évoluer de façon considérable ainsi qu'on l'a d'ailleurs constaté dans toutes les nations occidentales où s'est manifestée l'autonomie croissante de l'inflation au chômage avec l'avènement des situations dites de stagflation.

La relation entre inflation et équilibre des échanges extérieurs est, elle aussi, évidente, bien que beaucoup plus subtile et encore plus diverse dans la mesure où elle dépend du système monétaire international et notamment du régime des changes. En régime de changes fixes, c'est-à-dire jusqu'aux premières années 1970, aucun pays ne pouvait, de façon durable, maintenir une inflation supérieure à celle de la majorité des nations avec lesquelles il était en relation suivie sans que la balance des paiements ne vienne à se détériorer jusqu'à devoir justifier, au nom « du déséquilibre fondamental » — comme dans le système de Bretton Woods — une dévaluation de sa monnaie. En régime de changes flexibles, comme aujourd'hui, le maintien de cette relation dépend des effets exercés par les modifications quotidiennes et permanentes des taux de change sur les échanges de biens, de services et de capitaux de chaque nation. Les expériences de ces trois ou quatre dernières années montrent, et pour des raisons multiples sur lesquelles on reviendra, que ces effets sont en général « pervers », c'est-à-dire que la dépréciation de la monnaie d'un pays qui connaît un déficit de la balance des paiements ne suffit pas à restaurer l'équilibre. Pas plus d'ailleurs que pour un pays qui connaît à la fois l'appréciation de son change et un excédent de la balance des paiements. Ainsi, inflation relative (plus forte qu'ailleurs) et déficit de la balance des échanges extérieurs peuvent être liés positivement.

La relation entre chômage et déficit extérieur se déduit sans peine des deux précédentes. Si l'inflation est inversement liée au chômage et positivement au déficit de la balance des paiements il est inévitable que toute réduction du chômage détériore la situation des échanges extérieurs. Cette relation est certainement l'une de celles qui choquent le plus. Car l'on ne saurait facilement admettre que travailler plus ne soit pas, pour une nation, comme pour un individu le meilleur moyen de résoudre les problèmes que lui pose le déficit dans les échanges avec ses voisins. Cet apparent paradoxe reçoit, pourtant, une explication rapide : tout dépend, en effet, du besoin que l'on a des autres lorsqu'on « travaille plus ». Si ce besoin dépasse ce que l'on peut apporter aux voisins du fait de son travail supplémentaire, toute réduction du chômage conduit inévitablement au déficit accru. Lorsque tel est le cas, la contrainte de la dépendance d'une économie nationale à l'égard des autres nations exerce tous ses effets nocifs. Ce sont « les Autres » qui forcent au chômage et à la déflation.

La difficulté des politiques économiques de tous les pays développés n'est pas seulement de devoir se battre sur trois fronts. Dans son intensité, elle dépend essentiellement des types et de la force des relations qui unissent ces trois variables centrales de la conjoncture et de la croissance que sont le chômage, l'inflation et l'équilibre des paiements extérieurs. Ainsi toute politique a-t-elle forcément deux contenus : l'un, à court terme, qui est d'aménager les conditions de la vie économique et sociale en « faisant avec » les relations existantes ; le second, à moyen terme, qui est de faire évoluer, dans un sens favorable, ces mêmes relations. Le choix essentiel, qui domine également ces deux aspects dans la politique économique, est de déterminer l'intensité relative des efforts accordés à l'aménagement de chacune des trois contraintes : combattre plus l'inflation que le chômage et le déficit ou plus le déficit que l'inflation, etc. Mais le succès de toute politique dépend autant du choix fait que de la hiérarchie objective qui s'établit entre les trois variables et qui caractérise chacune des économies nationales.

Chacune des relations entre le chômage, l'inflation et le déficit reste, en effet, dans sa nature comme dans son intensité, différente selon les nations considérées et révèle, d'ailleurs, toute la diversité des situations économique, politique et sociale.

Mais, tout gouvernement doit d'abord répondre à une question essentielle : doit-il, à court comme à moyen terme, focaliser l'attention sociale et les efforts des responsables de la vie économique sur le chômage, sur l'inflation ou le déficit ?

Il a existé, en France, un accord entre les organisations qui suraniment aujourd'hui notre vie politique. Il fut négatif : ne pas choisir l'équilibre de notre balance comme l'objectif prioritaire et synthétique de notre politique économique.

Certaines ont choisi d'incriminer l'inflation ; d'autres, le chômage. Les premières justifient leur choix en faisant d'une victoire sur l'inflation la condition à la fois nécessaire et suffisante d'une victoire sur le front des échanges extérieurs. Quant au chômage, il ne saurait être réduit par une politique anti-inflationniste. L'aménagement de cette contrainte, sociale plus qu'économique, peut être réalisé par d'autres voies dont l'indemnisation du chômeur pour que ses revendications restent plus affectives que physiologiques. Une telle stratégie fait donc une place à part au couple inflation-déficit et repose essentiellement sur deux hypothèses : la première que la réduction de l'inflation implique celle du déficit extérieur et la seconde que la croissance du chômage payé ne saurait bouleverser la vie politique et sociale.

Un autre choix, présenté comme opposé, fait du retour au plein emploi l'objectif essentiel de notre politique économique. Le couple inflation-déficit est donc laissé au second rang, c'est-à-dire considéré comme des contraintes (et non des objectifs) dont l'aménagement devrait d'ailleurs être différent. Celui de l'inflation paraît très secondaire dans la mesure où les effets internes sont déjà atténués par l'indexation quasi générale des revenus et dans celle où ses effets extérieurs — sur le déficit — pourraient être réduits. Cette réduction implique une politique qui modifierait la relation actuelle chômage-déficit de façon que la réduction du chômage ne produise pas de déficit accru. On ne saurait donc éviter le retour à un protectionnisme dont les procédures et l'intensité pourraient être fort variées et dépendraient de la capacité des mesures successives à prévenir un déficit des paiements extérieurs tels que l' « aventure socialiste » serait de trop brève durée. La stratégie repose alors essentiellement sur ce pari qu'est l'aptitude à retirer suffisamment la France de ses relations économiques internationales actuelles sans que sa croissance en souffre au point que la situation actuelle empire.

Toutes nos organisations politiques ont donc, en commun, ce choix négatif : ne pas faire du rééquilibre de nos échanges extérieurs l'objectif prioritaire. Ce choix n'est pas fortuit et possède, au moins, deux explications. La première est d'ordre strictement politique. Le chômage et l'inflation sont des réalités accessibles à l'ensemble des individus, vécues constamment pour certains d'entre eux (les chômeurs) et subies avec plus ou moins de difficultés par tous (l'inflation). Le déficit de la balance des paiements est, à l'opposé, une réalité bien lointaine. Personne ne doit cotiser au déficit et, au demeurant, celui-ci finit toujours bien par être réglé. Dans la course aux slogans, la lutte contre le déficit des paiements extérieurs est battue d'avance. La seconde est plus économique : la lutte contre l'inflation ou celle contre le chômage ne met apparemment en cause que les comportements nationaux et paraît toujours, sinon facile, du moins possible en mettant en œuvre une panoplie de mesures désormais éprouvées (certaines même trop au point d'en être émoussées). La lutte contre le déficit extérieur, elle, ne peut être pensée sans référence aux réactions des autres nations et reste, à ce titre, toujours aléatoire et indissociable de la politique extérieure. De plus, il s'agit d'une politique qui n'a jamais fait, comme les deux autres, l'objet de ces théories dont l'utilité est, au moins, de servir de guide à l'action.

Ne sommes-nous pas invités à nous croire, une fois de plus, seuls au monde (et, bien entendu, fiers de l'être), à la découverte de ces solutions toutes originales que nous n'aurions plus qu'à exporter. C'est ainsi que les paris au moins lorsqu'ils sont présentés aux fins du débat politique nous paraissent également hasardeux car notre préférence va, on peut s'en douter, à une politique économique qui fasse de la réduction de notre déficit de la balance des paiements l'objectif prioritaire pour que l'économie française puisse rapidement définir le rythme d'une croissance durablement retrouvée qui ne soit pas régulièrement interrompu par les autres. Cette conviction procède de deux constatations majeures : d'une part, que la participation de chaque nation à l'échange international n'a cessé de croître depuis la fin de la seconde guerre mondiale, d'autre part, que la nécessité de réaliser à moyen terme, sinon de façon permanente, l'équilibre des paiements avec le reste du monde est devenue dans la majorité des économies la contrainte première de tout développement — même ralenti.

L'ouverture croissante de toutes les économies, quels que soient leur niveau de développement et leur organisation économique et sociale, commence à apparaître, plus que la rapidité de la croissance elle-même, comme le fait majeur d'un après-guerre qui, à cet égard, n'a pas pris fin. En dépit des difficultés apparues à la fin des années 60, ce mouvement ne s'est pas interrompu. L'autarcie respective des systèmes d'économie collectiviste et libérale ne s'est jamais autant réduite que ces dernières années. Et, à l'intérieur de chacun des deux grands blocs, les économies n'ont cessé d'accroître leur interdépendance, celles de leurs échanges, de leur production et sans doute plus encore de leur culture et de leurs modes de vie au point qu'aucune ne peut, aujourd'hui, continuer à négliger les effets immédiats de l'évolution économique des nations qui l'entourent. L'inflation, certes, continue à avoir des explications purement internes. Il lui faut bien commencer quelque part. Chaque nation a ses prédispositions inflationnistes propres et des croissances suffisamment diverses pour que l'inflation soit autre qu'importée. Mais il est vrai que la hausse des prix en quelque pays que ce soit se propage de plus en plus vite dans un nombre croissant d'autres nations. La croissance elle-même doit, dans chaque nation, de plus en plus à celle des autres. Il n'est qu'à observer combien chacune attend aujourd'hui la relance venue d'ailleurs. Que les Japonais, les Allemands, voire les Américains relancent les premiers, soupirent en chœur à peu près toutes les économies du monde, même celles des pays du bloc socialiste. Ainsi, en est-il évidemment de même pour le chômage. Les relations en sont même accrues à la mesure des plus ou moins grandes difficultés laissées au déplacement des hommes. Et il en est de même des déficits des paiements extérieurs où, par définition, à tout pays excédentaire correspond un pays déficitaire. Plus aucun pays ne peut aujourd'hui croire à la maîtrise totale de son évolution économique. Celle-ci s'est, au contraire, réduite à un point tel que le contenu de l'incantation à l'indépendance nationale devient des plus vagues. Toute nation appartient désormais à une économie mondiale dont l'évolution limite la nature et la portée des choix réduits qui leur sont encore offerts. L'analyse de cette économie mondiale devient donc un prélude nécessaire à tout choix de politique économique interne.

Dans cette internationalisation croissante, il apparaît que la contrainte des échanges extérieurs devient, en certains cas, celle qui s'impose à toutes les autres. Dans une économie fermée, on peut schématiquement définir l'objectif d'une politique de croissance comme celui qui consiste à réaliser, dans son rythme et ses modes particuliers, le développement permis par la quantité et la qualité des facteurs de production disponibles, celles des hommes et des biens d'équipement dont la création est rendue possible par un taux d'investissement associé aux ressources naturelles. C'est aux individus de l'espace national de définir selon des procédures, en général, majoritaires le contenu précis de cette croissance potentielle ; c'est aux responsables de la politique économique d'y parvenir. Et dans le cas d'une économie fermée, on a beau brocarder les soi-disant progrès de la science économique, ils parviennent désormais sinon à l'atteindre du moins à s'en rapprocher toujours davantage. Plus une économie s'ouvre, plus elle a besoin pour son propre développement des autres, c'est-à-dire de leurs biens, donc de leur travail, et plus la situation se complique. Lorsque ce besoin est facilement satisfait, la croissance potentielle définie à partir des ressources internes n'a pas à souffrir de cette dépendance. Mais, lorsque tel n'est pas le cas, la croissance potentielle interne ne peut pas être atteinte : les déficits de la balance des paiements obligent à des politiques de stabilisation, imposent des récessions, viennent périodiquement rappeler l'existence des autres nations, c'est-à-dire témoignent de la dépendance permanente de la production et de la consommation d'un pays à l'égard du travail consenti en d'autres nations. Alors, le chômage comme l'inflation peuvent devenir endémiques et même croître, la croissance se ralentir et devenir très inférieure à ce qu'elle pourrait être en ne considérant que les ressources internes.

Alors, la contrainte des échanges extérieurs pèse sur tous les aspects de la vie économique et sociale, et son aménagement devient prioritaire.

Telle est, croyons-nous, la situation actuelle de l'économie française dont les difficultés, plus fondamentales qu'on ne l'avoue habituellement, tiennent à son défaut d'intégration, à une économie mondiale, elle-même en mutation rapide. C'est, d'abord, le monde qu'il faut, aujourd'hui, envisager pour définir les voies d'une amélioration réelle et durable.

PREMIÈRE PARTIE

L'intégration de l'économie mondiale

Il a toujours été possible, il devient désormais souhaitable de considérer l'intégration de l'économie mondiale comme l'un des objectifs essentiels de l'activité humaine. Si le rythme et les modalités d'une telle évolution diffèrent dans l'histoire, si des régressions passagères la contrarient quelquefois, il n'est guère de doute à avoir sur le sens d'un mouvement qui emporte la constitution d'un espace mondial de plus en plus intégré par la circulation croissante dans l'absolu et le relatif des biens, des hommes et des idées. Ce qu'il est convenu d'appeler « le capitalisme » aura joué, dans ce domaine, un rôle essentiel. Toute la dynamique externe du fonctionnement des économies capitalistes est tournée vers le débordement des frontières naturelles et politiques[1]. C'est le monde qui, peu à peu, devient sans rivages depuis les débuts d'une révolution industrielle réalisée et propagée sous l'égide des entrepreneurs occidentaux.

Il s'en faut, cependant, que cette ouverture du monde se soit effectuée de façon régulière et ce, même depuis les débuts du siècle précédent. Au moins trois grandes périodes peuvent être distinguées dont les caractéristiques propres doivent précisément à la rapidité et aux modalités de l'intégration mondiale. La première se termine en 1914 et voit une lente mais régulière internationalisation du processus d'échange et de production sous l'impulsion et la direction de l'économie anglaise. La seconde dure le temps qui sépara les deux

---

[1]. Sur la logique interne d'une telle dynamique, cf. A. COTTA, *Le capitalisme*, coll. « Que sais-je ? », PUF, 1977, et C. A. MICHALET, *Le capitalisme mondial*, coll. « Economie en liberté », PUF, 1976.

guerres mondiales et vit le ralentissement, voire l'arrêt (en 1929) d'une telle évolution. La troisième est contemporaine : celle qui va de 1945 à nos jours que l'on considérera, sans doute, un jour comme la plus déterminante pour l'émergence d'une économie mondiale réellement intégrée, c'est-à-dire distincte de la « somme » — consolidée — des économies nationales. L'apparition sur le devant de la scène des firmes multinationales, le développement des politiques industrielles, la présence croissante des organisations internationales témoignent qu'un seuil a été franchi, de façon sans doute irréversible : l'économie mondiale est devenue en trente ans, après l'interruption de l'entre-deux-guerres, une réalité vivante.

Il s'en faut, cependant, comme dans tout processus d'intégration, que l'évolution actuelle puisse être considérée comme irénique. Des difficultés nombreuses peuvent paraître, au contraire, s'opposer, aujourd'hui même plus encore qu'il y a dix ans, à la poursuite d'une telle évolution. Il eût été étonnant qu'il en fût autrement. Tout processus orienté qui emporte une organisation, qu'il s'agisse de différenciation, de diversification, d'intégration, contient ses propres limites et doit continuellement les éloigner. Pourtant, les « problèmes » qui s'imposent aux grandes nations de ce temps, et pas seulement à elles, peuvent faire légitimement craindre que l'on ne puisse éviter une nouvelle phase de régression dans la constitution d'une économie mondiale.

Il demeure que l'on ne peut plus, aujourd'hui, arrêter pour une nation la moindre stratégie de développement dans l'ignorance de la situation actuellement atteinte par l'intégration mondiale et dans celle de son futur prévisible à moyen terme. C'est pourquoi, on envisagera successivement : 1 / L'état actuel de l'intégration mondiale ; 2 / Les problèmes actuels de l'économie mondiale.

1

L'état actuel
de l'intégration mondiale

L'économie mondiale est, par définition et au moins pour aujourd'hui, la plus vaste des entités que l'on puisse considérer. Elle n'est pas encore une organisation ou si peu qu'on ne saurait la traiter comme telle. Mais elle se constitue à la mesure des comportements des organisations déjà existantes qui, consciemment ou non, conduisent à son unité institutionnelle. Dans le domaine économique[1], trois grands types d'organisations doivent être étudiés : les Entreprises, les Etats-Nations et les Institutions internationales.

A / LES ENTREPRISES ET L'INTÉGRATION MONDIALE

Deux types d'entreprises exercent sur l'intégration mondiale des influences complémentaires mais profondément différentes : les entreprises de production et les entreprises financières.

1 / LES ENTREPRISES DE PRODUCTION

L'intégration de l'espace mondial naît, d'abord, de la contestation de l'autarcie des Etats-Nations qui furent, tous, la manifestation

---

1. On négligera, là, l'influence d'autres organisations, comme, par exemple, les religions dont il est pourtant évident qu'elles furent les premières à commencer à unifier le monde.

d'intégrations limitées et, comme telles, des étapes à la fois nécessaires mais provisoires dans l'évolution. C'est de la volonté et de la capacité des entreprises productrices de biens et de services que dépend le franchissement effectif des frontières politiques. Leurs choix stratégiques déterminent le rythme et les modalités d'une intégration mondiale qui trouve son origine première dans leur logique interne.

L'entreprise (capitaliste ou socialiste) ne peut renoncer à croître. Il ne convient pas, ici, de rappeler la complexité des voies de croissance de l'entreprise, pas plus que celle des choix nécessaires à l'adoption de telle ou telle modalité[1]. L'abondance de la littérature récente y suffit largement. Il suffira, ici, de montrer d'abord que l'entreprise qui réussit est amenée à internationaliser ses activités et, ensuite, qu'une telle évolution conduit à une concentration mondiale déterminant désormais les règles du jeu de l'affrontement entre les firmes et les nations.

a / *L'internationalisation des stratégies d'entreprises*

A l'entreprise qui réussit dans un espace national, il a toujours été difficile de ne pas songer au grand large. Et, il n'est guère douteux que les modalités mêmes de l'intégration mondiale dépendent directement des différentes étapes, presque nécessaires, de toute stratégie d'internationalisation.

La première est celle où l'entreprise se contente d'exporter les produits fabriqués par elle sur son territoire national d'appartenance[2].

L'importance des exportations possibles dépend évidemment d'un nombre considérable de phénomènes (monopole durable du produit, nature du produit, degré de la concurrence...). Mais l'adoption d'une telle stratégie, quel que soit le nombre des produits fabriqués par l'entreprise, conduit au statut de multinationale exportatrice.

---

1. Voir, notamment, Alain BIENAYMÉ, *La croissance de l'entreprise*, t. 1 et 2, Bordas, 1972 ; Alain COTTA, *Les choix économiques de la grande entreprise*, Dunod, 1970 ; A. JACQUEMIN, *Economie industrielle européenne*, Dunod, 1975.
2. Les raisons d'un tel choix sont d'essence comparative : l'exportation s'impose de plus en plus à mesure que le marché national se sature et que la concurrence y est vive. Cette stratégie est préférée à celle de diversification autarcique des activités lorsque les coûts d'une telle diversification sont élevés et/ou lorsque celle-ci est impossible (coûts infinis).

A supposer que l'entreprise considérée ici soit jugée représentative de l'économie nationale, on voit aussitôt à quelle orientation de la « théorie » et de la « pratique » du commerce international une telle situation doit aboutir. Une économie ne peut, en effet, se contenter d'exporter au risque de ne pas continuer à le faire longtemps. Il lui faudra bien importer d'autres biens d'autres firmes situées en d'autres territoires. L'ouverture du monde se fait alors par le commerce international de biens finaux conformément à la théorie classique de l'échange, celle qui va des coûts absolus aux valeurs internationales en passant par les coûts comparatifs. Le développement de telles théories durant la première moitié du XIXe siècle laisse penser que telle fut alors la voie essentielle de l'intégration mondiale[1] : l'échange des biens finaux, les facteurs de production circulant peu. Et quelles que soient les critiques que s'attirent justement aujourd'hui ces théories, elles n'en furent pas moins justifiées à leur époque. Leur résistance tient précisément au fait que, quelle que soit l'évolution de la pratique des relations internationales depuis lors, la stratégie d'exportation des biens finis reste essentielle au développement de l'échange international[2].

La seconde étape de l'expansion territoriale commence dès que l'entreprise considère les autres espaces nationaux non seulement comme des « clients » mais aussi comme des « fournisseurs » des divers facteurs de production dont elle a besoin pour produire sur son propre sol. Elle importe alors ces facteurs, en général, tous les biens déjà élaborés qui lui sont nécessaires, de préférence aux hommes (difficiles à déplacer) et aux ressources naturelles (par définition immobiles).

On voit bien, comme précédemment, quelles sont les raisons qui peuvent pousser l'entreprise à adopter une telle stratégie : ce ne sont plus des considérations commerciales mais bien industrielles au sens où les niveaux de coûts de production deviennent alors

---

1. Elle conduit même à ces variétés les plus contemporaines d'entreprises internationales purement commerciales (les Trading Companies qui, à la fois, exportent et importent ces biens finis).
2. On ne suivra pas ici C. A. MICHALET pour lequel « ces firmes ne sont pas spécifiques de l'émergence d'une économie mondiale ». Certes, ce désaccord est sûrement sémantique. Mais, il ne nous semble pas qu'il faille écarter du champ de l'intégration ce par quoi celle-ci a justement commencé.

déterminants. L'importation des facteurs de production se développe dès qu'ils sont à moindre coût qu'ils ne le seraient produits à l'intérieur du territoire national.

Une dimension nouvelle de l'intégration internationale apparaît alors.

C'est, en effet, dans la même entreprise que importations et exportations ont lieu. Celle-ci ne dépend plus seulement des marchés extérieurs pour ses débouchés mais aussi pour ses approvisionnements. Ses résultats, qu'il s'agisse du profit ou de toute autre variable importante de son activité, deviennent directement liés à des occurrences (sociales, politiques, économiques) extra-nationales. L'entreprise appartient alors à un espace qui n'est déjà plus national. Elle commence à vivre les vicissitudes d'une division internationale du travail qui traduit les conditions des coûts comparatifs en les internationalisant plus profondément dans la vie des entreprises « nationales ». Et l'on voit bien alors, à condition de refuser une vision « idéaliste » du coût, comment et pourquoi la généralisation de telles stratégies explique l'évolution des théories du commerce international après 1850. La théorie néo-classique ne fait qu'axiomatiser (à l'infini...) et rechercher une division internationale du travail en manipulant avec grande habileté des concepts restés hélas vides : celle de productivité marginale et de coût. La théorie marxiste accumule les matériaux qui eussent pu les remplir si les producteurs de récipients et de liquides n'avaient pas été définitivement décidés à se refuser à l'échange intellectuel.

Il est pourtant évident que le coût des importations peut être réduit par l'usage de la violence légitimée (les guerres coloniales) et que les productivités sont partiellement déterminées par le rythme de la croissance des marchés, elle-même plus ou moins favorisée par l'utilisation des moyens à la disposition des plus développés. Mais il n'en est pas moins vrai que toutes les guerres n'étaient pas bonnes à faire, même au XIXe siècle et que ce ne furent pas les « moins productives » qui furent choisies. La division verticale des tâches qui devait s'imposer jusqu'à nos jours naquit au milieu du XIXe siècle et reposa en partie sur des considérations propres au jeu ordonné des productivités marginales.

Il reste plus évident encore qu'il ne fut pas d'ouverture de l'espace mondial plus rapide et plus définitive que celle permise par le colonialisme. L'évolution actuelle des exportations mondiales montre bien que ces deux premières stratégies associées (exportations des biens et importations des facteurs) par les entreprises de toutes nations restent la manifestation essentielle et, aussi, la cause primordiale de l'intégration mondiale. Depuis 1950, en effet, la croissance des exportations mondiales (9 %) s'est maintenue au double environ de celle du produit mondial[1] (4 %). Et il est fort significatif de suivre pour certains pays et certaines grandes régions du monde l'évolution de cette disparité depuis ces vingt dernières années.

On y observe aisément que l'intégration de l'économie mondiale par les seuls échanges commerciaux a été continue depuis 1950. Pour toutes les « régions du monde », les exportations n'ont pas cessé de croître plus vite que les produits intérieurs. On doit aussi constater l'inégalité de cette intégration selon ces « régions » et on vérifie une fois de plus combien grand est le rôle des pays occidentaux, et, plus précisément, de certains d'entre eux, Etats-Unis, Allemagne et Japon. Cette prééminence a, plutôt d'ailleurs, tendance à diminuer en même temps que s'accélèrent de façon considérable, à partir de 1968, les échanges internationaux. De 1968 à 1972, on assiste, en effet, à une élévation générale du rapport Exportations/PIB non seulement dans les pays occidentaux mais aussi dans des régions un peu à l'écart et notamment les pays en voie de développement et les pays socialistes[2]. L'intégration qui, jusqu'en 1968, pouvait être considérée comme seulement occidentale mérite d'être qualifiée de mondiale à partir de 1968.

Mais il faut aussi constater que l'intégration mondiale qui naît de l'échange international n'est pas propre également à toutes les productions mais bien spécifique à certaines d'entre elles[3]. Les biens « progressifs » révèlent la rapidité de la propagation informatique, la substitution des matières plastiques à des matériaux plus tradi-

---

1. Cette comparaison doit être considérée avec prudence. Les statistiques du commerce mondial sont beaucoup plus fiables que celles de la production mondiale dont l'évaluation ne peut être que très approximative.
2. L'accélération est à peu près de même ordre pour les deux régions. Celle des pays socialistes ne commence réellement qu'à cette date alors que celle des pays en voie de développement est continue sur la période 1950-1972.
3. Pour la période 1960-1970, la disparité du taux de croissance des échanges propres aux différents biens a été fort élevée, cf. le document du GEPI, Une économie à la recherche de la spécialisation optimale, CFCE, novembre 1976, p. 12.

tionnels, et surtout la réalité d'une industrialisation mondiale qui implique la présence de toutes les machines-outils possibles. Les biens « récessifs » témoignent, eux aussi, de cette industrialisation dans la mesure où l'on y trouve les produits des industries légères qui, installées dans les PVD, permettent la réduction des importations par production interne. L'intégration mondiale ne se fait donc pas en sous-produit de la croissance des différentes nations. Elle dépend intimement de l'apparition des biens nouveaux qui, par vague successive, se propagent dans toute l'économie mondiale. Ainsi dans tous les pays, et pas seulement dans les économies occidentales, la part des importations et des exportations dans nos activités nationales n'a cessé de croître depuis vingt-cinq ans pour atteindre, presque partout, des niveaux variant de 20 à 25 %. Ainsi, tous les pays du monde occidental sont d'ores et déjà devenus dépendants de l'extérieur pour leurs importations mais aussi pour leurs exportations, c'est-à-dire leur croissance et donc leur emploi. Ils sont tous aujourd'hui dans une situation assez proche de celle de l'Angleterre de 1929. Et l'on voit bien depuis 1968 les pays des autres régions, notamment du bloc socialiste, emportés par une évolution de même nature.

La troisième étape de l'expansion territoriale consiste en la création de filiales de production situées à l'étranger. Cette stratégie peut avoir des raisons aussi bien commerciales (installation sur des marchés permettant des réductions des coûts et éventuellement des prix) qu'industrielles (utilisation d'une main-d'œuvre moins coûteuse). Ce choix peut d'ailleurs être quelque peu forcé par les exigences des nations d'accueil[1].

L'intégration mondiale change alors de visage. La délocalisation de la production diminue les flux d'échanges à la mesure des productions qui trouvent directement leurs débouchés dans les pays d'accueil. Elle opère une intégration du pouvoir de décision telle qu'elle modifie complètement les données mêmes de la stratégie de l'entreprise dont l'espace devient mondial dans les domaines commercial et industriel et, rapidement, financier. Et, l'on peut effec-

---

1. Ces exigences conduisent à des prises de participation de la nation d'accueil, aux Venture Capital et, à la limite, peuvent devenir telles que la création de filiales n'a pas lieu (cf. Coca-Cola aux Indes).

tivement considérer qu'une telle mutation implique que l'on parle alors de firmes pluri ou transnationales plutôt que de simplement internationales[1].

De telles stratégies sont récentes (années 50) et ont au moins deux conséquences importantes, d'ailleurs intimement liées. La première est que la notion même de production nationale ou intérieure commence à perdre de sa signification. Puisque la délocalisation étend plurinationalement le champ du pouvoir de décision de certaines entreprises et que celles-ci gardent une nationalité — celle de leur pays d'origine —, le critère de territorialité qui continue à s'imposer à la mesure du produit intérieur néglige, par construction, toutes les productions délocalisées. Le volume des productions nationales comme leur taux de croissance apprécient de moins en moins bien le volume (et le taux de croissance) de la production, pour partie extra-territoriale, mise en œuvre par les entreprises nationales[2]. L'exigence d'en tenir compte a conduit, depuis peu, à tenter de mesurer une production nationale consolidée égale à la production intérieure additionnée de la production délocalisée ou internationale. Comme l'attestent les données dont on dispose déjà, cet effort était particulièrement nécessaire[3].

Bien que l'on n'ait ici que les renseignements relatifs à quelques pays de l'économie occidentale, les résultats montrent bien l'étendue actuelle de la production internationale qui atteint en moyenne 14 % de la production intérieure et qui peut aller jusqu'à 30 % dans certains cas, extrêmes, il est vrai (Royaume-Uni). Mais, pour les Etats-Unis que l'on continue pourtant à qualifier de relativement autarciques, cette importance atteint 16 %, ce qui, par effet de dimen-

---

1. Ou que, comme C. A. Michalet, on considère que les firmes deviennent des multinationales globales. Peu importent les termes utilisés, l'essentiel est que cette mutation essentielle soit effectivement traduite par l'utilisation de termes différents. On sait désormais toutes les modifications dans la gestion de l'entreprise qui doivent suivre et sanctionner une telle évolution (de l'autonomie des filiales à l'apparition d'une division internationale pour atteindre un stade où la multinationalité pénètre toutes les décisions).
2. Cet écart a dû s'accentuer considérablement depuis 1968, notamment pour les pays qui ont opéré des arbitrages massifs et généralisés en faveur de leur production extérieure. Ceci a dû être le cas dans tous les pays connaissant une saturation croissante de leur demande intérieure. La comparaison du taux de croissance interne est alors de moins en moins significative de la vitesse de développement comparée des « nations ».
3. ONU, Les sociétés multinationales et le développement mondial, 1973, p. 164 et s. Les données de l'ONU permettent d'intégrer les productions territoriales contrôlées par l'étranger et d'aboutir à une consolidation véritable.

sion, explique que 64 % de la production internationale totale soient contrôlés par ce pays. Ainsi, la délocalisation des activités de production apparaît désormais comme l'une des voies essentielles de l'intégration mondiale qui s'ajoute à celle réalisée par les échanges tout en lui donnant un contenu tout à fait nouveau.

La seconde conséquence n'est autre que l'inadéquation croissante des théories de l'échange international, qui ne sont plus d'aucun secours pour éclairer les causes et les conséquences sur la société économique mondiale des stratégies de délocalisation des productions[1]. Et l'on voit bien pourquoi même si, jusqu'ici, cette conscience n'a rendu possible aucun progrès théorique substantiel : la théorie du commerce international était et demeure bâtie, avec le secours de quelques hypothèses heureuses, sur la généralisation du comportement d'une entreprise exportatrice (ou importatrice). La théorie de l'intégration mondiale qui s'opère à l'heure actuelle devrait l'être sur l'étude systématique des stratégies des grandes entreprises qui délocalisent. Or, de telles stratégies se prêtent fort mal à toutes les formes d'analyses simplistes qui fondent les « optima » de cabinet. Cette difficulté qui explique le succès actuel, et sans doute durable, des inépuisables variations sur le pouvoir des firmes multinationales ne fait que devenir plus sensible encore lorsqu'on introduit la possibilité pour ces entreprises de se diversifier à l'étranger.

Telle est, en effet, la quatrième étape : ne pas se contenter de choisir l'étranger pour y installer ses ateliers mais le faire aussi pour produire d'autres biens que ceux composant sa production d'origine. Ce type de choix obéit à une logique de la diversification qui suit, et précède rarement la délocalisation de la production. Ainsi, l'entreprise qui opère un tel choix se trouve-t-elle produire simultanément, à l'étranger, plusieurs biens qui sont entre eux intermédiaires et peut donc constituer des filières de production intégrées.

L'autonomie de l'entreprise devient alors telle, sous réserve de toutes les contraintes publiques pouvant exister, que la notion même

---

1. Ceci explique que l'on puisse encore défendre ses théories dans le seul domaine de leur compétence : celle du commerce international, mais non au-delà ; cf. *L'avenir des relations économiques internationales*, Calmann-Lévy, 1971, et notamment les contributions de H. G. Johnson et de G. Ohlin.

du commerce international devient, en partie, périmée. Les volumes de biens échangés « entre les nations » et surtout le prix de ces biens sont d'abord les conséquences de choix stratégiques internes (modification du volume de production donc d'échanges selon les lieux, fixation de prix de cession interne...). Ces décisions s'inscrivent dans l'évolution d'échanges qui restent physiquement internationaux mais qui deviennent, dans leur contenu, internationalisés par l'entreprise. Il est donc facile « d'imaginer » la signification nouvelle d'un « commerce international » qui serait le fait de quelques grandes entreprises ayant bâti leurs filières de production dans l'étendue mondiale. La « compréhension » d'un tel « commerce » ne pourrait pas s'opérer à partir de l'ensemble des balances commerciales des nations mais devrait l'être à partir des comptes des entreprises, en descendant loin à l'intérieur de ses éléments de comptabilité analytique. Et, l'allocation des ressources mondiales serait le résultat des décisions purement privées sans contraintes des différents Etats.

Ce type d'intégration n'a pas atteint un degré de développement tel que ce soit le cas aujourd'hui[1]. Mais, l'importance actuelle des échanges internationaux internes aux grandes firmes n'est pas négligeable et témoigne qu'un seuil important de l'intégration mondiale a été franchi.

b / *La constitution et le développement des oligopoles mondiaux*

L'insistance mise, aujourd'hui, sur l'importance des « grandes multinationales » ne traduit que l'aspect individuel ou personnalisé de l'intégration mondiale. Ce faisant, elle empêche, en réalité, de saisir quelle est l'intensité de la cohérence planétaire et quelles en sont les causes essentielles. L'économie mondiale serait invivable, autant qu'elle pourrait l'être en situation de conflits, si elle était laissée au jeu d'une concurrence anarchique et généralisée. Comme il en fut à l'intérieur de chacune des grandes nations de ce temps, la concentration industrielle est, aujourd'hui, pour le monde entier, à

---

1. Cependant, certains auteurs ont développé la thèse que l'allocation des ressources mondiales est déjà le fait des seules entreprises, notamment, S. HYMER, La grande corporation multinationale, *RE*, 1968, et R. MURRAY, The Internationalisation of Capital and the Nation State, *in* DURNING ed., *The Multinational Enterprise*, London, Allen & Unwin, 1976.

la fois la conséquence et la condition d'une croissance poursuivie. L'intégration mondiale est, désormais, assurée par l'existence de grands oligopoles et par les relations qu'ils entretiennent entre eux.

L'oligopole est, en effet, devenu la règle pour toutes les activités qui étendent la civilisation industrielle à la planète. Dans la plupart des secteurs clés du développement mondial, une dizaine de firmes, au maximum, se partagent le marché. Pour les matières premières où le phénomène avait commencé dès le milieu du XIXe siècle, quatre ou cinq suffisent parfois : moins même pour les grandes denrées agricoles dont la commercialisation internationale dépend quelquefois de deux ou trois grands courtiers, peu enclins à la publicité. Mais c'est sans doute dans les secteurs de biens de consommation durables, les plus intimement liés à la croissance récente, que la concentration mondiale est la plus spectaculaire par l'ampleur des moyens qu'elle suppose de la part des entreprises en cause. Neuf seulement assurent plus de 90 % de la production automobile et trois (américaines) près de la moitié. Le marché de la communication entre les êtres est couvert par moins de dix entreprises[1]. Et, il n'est guère que six entreprises pour assurer désormais la propagation mondiale des grands médicaments[2]. Et c'est, sans doute, dans le domaine des biens d'équipement que la marche vers l'oligopole a été la plus rapide ces dernières années. Il suffira d'évoquer la position très particulière d'IBM (60 % du marché mondial), celle des firmes japonaises dans le secteur des navires, celle des firmes allemandes dans l'équipement électrique et la mécanique pour établir l'oligopolisation définitive des grandes branches de l'économie mondiale.

Ces oligopoles mondiaux ont une logique de fonctionnement propre, gouvernée par la recherche d'une stabilité assurant la tranquillité et l'efficacité de leurs stratégies mais aussi par la nécessité d'un « dialogue » avec les différents Etats concernés par leurs activités.

La recherche de la stabilité est l'une des règles d'or de tout oligopole, qu'il soit national ou mondial. Il n'est guère besoin de grande justification analytique pour admettre que la concurrence,

---

1. Pour les ordinateurs les parts de marché sont les suivantes : IBM (57 %), Honeywell (8 %), Univac (5,6 %), Unidata (5,2 %), Burroughs (4,4 %), Hitachi (4,4 %), Control Data (2,5 %).
2. Soit Hoffman, Laroche, Sandoz, Ciba-Gaegy, Brechem et Glazo.

industrielle ou commerciale, est une situation heureuse pour les consommateurs donc pénible pour les entreprises puisqu'elle est une menace permanente dont l'usage assure le succès des unes mais aussi la déconfiture des autres. Et, il vient toujours un moment où aucune n'est réellement sûre de gagner. Après une phase de réduction du nombre, la dimension des survivants aboutit à un état de stabilité où aucune firme ne peut envisager l'usage de ses armes (abaissement des coûts, publicité, réseaux de vente...) sans savoir que des réactions puissantes devront suivre sa propre action et en limiter — voire en annuler — les effets. Toute guerre concurrentielle conduit à une situation de dissuasion, plus ou moins contraignante et durable.

Il s'en faut qu'aujourd'hui ce soit le cas dans la majorité des oligopoles mondiaux. Et il n'est plus niable que, dans un très grand nombre d'activités, la concurrence y demeure vive et que l'ouverture du marché mondial ait réintensifié une concurrence qui avait disparu sur les différents marchés nationaux. On en voit les manifestations les plus notables dans le domaine commercial où les parts du marché mondial restent soumises à d'amples fluctuations orientées par la volonté permanente de les accroître. Mais l'on voit, déjà, une relative communauté d'objectifs du point de vue strictement industriel où toutes les grandes multinationales désirent, à l'évidence,

1 / conserver, en permanence, le monopole durable d'un certain nombre de connaissances tout en libérant les possibilités d'un certain flux de transferts technologiques vers des pays moins développés ;
2 / s'assurer la détention des sources d'approvisionnement (ou de réserves) à l'abri de conflits violents ;
3 / réaliser la majeure partie de la valeur ajoutée dans les pays d'appartenance ou dans ceux qui apparaissent politiquement sûrs.

On voit aussi poindre dans la plupart d'entre eux l'entente, qui, toujours, précède toutes les autres : celle sur un niveau de prix qui assure la certitude d'un profit — ou d'un fonds financier stratégique — lui-même moyen essentiel du développement de leur croissance, c'est-à-dire de celle du marché mondial.

Certains d'entre eux (nickel, par exemple) montrent clairement quelle est la situation vers laquelle tendent les volontés voisines :

une stabilité de dissuasion où le maintien d'une marge de profit pour tous les survivants permet à l'oligopole tout entier de détenir une part d'un fonds, plus global encore, celui de l'accumulation au niveau mondial.

Or cet objectif ultime ne saurait être atteint sans que ne se rencontre la politique des Etats et, donc, sans que les oligopoles ne deviennent, en fait, mixtes. La nécessité des dialogues avec les Etats est inscrite dans la logique d'un développement mondial dont les grands secteurs sont tels que les décisions des pouvoirs politiques interfèrent en permanence avec celles des entreprises. Cette mixité peut naître de différentes façons.

D'abord, par l'intermédiaire de firmes publiques, émanation directe des Etats, créées comme telles ou nées des nationalisations ; ensuite, par le biais des opérations dites *joint ventures*, en développement rapide, qui voient les Etats devenir des associés, plus ou moins importants (certains le sont aujourd'hui de façon majoritaire), de certaines filiales d'entreprises multinationales et, même, des entreprises elles-mêmes ainsi qu'on vient de le voir avec l'entrée de l'Iran au conseil d'administration de Krupp ; enfin, d'une façon plus publique encore, à l'occasion de la constitution par les Etats eux-mêmes « d'organisations de pays producteurs » dont le nombre n'a cessé de croître depuis trois à quatre ans et qui, désormais, concernent à peu près tous les grands produits agricoles, mais aussi, certaines matières premières[1].

Cette mixité a des conséquences multiples. Elle diminue la liberté stratégique de chacune des entreprises dans la mesure où toutes les décisions importantes, mettant en cause l'oligopole tout entier et non chacune des entreprises, doivent être négociées avec les Etats-Nations au préalable et conformes à leur volonté majoritaire, sinon unanime. Elle provoque la confrontation immédiate des intérêts publics et privés. Si les oligopoles mondiaux avaient été purement privés, les politiques des différents Etats eussent pu être considérées comme de simples contraintes dont l'aménagement va

---

1. En 1974, il existait déjà cinq grandes organisations de pays producteurs : le pétrole (69), le café (60), le cacao (62), le cuivre et le caoutchouc (70). Depuis 1974, on ne compte plus les créations d'alliances entre nations pour assurer l'existence d'une stratégie internationale interférant avec celle des firmes : bauxite (74), phosphates (75), fer (78), tungstène (75), bois (75).

de la « canonnière » à la « visite diplomatique ». Avec l'oligopole mixte, les objectifs de nature publique concourent avec les objectifs privés plus traditionnels selon des modes dont la diversité dépend du nombre et de la force des Etats représentés, des relations entre les entreprises et ces Etats et, aussi, des alliances entre les Etats et entre les firmes. Elle opère, enfin, l'intégration économique à l'intérieur de chaque secteur dans et par le rapprochement d'institutions habituellement séparées. Il ne s'agit pas seulement de rapprocher des hommes dont la spécialité devient l'évolution de telle ou telle branche (et portion de branche...) ; il s'agit surtout d'imposer à ces hommes une vision d'abord politique avant que d'être économique, c'est-à-dire tournée vers la réalisation d'un accord plutôt que vers la maximation d'une quelconque grandeur (profit, réserves...). Et l'expérience actuelle montre bien que, seule, la mixité peut parvenir à un tel résultat : l'oligopole mondial public (par exemple, l'opep actuelle) se comporte très exactement comme un oligopole privé. Les objectifs sont identiques et les moyens aussi. Seuls diffèrent, en fait, les bénéficiaires de la politique choisie, au moins à l'intérieur de chaque nation.

Il en est pour le monde comme pour chacune des nations : l'oligopole mixte permet, sans doute, les meilleurs équilibres. Il n'est plus d'évolution qui ne soit la conséquence de décisions préparées entre les pouvoirs publics et privés qui, à des titres divers, ont pour mission la gestion des ressources planétaires et trouvent ici l'occasion de se concerter. Cette oligopolisation de l'économie mondiale ne saurait, cependant, garantir une évolution sinon régulière du moins maîtrisée. Encore faut-il, en effet, que les différents oligopoles aient, entre eux, des relations de solidarité plus que d'antagonisme.

Chacun des grands oligopoles mondiaux a, en effet, deux grandes décisions à prendre : l'une sur l'ampleur de son profit, l'autre sur la répartition de ce profit entre les institutions qui le constituent. Certes, les deux décisions sont liées et il dépend largement du degré de cohérence atteint par l'oligopole de savoir quelle est celle qui précède l'autre. Moins la cohérence est grande, plus l'autonomie de chaque firme est grande et plus la répartition du profit précède la détermination de son évaluation pour l'oligopole tout entier. On peut même penser qu'il est des situations où le profit d'un oligopole est alors largement déterminé (et entamé) par le comportement d'autres oligopoles — beaucoup plus cohérent — intervenant en amont ou en aval de ses activités. L'oligopolisation, en effet, ne change pas les données technologiques : toute branche ou tout produit est situé le long d'une chaîne ou filière de production, tout oligopole est en relation avec d'autres et il s'agit de relations d'antagonismes dans la mesure où « tous » se partagent, en fait, un fonds d'accumulation mondial dont la limite supérieure est, comme pour toute économie nationale, déterminée par le taux d'épargne de la population mondiale. Et l'on conçoit fort bien que les dangers d'une lutte systématique soient, dans ce domaine, aussi préjudiciables à la cohérence de l'économie mondiale que peuvent l'être ceux d'une guerre permanente entre les entreprises de chaque oligopole. Une relative entente entre les différents oligopoles est nécessaire à la « gestion » heureuse des ressources mondiales.

Les objectifs d'un tel « oligopole d'oligopoles » peuvent varier. Mais il paraît difficile qu'ils puissent ne pas évoluer de façon assez inévitable. Une fois les ivresses et les revers d'une « concurrence » débridée, ils ne peuvent que s'inspirer d'une politique de maximation des profits joints. Chaque secteur considère, alors, qu'il lui faut, d'abord, participer à l'obtention d'un « profit général » qui sera, ensuite seulement, réparti entre tous. Certes, chacun ne renonce pas pour autant à rêver d'une situation où il pourrait modifier de façon durable à son avantage le partage de ce « profit général » mais les rêves de cette nature ne deviennent que très rarement réalité.

C'est bien en cette situation qu'est aujourd'hui l'économie mondiale et, sans doute, pour assez longtemps. L'agression pétrolière est exceptionnelle, dans ses modalités comme dans ses résultats. La plupart des oligopoles mondiaux sont désormais incapables de modifier de façon sensible leur part du fonds d'accumulation de l'économie mondiale. L'entente encore beaucoup plus forcée et tacite que formelle est devenue une règle dont les procédures sont nombreuses, passent essentiellement par des organisations officielles et officieuses, et sont facilitées par la politique des entreprises qui cherchent et parviennent à devenir elles-mêmes plurisectorielles, donc à appartenir à plusieurs secteurs.

Il est ici évident que cet oligopole d'oligopoles est plus mixte encore — et plus stable — que ne peut l'être chacun des oligopoles séparément (sauf exception). Et il constitue l'amorce d'un gouvernement économique mondial qui émerge de la complexité des négociations dont toute décision d'envergure est précédée.

L'intégration de l'économie mondiale n'a donc pas cessé non seulement de croître mais encore de s'accélérer depuis la fin de la seconde guerre mondiale sous l'influence déterminante des entreprises produisant les biens et les services qui ont fait la révolution industrielle. Les entreprises financières ne sont pas, à cet égard, en reste.

2 / LES ENTREPRISES FINANCIÈRES

Il eût été étonnant que l'évolution vers une intégration mondiale croissante née des stratégies des grandes entreprises n'ait pas été, au moins, rendue plus facile par les entreprises financières et, notamment, par les établissements bancaires. L'histoire révèle, en effet, la permanence des relations entre l'intégration économique et l'intégration financière.

Au XIXe siècle se développe, en même temps que le commerce international, un marché financier international dont les caractéristiques furent, il est vrai, particulières. Il s'agissait, on le sait, d'un marché localisé en un pays déterminé (le Royaume-Uni), utilisant une monnaie nationale (la livre) devenue de référence pour tous les contrats internationaux et, à ce titre, gouverné au moins partiellement par les décisions de la Banque centrale anglaise. C'était un marché international « en banque » dont l'évolution manifestait la direction effective d'une intégration mondiale alors limitée à l'Europe et à ses colonies par une nation d'élection qui en recevait de multiples avantages — dont on verra qu'ils se prolongent encore aujourd'hui — mais aussi de sérieux inconvénients : celui d'avoir une monnaie de transaction et de réserve « mondiale » (une devise clef). Un tel privilège garantissait l'expansion (et le profit) des banques anglaises mais, en même temps, obligeait les autorités monétaires britanniques à être responsables non seulement de l'offre de monnaie interne mais aussi de celle nécessaire à l'expansion des échanges mondiaux. Cette exigence intervenait, notamment, dans la dépendance du taux d'intérêt « interne » au taux d'intérêt extérieur, à celui qui s'établissait sur les grands marchés d'acceptation des effets commerciaux libellés en livre sterling.

Les troubles monétaires de l'entre-deux-guerres traduisirent les difficultés croissantes d'une intégration économique s'opérant toujours davantage sous l'égide d'autres firmes que les britanniques et entre d'autres pays que ceux dominés par l'économie anglaise. Et l'on eut alors conscience des relations analogues entre l'intégration économique et l'intégration financière mondiale. Leur nécessaire complémentarité pouvait naître de précédences diverses. L'objectif de toute organisation financière mondiale devenait alors clair : que l'intégration financière pût favoriser, en la précédant, l'intégration économique.

Cette conscience fut l'une des raisons majeures de la discussion centrale des négociations de Bretton Woods entre Lord Keynes et la délégation américaine. Instruit par l'exemple anglais et notamment conscient du coût que pouvait représenter pour un pays le fait de voir sa monnaie être une devise clef, instruit aussi de la nécessité d'un marché financier international pour rendre possible l'intégration économique, Lord Keynes proposa la création d'une Institution de Compensation *(Clearing)* mondiale qui aurait dû permettre les règlements multinationaux, par les Banques centrales, du solde et déficit de la balance des paiements des différentes nations. Lord Keynes voulait instituer un marché financier international à la fois mondial et « publiquement » gouverné, c'est-à-dire par l'Union de Clearing et par les Banques centrales. L'opposition américaine fut à cet égard définitive, fort compréhensible et victorieuse. Et cette victoire donna naissance à un système monétaire qui demeure à peu près inchangé jusqu'en 1973 et qui, même en dépit des mutations connues depuis quelques années, continue de déterminer les modes actuels de l'intégration financière. Les marchés financiers internationaux que l'on connaît aujourd'hui sont nés des deux refus déterminants de la délégation américaine : celui d'une institution publique internationale de compensation gérée par les Banques centrales et celui de l'établissement d'une seule monnaie internationale — qui aurait dû être le dollar. Ce double refus ne pouvait que développer un marché international à la fois multimonétaire, privé et, à ce titre, largement autonome des institutions jusqu'alors reines, c'est-à-dire des Banques centrales. L'intégration financière, la plus forte jamais connue par le monde, a donc vu, depuis, ses modalités dépendre des quatre caractéristiques essentielles implicitement inscrites dans le choix définitif fait à Bretton Woods : la diversité de ses participants, sa dimension, son autonomie et l'importance de son prix.

La diversité des participants

Si le projet keynésien avait été adopté, les Banques centrales eussent été les seuls participants au marché international. A la suite d'une évolution commencée en 1958, la libéralisation des transactions financières internationales a ouvert l'accès à ce marché (comme offreur et demandeur) à une multitude d'agents[1].

Les déterminants de l'offre et de la demande sont multiples et doivent, comme toujours lorsqu'il s'agit d'actifs financiers, être dissociés en facteurs « réel » et « monétaire ». Les premiers manifestent la relation stricte qui unit intégration économique et financière. Ils traduisent, donc, tous les besoins et les capacités de financement qui se dégagent des opérations de commerce et de l'investissement international et tiennent compte des mesures restrictives qui peuvent accompagner ces opérations. Les seconds sont purement monétaires et révèlent l'autonomie propre des phénomènes monétaires par rapport aux phénomènes réels : il s'agit des mouvements des taux d'intérêt et des cours de change qui, par leur différence, effective ou attendue, modifient la nature des avoirs ou des dettes désirés par chaque agent.

La diversité des agents, comme celle des motifs à leurs opérations financières internationales, explique celle des actifs financiers en cause et le grand nombre de marchés spécialisés. On doit, d'abord, distinguer le marché à court terme du marché à moyen ou long terme appelés plus souvent « des devises » et « des crédits ». La relation entre ces deux marchés est, d'ailleurs, très forte dans la mesure où les seconds s'appuient souvent sur les premiers par les techniques de « consolidation périodique ». Mais il existe un marché à moyen

---

1. Sur cette évolution, on pourra consulter, parmi les nombreuses études consacrées à ce sujet, G. BECKERMAN, *Le marché international des capitaux*, Paris I, 1976, qui est, sans doute, le travail le mieux documenté (à notre connaissance) sur ce sujet. Cf., notamment, le chapitre 1 : « Historique et facteurs d'expansion de l'euro-marché ».

terme (celui des obligations ou des prêts internationaux non obligataires) qui a désormais sa vie propre. On doit, ensuite, distinguer les opérations qui se nouent entre banques exclusivement et celles qui mettent en cause banques et secteur non bancaire. Lorsqu'il ne met en cause que deux banques, le marché international est un marché purement monétaire au sens où il permet d'échanger des liquidités (à taux d'intérêt donné) entre intermédiaires financiers[1]. Lorsqu'il met en cause banques et agents non bancaires le marché international devient un marché du crédit. C'est, bien entendu, ce dernier marché qui justifie l'existence de toutes les transactions financières internationales : le marché interbancaire est, en définitive, le moyen, à un niveau supérieur, de permettre la réalisation des crédits[2]. Le marché interbancaire international fonctionne, à cet égard, comme le marché purement national à une différence essentielle près (celle de la Banque centrale) qui sera évoquée ultérieurement. Il faut, enfin, distinguer deux types d'opérations financières internationales selon l'actif financier qui est l'objet des transactions. Toute monnaie peut, en effet, être détenue par « son créancier » soit sur le territoire national, soit hors de ce territoire, et, ce, quelle que soit la nationalité du détenteur. Le débiteur reste le même (une banque du territoire national et, en dernier ressort, la Banque centrale) mais le créancier voit ses possibilités différer dans la mesure où sa créance peut être cédée en tant que telle à tout acheteur éventuel, de quelque nationalité qu'il soit.

Telle est la différence essentielle des objets mêmes des transactions financières internationales actuelles. Dans le premier cas, on parle de « monnaies nationales ». Dans le second, de « monnaies binationales » puisqu'elles opèrent une relation permanente entre deux territoires : celui de leur émission et celui de leur détention. La première monnaie binationale à avoir vu le jour, pour des raisons fort évidentes,

---

1. Ainsi, une même liquidité peut-elle être indéfiniment prêtée et reprêtée par des banques successives. On ne développera pas ici la distinction interne à celle-ci des marchés au comptant et à terme bien qu'elle joue un rôle essentiel dans les deux marchés, en banque et hors banque.

2. Mais il n'est pas que cela dans la mesure où tout marché prend, à mesure de son développement, une certaine autonomie par rapport à sa fonction d'origine. Le marché interbancaire ou « en banque » possède, en effet, une vie propre, déterminée par les stratégies bancaires elles-mêmes cherchant à réaliser un ou plusieurs objectifs (profit et/ou croissance de leurs engagements), les besoins du secteur non bancaire (volume et type de crédits demandés) étant donnés.

est l'euro-dollar, c'est-à-dire le dollar détenu hors des Etats-Unis[1]. Mais le développement rapide des comportements de conservation en l'état de plusieurs monnaies en de nombreux pays oblige désormais à envisager le marché financier international comme l'addition de deux grands types de marchés : celui des monnaies nationales et celui des monnaies binationales. L'évolution respective de ces deux types de marchés en est, d'ailleurs, l'une des caractéristiques essentielles.

La dimension du marché financier international

L'extension du marché financier international a commencé à la fin des années 1950 et, comme toujours, est passée à peu près inaperçue. Mais, sa croissance, bien qu'irrégulière, a été, à la fois, si forte et si continue qu'aujourd'hui il est difficile de n'y pas voir le témoignage d'une intégration financière mondiale, en avance sur celle des échanges et des productions de biens matériels.

Si l'on considère, d'abord, l'ensemble des prêts internationaux annuels, en monnaies nationales et étrangères, depuis 1973, on ne peut qu'être frappé de la rapidité de la croissance[2].

Le total des nouveaux prêts internationaux aura donc été d'environ 100 milliards de dollars pour la seule année 1976. Ses en-cours devaient atteindre, duplications déduites, à peu près 500 milliards de dollars et sans doute près de 900 milliards en évaluation brute[3].

---

1. Il s'agissait, en effet, de la monnaie nationale la plus recherchée au moins jusqu'à une date récente et, comme telle, conservée en l'état (c'est-à-dire non échangée contre d'autres biens ou d'autres monnaies) par certains de ses détenteurs européens occasionnels (exportateurs s'il y a *n* monnaies nationales). Le dollar détenu par un Asiate est un asiato-dollar[a]. Le franc détenu par un Allemand est un germano-franc, etc.
La littérature sur l'euro-dollar est désormais suffisamment abondante pour ne pas insister sur ce point. On pourra, cependant, consulter C. J. SEANTON, Définitions et mécanismes des opérations en euro-dollar, in *L'euro-dollar*, Calmann-Lévy, 1971, où l'on trouvera un très bon exposé des modes de création et de circulation d'une telle monnaie.
   a. Les termes couramment utilisés rendent mal compte du nombre très élevé de monnaies binationales dans la mesure où pendant longtemps le dollar put seul être conservé et où des entités géographiques plurinationales ont semblé suffire à la compréhension de l'évolution monétaire (euro-dollar, asiato-dollar...).
2. BRI, *Rapport annuel*, 1977, p. 107.
3. En faisant l'hypothèse que le prix des obligations est d'à peu près 50 % des autres prêts, et que l'importance relative des duplications reste à peu près constante (50 % environ des prêts bruts).

Ces chiffres ont, en eux-mêmes, peu de signification. Mais celle-ci se précise si on les compare soit au volume des exportations totales (1 000 milliards de dollars) soit au montant des réserves mondiales, détenues par l'ensemble des Banques centrales, soit 258 milliards de dollars dont 187 en devises[1]. Ainsi, même en ne considérant que les en-cours nets (duplications interbancaires déduites), les prêts internationaux atteignent désormais près de deux fois les réserves mondiales : les grands créanciers du monde ne sont plus les Banques centrales. Celles-ci n'ont pas assuré plus du tiers de l'offre de monnaies qui permet le développement mondial. Celui-ci est désormais assuré par un marché international concentré en une cinquantaine de grandes banques.

Si l'on considère maintenant la répartition géographique des engagements bancaires internationaux, on ne peut que constater l'extension du « crédit international ». C'est bien d'un processus mondial qu'il s'agit désormais, qui devient inséparable de la diversification croissante des « euro-monnaies » utilisées[2]. L'euro-dollar reste dominant (72 %) mais le rôle de l'euro-Deutsche Mark ne cesse de croître (15 %), comme celui du Japon (l'asiato-dollar représente désormais 6 % des euro-devises). Le développement du marché international trouve donc bien ses techniques et ses monnaies de préférence dans le fonctionnement d'un marché à court terme (euro-devises) sur lequel s'articule un marché à moyen terme (celui des euro-crédits et des euro-obligations). Ce marché des euro-devises fonctionne à l'avantage des pays développés (autres que ceux de l'OCDE), des pays de l'Europe de l'Est (de façon croissante) et des pays en voie de développement (plus faiblement, il est vrai). Il établit des relations financières, à la fois, importantes, permanentes et durables entre les zones des pays développés (OCDE) et toutes les autres zones dont on pouvait craindre, pour des raisons diverses, qu'elles restent à l'écart du développement mondial ou qu'elles restent purement autarciques. Pour l'année 1976, où les en-cours (emplois

---

1. Le montant total des réserves mondiales s'élevait à la fin de 1976 à 258 milliards de dollars dont 41 en or, 187 en devises, 20 en crédits FMI et 10 en DTS.
2. Celles-ci comptent pour 55 % environ des en-cours bruts à la fin de 1976. Mais, compte tenu de l'existence des duplications qui concerne surtout les euro-monnaies, mieux vaut considérer les en-cours nets (330 milliards). La totalité des créances nettes en euro-monnaies s'élevait, cette même année 1976, à 247 milliards, ce qui établit à 75 % leur importance dans les prêts nets.

et origine) ont augmenté de 42 milliards de dollars (de 205 à 247), le total des excédents et des déficits s'élève à 13. C'est donc que près de 33 % environ des prêts nouveaux concourent désormais à intensifier les relations financières entre les pays d'une économie mondiale géographiquement et politiquement intégrée.

Cette intégration financière ne se limite pas à suivre (en la précédant éventuellement) l'intégration économique née de l'extension des échanges. Elle devient, en effet, de plus en plus intime à l'industrialisation mondiale par l'intermédiaire du développement des crédits à moyen terme, assuré par le marché des euro-crédits, des euro-obligations et des émissions obligataires en monnaies étrangères. C'est sans doute, en ce domaine, que les euro-devises ont l'influence la plus réductrice des autarcies relatives de chaque grande zone mondiale. Une récente évaluation de l'importance relative de ces trois modes de financement pour chacune de ces grandes zones[1] a montré que l'évolution de la part relative de chaque zone dans les euro-crédits (qui représentaient en 1976 environ 44,5 % des emprunts totaux), dans les euro-obligations (26 %) et dans les emprunts en monnaies étrangères (29 %)[2] est fort significative de l'intégration croissante des pays de l'OPEP (ce qui n'a rien d'étonnant) mais surtout des pays du COMECON, ce qui est beaucoup plus significatif. L'intégration de ces pays aux échanges mondiaux implique leur intégration financière. Et le fait qu'ils absorbent en 1976 11 % des euro-crédits est lourd de conséquences pour l'avenir.

L'autonomie du marché international et la stratégie bancaire

L'importance prise par les monnaies binationales dans les opérations internationales, où elles représentent les deux tiers de tous les

---

1. M. VAN DEN ADEL, Les modifications structurelles de l'euro-marché, *Eurépargne*, novembre 1976. On trouvera dans cet article des évaluations du montant absolu de chaque type de prêts. Celles-ci sont parfois difficiles à rapprocher de celles de la BRI pour des raisons habituelles dans ce domaine. Aussi, a-t-on préféré les donner ici en importance relative. Le total est différent de 100, compte tenu du rôle joué sur les organisations internationales, étudiées plus loin.
2. On peut remarquer que les emprunts en euro-monnaies représentent, en 1976, à peu près 70 % du total, c'est-à-dire un chiffre assez voisin de celui trouvé pour apprécier les euro-monnaies dans l'ensemble des engagements bancaires et non bancaires internationaux. Quels que soient les modes de financement, les monnaies binationales sont utilisées à concurrence d'au moins les deux tiers des opérations totales.

engagements, n'est pas fortuite. Ces monnaies ont, en effet, considérablement étendu les possibilités financières de tous les agents économiques. Leur création et leur développement ont été, de façon indiscutable, une incitation supplémentaire à accroître une intégration économique qu'elles ont fait beaucoup plus que suivre. Les agents non bancaires (les grandes entreprises nationales et mondiales) ont assez vite découvert que les euro-marchés permettaient des manipulations financières rentables en tant que telles (arbitrage, couverture à terme...). Mais, cette « découverte » fut souvent provoquée par leurs banques plus à même encore d'apprécier tous les avantages de l'existence d'un tel marché. La plupart de ces avantages (et quelques inconvénients) naissent de la constatation essentielle selon laquelle ce marché international est autonome au sens où il n'existe pas de Banque centrale mondiale. Les Banques centrales nationales ne sauraient limiter les opérations des autres banques sur le marché comme elles peuvent le faire pour les opérations en monnaie nationale (interne comme externe). La disparition de cette contrainte ancestrale (qui, en fait, dure depuis un peu moins de deux siècles) devait, très naturellement, et beaucoup plus encore que l'on ne pouvait l'imaginer à Bretton Woods et à partir de 1958, conduire les banques de tous les pays à adopter des techniques d'utilisation d'un tel marché telles que toute leur stratégie d'exploitation et de croissance devait en être modifiée.

Notons d'abord qu'un tel infléchissement eut des causes indépendantes de l'organisation financière elle-même et dues aux besoins nouveau-nés de l'intégration économique mondiale. L'accroissement des exportations, celui des investissements internationaux, le développement des filiales de production hors des frontières, le nombre croissant des filières de production mondiale impliquaient l'adoption simultanée par les grandes banques de décisions leur permettant d'assurer ces services à une clientèle de plus en plus exigeante et comme telles, accroissant la concurrence interbancaire. Et la plupart des grandes banques mondiales devait découvrir l'ensemble des conditions nécessaires au dénouement de toutes les opérations internationales comme la Banque anglaise l'avait fait au siècle dernier. Aussi, l'expansion extra-territoriale (créations d'agences hors des frontières, prises de participation, voire *Partnerships*...) devint une nécessité et le reste dans à peu près tous les pays[1]. Mais il faut surtout noter que la création des monnaies binationales eut comme résultat, non seulement, de permettre cette expansion internationale des établissements bancaires mais aussi de les rendre beaucoup plus libres qu'ils n'avaient osé l'espérer et pu l'obtenir de leur propre Banque centrale. La libération à l'égard de cette contrainte majeure allait transformer toute la stratégie bancaire. Celle-ci peut, en effet, être grossièrement définie comme la recherche de la croissance maximale à long terme de leurs engagements sous une double contrainte : $i)$ de trouver des emplois correspondants tels que la différence entre rémunérations des engagements et des emplois reste positive ; $ii)$ d'y être autorisé par la Banque centrale. Dans la mesure où le marché international échappait au droit régalien, où l'accès aux euro-devises était libre et où la rémunération inhérente à ces opérations était sinon élevée au moins positive, les banques commerciales y trouvaient enfin le moyen d'accroître le développement de leurs engagements et celui de leur profit. Elles y trouvaient même le moyen de tourner, au moins partiellement, la contrainte que la Banque centrale faisait peser depuis les origines sur le développement de leurs engagements par l'intermédiaire des politiques d'encadrement ou de taux d'intérêt.

Les banques commerciales de tous les pays peuvent désormais utiliser les marchés internationaux pour collecter des ressources financières (par emprunt sur ces marchés) qui leur font défaut à l'intérieur même de leur pays d'appartenance, trouver une rémunération pour leur surcroît de disponibilités lorsque la situation de l'économie intérieure le leur permet, accroître leur marge de profit brut par l'arbitrage et enfin prendre des positions de change jugées profitables ; ce qui est souvent le cas étant donné le relatif monopole des informations financières (modifications des parités, notamment) détenu par les banques.

Les conséquences d'une telle libération sont telles qu'il ne faut s'étonner ni du développement des euro-marchés, ni de la modification, souvent mal connue, des orientations stratégiques de la plupart des grandes banques mondiales. En 1975, les dix premières banques américaines avaient réalisé un profit global de 1,6 milliard

---

1. Cf. la communication au récent Congrès de Tokyo de M. P. LEDOUX, président de la BNP, *The charging world of international banking*, mimiographie, Paris, juin 1977.

de dollars environ dont plus de la moitié devait être imputée aux activités internationales. Un tel partage incline à faire du développement actuel des stratégies bancaires un des phénomènes les plus importants de l'évolution de l'économie mondiale.

L'autonomie des banques opérant en monnaies binationales est telle qu'elle fonde l'idée que celle-ci est désormais un véritable pouvoir de multiplication des euro-devises. On n'entrera pas dans le développement des trames de la controverse qui agitent ce domaine de la théorie monétaire[1]. On ne compte plus désormais les calculs d'un « multiplicateur » des euro-devises dont la diversité traduit celle des définitions et des séries statistiques utilisées pour le mesurer. Par-delà les définitions, au moins deux faits demeurent. Les banques commerciales peuvent désormais mobiliser les monnaies binationales autant de fois qu'elles le désirent entre elles (duplication) et aussi vite que nécessaire pour répondre aux besoins du secteur non bancaire. Que l'on raisonne en termes de multiplication ou d'accroissement de la vitesse de circulation des actifs monétaires existants ne change rien au fait que l'offre de monnaies par unité de temps s'en trouve accrue et, avec elle, le développement mondial, donc l'apparition ultérieure de nouvelles monnaies de ce type. Le pouvoir des euro-banques est, entre autres, celui de rendre possible une intégration économique beaucoup plus rapide qu'elle ne l'eût été sans elles. Il est tout aussi évident que ce pouvoir de multiplication n'a cessé de croître ces dernières années. En est-il pour autant illimité ?

La réponse à cette dernière question est négative et pour au moins deux raisons qui obligent à tempérer la notion d'autonomie prêtée jusqu'ici aux banques. Celle-ci, en effet, n'est pas aussi totale que l'on a semblé, pour un temps, l'admettre. Au moins, deux phénomènes limitent, en effet, le pouvoir des euro-banques.

La première limite qui ait été aperçue est celle de la masse de dollars primaires, c'est-à-dire ceux qui sont conservés initialement en l'état, hors des frontières américaines, par un agent économique

---

1. Consulter notamment Michel LELART, La multiplication européenne des euro-dollars, *Revue Banque*, nov. et déc. 1976 ; André GREJEBINE, Le marché des euro-devises, *Revue Banque*, sept. 1975 ; G. BEHERMAN, *op. cit.*, chap. 3, p. 119 et s. ; P. LAVERNY, *L'euro-dollar et ses problèmes*, PUF, 1975 ; F. PERROUX et BOURGUINAT, *Dollar, euro-dollar et inflation*, Gallimard, 1971 ; EINZIG, *Le système des euro-dollars*, 1971, et MARSTON, *American Monetary Policy and the Structure of the Euro-Dollar Market*, 1974.

quelconque. Cette masse constitue ce que certains assimilent, sur le plan international, à la base monétaire sur le plan national, c'est-à-dire l'émission de monnaie banque centrale. Or, il est évident que ces dollars primaires doivent varier, en quantités, avec la balance des paiements des Etats-Unis et, notamment, croître d'autant plus que le déficit de cette balance est important. De là, l'idée que le déficit de la balance américaine est la condition nécessaire (bien que non suffisante) à l'accroissement des euro-dollars et donc que le pouvoir des euro-banques est en définitive ce que « les Américains » veulent bien qu'il soit. On sait désormais à peu près ce qu'il en est en ce domaine. Si, jusqu'à la fin des années 60, la relation entre accroissement des euro-dollars et déficit de la balance des Etats-Unis est, à la fois, positive et forte, elle ne cesse de s'estomper par la suite où les euro-dollars s'accroissent fortement durant certaines années en dépit d'un excédent américain et, plus généralement, évoluent de façon de plus en plus autonome[1]. On en voit bien les raisons : plus le marché international s'accroît plus il se dote de techniques lui permettant un développement autonome, les dollars existants tournant plus vite ; d'autre part et surtout, le dollar cesse d'être la seule monnaie binationale. S'y ajoutent le Deutsche Mark, puis, à peu près toutes les monnaies à la mesure des avantages qu'il y a à les conserver hors de leurs frontières propres. Et ces avantages sont précisément proportionnels au développement du marché international dans son ensemble. Cette limite ne cesse donc de décroître à mesure que s'affirme l'intégration financière mondiale en affirmant les conséquences défavorables et avantageuses du vœu américain le plus tenace qui est de ne pas faire du dollar un étalon mondial.

La seconde limite est beaucoup plus délicate à apprécier mais demeure, sans doute, la plus effective. Elle est celle qui naît des interventions que les Banques centrales nationales peuvent faire directement ou par banques interposées sur le marché international et sur celui des euro-monnaies, en particulier[2]. Ces interventions sont, elles, toujours possibles et peuvent se justifier pour de nombreuses

---

1. Ce que traduit d'ailleurs la hausse des coefficients de multiplication calculée à partir d'une base américaine.
2. Sur ce point très délicat, consulter Gabriel FERRAS, Les Banques centrales et le marché de l'euro-dollar, in *L'euro-dollar*, p. 68 et s. ; G. BEHERMAN, *op. cit.*, p. 161 et s.

raisons. Les Banques centrales peuvent d'abord désirer placer leurs disponibilités sur les marchés des euro-devises pour en tirer rémunération. Elles peuvent, aussi, le faire pour des motifs plus politiques que financiers si elles désirent ne pas détenir leurs encaisses dans les banques américaines. Ces deux motifs furent fréquents au début du développement du marché international. Mais au fur et à mesure que celui-ci s'accroissait, les Banques centrales se mirent à intervenir pour des motifs moins « personnels » et plus conformes à leur fonction propre : celui de régulation de la masse monétaire interne. Les motifs de régulation de la liquidité interne, fortement influencés par des mouvements de capitaux à long et surtout à court terme en intensification croissante à chaque crise monétaire, devaient devenir prioritaires. Les modalités d'intervention diffèrent évidemment selon que les Banques centrales veulent limiter la dépréciation (ou l'appréciation de leur monnaie), réduire ou accroître la liquidité interne, augmenter ou diminuer leurs propres réserves de change.

Elles le font désormais par banques commerciales interposées ou par des actions concertées en général orchestrées par la BRI, sur lesquelles il est, par définition, difficile d'avoir des précisions[1]. On sait, cependant, que ces interventions sont de plus en plus fréquentes, importantes et que le nombre des monnaies à devenir binationales croît.

A mesure du développement d'un marché international à l'origine totalement hors banque, et fortement dépendant de l'économie américaine, des mécanismes de régulation se sont fait jour qui l'ont indiscutablement mondialisé de plus en plus (le dollar n'est plus la seule monnaie de transaction) et qui ont partiellement réduit son autonomie en accentuant ses articulations avec les marchés monétaires internes. L'intensité d'une intégration financière mondiale en a été accrue et, ce, d'autant plus que le prix déterminé sur ce marché ne saurait être indifférent aux différentes économies nationales.

Le rôle du taux d'intérêt « international »

Il ne saurait être question, ici, de préciser l'ensemble des considérations qui expliquent qu'il existe désormais une structure du

---

1. De plus, les techniques d'intervention sont fort complexes comme, par exemple, celle des *swaps* préférentiels ou celle des opérations circulaires. Cf. G. BEKERMAN, *op. cit.*, p. 164 et 165.

taux d'intérêt propre à chaque nation fortement organisée autour des taux d'intérêt des placements en euro-devises[1]. Mais, telle est la situation présente. Si l'on considère un taux d'intérêt de même nature en chaque pays, par exemple le taux à très court terme (interbancaire), les relations entre chacun de ces taux et celui de l'euro-dollar apparaissent très fortes et déterminent, aussi, les relations entre les taux d'intérêt nationaux eux-mêmes. Aussi longtemps que les euro-devises se confondent avec l'euro-dollar l'explication de ces dépendances en chaîne est relativement simple. Le taux d'intérêt sur le marché international doit être plus élevé que le taux d'intérêt à très court terme sur le marché américain (taux des certificats déposits). La différence de taux évalue celle des risques de non-remboursement, ce risque étant nul en ce qui concerne le taux américain, et positif en ce qui concerne le placement en euro-dollar pour lequel il n'y a pas de débiteur en dernier recours[2]. Le taux de l'euro-dollar lui-même est un emploi alternatif pour tout possesseur de dollars à l'étranger, donc pour tout acheteur potentiel de ces dollars. En un pays quelconque connaissant la liberté totale en matière de placements financiers, le choix est toujours soit placer sur le marché national (taux d'intérêt interne), soit acheter des dollars et placer sur le marché international[3] (taux d'intérêt de l'euro-dollar). La différence entre les taux internes et celui de l'euro-dollar contient alors le risque de change, c'est-à-dire d'appréciation ou de dépréciation du dollar par rapport à la monnaie de départ. L'ordre de causalité est donc taux d'intérêt américain, taux de l'euro-dollar, taux d'intérêt interne. En admettant maintenant que toutes les monnaies deviennent « euro », on voit bien quel serait le résultat, pas tellement éloigné de la situation actuelle, aux contraintes publiques et au rôle toujours prioritaire des dollars près — sur la structure des taux d'intérêt dans le monde. En chaque pays, taux

---

1. Sur l'évolution actuelle du taux de l'intérêt dans les principales économies occidentales, cf. A. COTTA, *Taux d'intérêt, plus-values et épargne en France et dans les grandes nations occidentales*, PUF, 1976.
2. C'est pourquoi après les faillites bancaires de l'année 1974, la différence s'est nettement élevée pour diminuer ensuite et devenir quasi nulle depuis près de deux ans, cf. BMI, *Rapport annuel*, p. 126.
3. Ce qui n'est précisément pas le cas actuel de la France où tout non-résident peut acheter (et vendre) des francs contre tout autre monnaie mais où le résident ne peut pas acheter, contre francs, les monnaies qu'il désirerait pour des motifs purement financiers. Il peut, cependant, acheter des euro-obligations.

interne et taux de l'euro-monnaie seraient voisins. Et la structure des taux internes comme celle des euro-monnaies seraient fortement liées par les considérations sur les évolutions du change. Plus les perspectives de change seraient mauvaises, plus le taux de l'euro-monnaie en cause serait supérieur à ceux des autres euro-monnaies, et plus serait élevé le taux interne par raréfaction d'une offre interne qui se porterait plutôt sur le marché international.

Telle est bien pour un grand nombre de pays occidentaux la nature des relations qui gouvernent la hiérarchie de leur taux d'intérêt. (La France faisant exception pour des raisons évoquées ultérieurement.) C'est dire que le taux d'intérêt américain et celui de l'euro-dollar restent une référence permanente et que la plupart des autres taux se déterminent autour d'eux, aux prévisions sur les changes près. Or, ces prévisions sur le change dépendent, bien entendu, des balances de paiements (passées et futures) et, donc, d'un nombre considérable d'éléments parmi lesquels les variables politiques (date des élections et nature probable des gouvernements) sont essentielles. Autour du taux d'intérêt du marché international est donc en train de s'opérer la fixation de tous les autres taux. L'intégration financière mondiale trouve là l'une de ses modalités la plus subtile et la moins apparente aux non-initiés. Le taux de l'intérêt reste, en effet, une variable centrale des conjonctures économiques nationales.

L'intégration financière mondiale paraît plus spectaculaire encore que l'intégration économique. Certes, comme tout ce qui relève du domaine financier, elle paraît plus fragile, menacée notamment par une spéculation — au repérage fort délicat — dont les moyens grossissent avec la dimension du marché. Mais il existe désormais un marché mondial assurant l'existence d'une offre mondiale de moyens financiers qui dépend de moins en moins des Banques centrales, toujours plus des institutions internationales et des banques transnationales dont les stratégies avec celles des entreprises de production sont devenues essentielles à la composition de l'économie mondiale. Quel est donc le rôle des Etats dans ce processus animé à sa source par des organisations privées ?

B / L'INTÉGRATION MONDIALE ET LES ÉTATS-NATIONS

Si l'expansion mondiale est dans la logique propre de l'entreprise, il en va tout autrement pour les Etats-Nations. Sans doute, cette différence s'explique-t-elle par les modalités et les conséquences comparées de la croissance de ces deux types d'organisation. L'accroissement de la dimension des Etats s'est presque toujours opéré à l'occasion des guerres qui, avec les langues, ont historiquement fondé la pluralité des nations. Les voies de l'entreprise peuvent être plus pacifiques encore que ne se soient jamais perdues les occasions, à elles ouvertes, par les victoires belliqueuses. C'est peut-être à l'occasion de ces moments particuliers de la vie des nations que s'aperçoit avec le plus d'acuité la nature complexe des relations entre les entreprises et la nation. Celle-ci est une organisation d'un type supérieur dans la mesure où l'Etat qui l'incarne a le monopole de la contrainte publique, c'est-à-dire peut imposer à l'ensemble des entreprises contenues dans la nation des exigences qui vont jusqu'à la planification intégrale, c'est-à-dire la subordonnent à ses directives. Elle l'est aussi dans la mesure où l'Etat a précisément pour fonction de se situer par rapport aux autres Etats.

Mais, l'utilisation des prérogatives publiques ne saurait avoir lieu sans intégrer l'existence de la relation d'appartenance qui détermine toute la difficulté et la complexité de l'action des Etats dans l'intégration mondiale : la nation contient l'ensemble des entreprises « nationales ». Son expansion est aussi celle de ses entreprises « nationales ». Son expansion est aussi celle de ses entreprises dans une double relation causale telle qu'il est souvent bien difficile de savoir qui a commencé. Et si son intérêt est aussi celui des entreprises nationales, il doit en épouser les « inimitiés », notamment toutes celles fondées sur la menace que fait peser la concurrence des entreprises étrangères.

On voit alors la pluralité des stratégies d'ensemble (Etat et entreprises nationales) qui peuvent être choisies pour assurer la croissance simultanée (ou tout autre objectif) des deux organisations. L'Etat peut en garder le total monopole et, même, empêcher toute internationalisation de l'entreprise. Il peut, à l'opposé, se garder de toute intervention. A vrai dire, cette stratégie extrême n'est guère possible, ne fût-ce qu'à cause des choix opposés faits par d'autres Etats. Et l'on peut même accepter l'idée que l'objectif stratégique est identique dès que la nation existe (et, au moins quelques entreprises avec elles) : celui qui définit le mercantilisme, c'est-à-dire la maximation de la richesse, et donc, de la croissance de l'Etat-Nation et de ses entreprises. C'est à partir de cette alliance objective des deux types d'organisation que s'interprète le mieux l'intégration mondiale d'hier, d'aujourd'hui et de demain. Il s'en faut, cependant, que les modalités de mise en œuvre d'une telle stratégie soient identiques. Elles dépendent d'un grand nombre de considérations dont certaines sont de circonstance (niveau de développement, dimension des entreprises et des Etats, degré atteint par l'intégration mondiale...) et d'autres plus permanentes (choix des systèmes politiques ou sociaux).

Cette diversité naît, d'ailleurs, en pratique, de celle des domaines où l'intervention de l'Etat peut aider à réaliser une intégration mondiale croissante à « son » profit, la seule qu'il puisse favoriser[1]. Sa vocation et ses moyens spécifiques s'exercent dans l'écheveau des relations effectives et potentielles qui l'unissent aux autres Etats et aux autres entreprises, nationales et étrangères, et ce, de façon directe ou indirecte.

1 / LES RELATIONS ENTRE L'ÉTAT ET LES ENTREPRISES

Le mercantilisme a, d'abord, un visage interne. L'affirmation de la nation dans l'affrontement international passe par le développement de ses propres entreprises et par la restriction de celui des entreprises étrangères. Bien que ces deux types d'actions soient, à l'évidence, complémentaires, elles n'en sont pas moins dissociables au niveau des procédures et des moyens utilisés pour y parvenir. Et, en chacune des nations, leurs modalités dépendent justement du degré atteint par l'intégration mondiale et de la place qui occupe déjà chaque nation.

---

1. Et non pas, bien entendu, subir.

Si l'on considère, d'abord, les relations qui unissent l'appareil d'Etat à ses propres entreprises, au moins quatre grandes techniques d'intervention apparaissent :

La première est de les favoriser systématiquement toutes sans tenir compte de leurs activités spécifiques, de leur dimension, de leur localisation et de leur participation à l'économie mondiale. Une telle politique peut être appelée globale ou horizontale. On en connaît désormais tous les moyens qui déterminent plusieurs des aspects permanents et circonstanciels des politiques spécialisées (monétaire, fiscale, budgétaire...). Elle peut, d'ailleurs, être plus ou moins directe. Tel est le cas lorsque l'ensemble des mesures prises met en cause directement les processus de production (action sur les coûts, sur l'investissement, sur les moyens de financement...) et, notamment, les conditions de la substitution des facteurs de production (hommes-machines) et donc les prix ou coûts relatifs des biens nationaux et étrangers. Mais elle peut, aussi, être indirecte lorsqu'il s'agit seulement de modifier l'environnement économique et social pour que soit accélérée une croissance interne qui pourrait, ainsi, mieux s'affirmer à l'extérieur.

Une telle politique procède donc d'un pari assez général selon lequel la croissance externe d'une nation, quelles qu'en soient les modalités, est positivement liée à la croissance interne, qu'elle en est une espèce de sous-produit naturel, autorisé voire encouragé par le souci particulier de voir croître les exportations. Ces politiques ont été de tout temps et vont de soi. Elles n'impliquent d'ailleurs pas la présence d'une « administration « spécialisée dans le domaine particulier de la réussite mercantiliste et se jugent autant d'un point de vue interne qu'externe. La réalisation de l'équilibre à moyen terme de la balance des paiements demeure, néanmoins, un de leurs objectifs permanents. Et son défaut justifie des mesures spécifiques de promotion des exportations et/ou d'incitation au développement des productions substituts des importations. Mais, ces mesures, cependant, restent globales et n'imposent aucune sélectivité et une telle attitude ne saurait toujours suffire. Ces sous-produits attendus de la croissance interne comme les effets escomptés des encouragements apportés aux exportations ne peuvent être que divers selon les secteurs ou branches de l'économie nationale. Ainsi, la sélectivité s'impose-t-elle souvent qui donne naissance, selon ses critères et la précision des interventions, à d'autres politiques, appelées verticales.

La seconde politique (verticale) consiste à intervenir au niveau des branches de l'économie nationale, c'est-à-dire en prenant des mesures favorisant ou pénalisant toutes les entreprises à même production principale donnée. Il s'agit d'une politique d'autant plus limitée et spécifique que la branche sera définie de façon étroite[1]. Les moyens d'une telle politique peuvent être fort divers et, d'abord, concerner simultanément ou non les exportations et importations d'un secteur donné. En chacune de ces éventualités, la difficulté essentielle est, d'une part, de choisir les meilleures situations pour y parvenir et, d'autre part, de définir un traitement particulier pour chaque branche et de faire évoluer ce traitement à mesure de la conjoncture propre aux différents secteurs. Ces politiques ont un horizon plus limité que les politiques horizontales en même temps qu'un domaine beaucoup plus restreint. Elles impliquent, à ce titre, des administrations distinctes de celles qui suffisent à l'organisation de la politique économique ou industrielle globale.

Une troisième politique naît lorsque les interventions publiques ont pour objectif la création et/ou la pérennité d'un certain nombre de produits sans que soient, pour autant, directement concernées les entreprises qui s'y consacrent ou devront s'y consacrer. Il s'agit alors d'une politique de produit ou mieux de projet dont les difficultés sont beaucoup plus de choix que de réalisation. L'objectif est simple : développer des activités susceptibles d'être, plus tard, partiellement exportées ou se substituer aux importations. C'est-à-dire analogue à celui qui fonde, au niveau des branches, la politique dite de création d'une « industrie ». Mais la définition des « possibles » est d'autant plus difficile que le décalage est long entre le moment où les efforts commencent à être consentis et celui où apparaissent effectivement les productions envisagées. De plus, il n'est pas souvent facile, aux administrations plus encore qu'aux entreprises, de prévoir un futur

---

1. Sans entrer, une fois encore, dans les arcanes de la distinction produits-branches, on rappellera cependant qu'en chaque pays, il existe des dissociations sectorielles plus ou moins fixes. Pour la France, par exemple, il existe un premier découpage en 15 branches, un second en 40 et un troisième en 90. Une normalisation internationale est en cours de réalisation.

déterminé très fortement par les réactions des entreprises et des Etats étrangers. Une fois la décision prise, il n'est plus de difficulté. La dimension « publique » des moyens financiers nécessaires à un « projet » est suffisamment faible (en valeur relative) pour que les deniers publics soient trouvés aisément, surtout si les contrôles *a priori* sur l'octroi des subsides l'emportent sur l'évaluation *a posteriori* de l'usage qui en a été fait. Ce qui précisément arrive chaque fois que l'intervention implique l'activité d'entreprises déterminées sans les mettre directement et individuellement en cause.

Lorsque tel est le cas, une quatrième technique d'intervention apparaît que l'on peut qualifier de structurelle. Les mesures à prendre ne consistent plus alors à encourager de façon indifférenciée toutes les entreprises d'une même branche, ou à réaliser tel ou tel projet spécifique mais à contrôler directement la politique générale de telle ou telle entreprise de façon à faire naître et/ou à développer des intégrations internationales réussies. Dans la mesure où l'oligopole international est désormais la règle du développement mondial, cette politique structurelle est souvent destinée à agir sur ces oligopoles, soit pour les constituer à partir d'une entreprise nationale soit pour les obliger à se modifier en s'ouvrant davantage aux désirs d'une telle entreprise. Ces politiques s'intéressent, donc, moins directement, aux conséquences de la concurrence internationale qu'aux acteurs eux-mêmes. On voit aisément ce qu'elles impliquent d'information et de relations d'un nouveau genre entre entreprises nationales et administrations.

Si l'on considère, en second lieu, les relations qui unissent l'Etat aux entreprises étrangères la diversité des techniques d'intervention demeure. Mais les objectifs eux-mêmes deviennent divers jusqu'à pouvoir être opposés. L'un des plus fréquents et des plus conformes au mercantilisme traditionnel est de chercher à contrarier la pénétration des entreprises étrangères. En ce cas, se trouvent fondues toutes les mesures à caractère protectionniste, dont la panoplie est infinie. Celui-ci peut, en effet, être généralisé, global ou sélectif-sectoriel. Il peut aller de l'autarcie jusqu'à des degrés savamment contrôlés de contingents ou un « contrôle » des importations tel qu'il peut s'appeler « libéralisme contrôlé ». Il peut utiliser des recettes éprouvées (droits de douanes, contingents, contrôle de change...), mais aussi, se faire moins voyant et, comme tel, plus efficace encore (protection administrative, réglementaire ou psychologique...). Selon que l'on associe, au gré des circonstances, l'ensemble de ces éventualités, on aboutit à ce qu'est le protectionnisme en pratique, c'est-à-dire une vaste réglementation qui, pour être distincte, n'en constitue pas moins une politique définitive, propre à chaque Etat, aussi vivace et éternellement recommençante que ne l'est la politique agressive d'encouragement aux exportations et à l'autonomie nationale.

Mais cet objectif n'est pas le seul. L'alliance peut se substituer à l'antagonisme. Même lorsqu'un Etat est suffisamment puissant pour s'opposer à la pénétration étrangère[1], il peut préférer permettre et quelquefois favoriser la pénétration de l'entreprise étrangère. Les motifs qui expliquent une telle attitude sont nombreux. La spécialisation internationale est, en certains cas, inévitable (absence des ressources naturelles nécessaires à une production interne ou coûts comparatifs trop inégaux pour justifier une production interne). La présence de la firme étrangère peut être considérée comme une condition indispensable au développement des entreprises nationales, soumises de ce fait à une concurrence effective et non contrôlable. Un oligopole intérieur « routinier » peut alors évoluer vers un oligopole dynamique[2].

La firme étrangère peut convenir, enfin, d'un partage de ses avantages (profit, par exemple) avec l'Etat tel que l'ensemble de la collectivité nationale y trouve son compte (royalties, *venture capital*...).

En chacune de ces occurrences, cependant, la pénétration de la firme étrangère se fait sous contrôle et ne peut être considérée comme définitive. L'objectif de nature protectionniste menace toujours de s'imposer dès que les conditions mêmes de l'alliance se trouvent le justifier. C'est l'une des raisons pour lesquelles « le risque politique » devient alors l'un des plus importants que l'entreprise qui s'étend doit gérer[3]. Mais le risque vaut, sans doute, suffi-

---

1. Il est évident qu'il n'y a pas « alliance » lorsque l'Etat n'a pas ce pouvoir. Il y a seulement, en ce cas, imposition du pouvoir de la firme, en général grande, à l'Etat, en général, petit. Cf. F. PERROUX, *Grandes firmes et petites nations*.
2. Cf. A. COTTA, *Théorie générale du capital de la croissance et des fluctuations*, Dunod, 1967, chap. 12.
3. Cf. notamment, D. W. ZINK, *The political risks for multinational enterprises in devellopping countries* ; R. STOBAUGH, How to analyse foreign investment climates, *HBR*, septembre 1968.

samment d'être couru pour que toutes les nations de ce temps conviennent désormais d'accepter l'implantation des entreprises privées, même lorsqu'elles sont socialistes.

2 / LES RELATIONS D'ÉTAT A ÉTATS

Bien qu'elles soient de nature différente, on ne peut guère dissocier la politique d'intégration interne et externe de chaque Etat. Leur objectif est identique. De plus, la diversité des moyens utilisés ne peut longtemps dissimuler leur étroite relation. Que la politique interne soit surtout d'encouragement aux entreprises nationales ou purement défensive, qu'elle soit ou non accessoire de la politique concernant les entreprises étrangères ne change pas la nature des résultats attendus : affirmer « l'importance » d'une nation à l'égard des autres. On entre alors dans une logique de situations qui sont soit de solidarité soit d'antagonisme[1]. Les premières supposent que toutes les nations trouvent avantage à leur intégration croissante respective. Le mercantilisme généralisé croit dans ses avantages, peut-être inégaux, mais, eux aussi, généraux. L'histoire est à peine nécessaire pour légitimer le bon sens populaire qui croit peu au bonheur partagé des « concurrences internationales ». Il n'est pas d'intégrations mondiales qui ne portent préjudice à quelques nations et ne les plongent donc toutes en ces situations d'antagonismes où, même si le jeu est à somme positive, certaines doivent perdre alors que d'autres gagnent. La logique de telles situations est désormais suffisamment analysée pour savoir quel est l'objectif poursuivi par chaque nation : chercher, voire en la provoquant, la « coalition gagnante », c'est-à-dire trouver et réaliser des alliances qui lui permettront de poursuivre une intégration profitable à elle, comme aux autres. Cette nécessité s'impose, d'autant plus que le mouvement se poursuit. Elle est, à ce titre, plus que jamais impérieuse et impose à la politique de tous les Etats un effort d'analyse, de choix et de justification interne sans doute sans précédent dans l'histoire.

---

1. Plus, sans doute, que tout autre domaine de l'analyse économique, celle des relations internationales relève d'une théorie du pouvoir. Cf. Pouvoir et décisions, *Revue d'économie politique*, 1974. On consultera notamment l'article de Vidale COHEN, « Alliances et programmes d'union », ainsi que celui de D. SOULIÉ, « Pouvoir et théorie des alliances ».

L'intégration mondiale y puise son contenu politique, indissociable de l'économique et du financier.

On voit alors comment une nouvelle contrainte géopolitique s'impose à toutes les nations. Les progrès à réaliser dans l'intégration mondiale dépendent de la situation présente. Le champ des possibles est limité par celui des forces nationales en présence. Et, la situation serait, sans doute, moins délicate à assumer si cette réalité mondiale était univoque, si l'on pouvait apprécier objectivement ces forces et les conséquences de leur équilibre. Mais, tel n'est pas le cas : le monde d'aujourd'hui peut s'apprécier de différentes façons. Trois conceptions s'opposent au moment où il faut décider de ses clivages essentiels[1].

La première se fonde sur une réalité historique en même temps que sur une référence idéologique. Le monde actuel devrait être, d'abord, considéré comme dissocié en ces deux blocs, capitaliste et socialiste, institutionnalisés par le Pacte de Yalta.

La stabilité de la dyarchie mondiale actuelle ne saurait être mise en cause et continuerait longtemps encore de s'imposer en déterminant les modalités essentielles d'une intégration mondiale qui serait le résultat de deux processus distincts : l'un qui se produirait à l'intérieur des deux blocs ; l'autre par l'accroissement des relations entre ces deux blocs. Les processus d'intégration à l'intérieur de chacun des deux blocs ne paraissent pas également déterminés dans leurs modalités à l'Est comme à l'Ouest. A l'Est, il paraît exclu qu'ils puissent s'opérer autrement qu'ils ne l'ont fait jusqu'ici : par la voie de flux d'échanges planifiés, relativement réduits et orientés vers des objectifs d'industrialisation précis intéressant l'URSS en priorité. A l'Ouest, il paraît tout aussi exclu que le rôle central de l'économie américaine vienne à décliner significativement. La différence des modalités de l'intégration se manifesterait davantage par sa plus grande intensité que par sa plus grande égalité. C'est autour et partiellement en faveur de l'économie leader que cette intégration pourrait se poursuivre.

---

1. Sur la géopolitique actuelle, on pourra consulter : *Le grand échiquier des nations*, *Revue Projet*, août 1977, où l'on trouvera une abondante bibliographie. Sur certains de ses aspects économiques, Bernard ESAMBERT, *Le troisième conflit mondial*, Ed. Plon, 1977, ainsi que J. GRAPIN et PINATEL, *La guerre civile mondiale*, R. Laffont, 1977.

Cette vision bipolaire stricte a sa logique, applicable aussi bien à l'interprétation du passé et du présent qu'à la prévision de l'avenir. Elle implique l'accentuation des effets d'une hiérarchie internationale, qui, à l'intérieur de deux blocs, s'établit entre un chef, ses lieutenants ou nations de seconde catégorie et les exécutants[1]. Le chef garderait les avantages attachés à sa fonction, c'est-à-dire le monopole ou, au moins, la prédominance des activités productrices nobles, celle de la recherche, de l'éducation, des processus industriels peu polluants, des travaux agricoles de haut rendement. Cette noblesse s'entendrait aussi en termes de valeur ajoutée qui seraient nettement favorables à toutes les entreprises russes et américaines. Les lieutenants, en nombre limité (Allemagne et Japon), auraient un rôle privilégié. Leur extension dans certaines zones serait particulièrement élevée et ils garderaient la mission de propager les activités nouvelles (développées par le chef) dans leur zone hégémonique et parviendraient à éviter — moins que le chef mais beaucoup plus que les exécutants — les tâches les moins nobles et les moins lucratives. Celles-ci seraient dévolues au troisième groupe de pays, à mesure de leurs capacités propres (abondance de main-d'œuvre non spécialisée, présence de telles ou telles matières premières). La conjoncture de ces pays serait dépendante des décisions des autres pays et fluctuerait au rythme imposé par celui des deux autres groupes. Ils seraient ainsi défavorisés en termes de pollution et d'instabilité. Mais la rapidité de l'intégration peut, néanmoins, favoriser leur chance de développement : la croissance de la maison mère a besoin de celle de sa filiale-atelier.

Le processus d'intégration entre les deux chefs, qu'il se fasse directement ou par lieutenant interposé, n'en continuerait pas moins à déterminer l'ouverture de tout le Monde. Mais les évolutions des échanges Est-Ouest, comme par le passé, seraient essentiellement dépendantes des besoins insatisfaisables de façon interne, par l'ensemble des économies « socialistes ». Encore, doit-on admettre que ceux de l'URSS continueraient à être préférentiels et, parmi eux, ceux de nature agricole (blé, notamment). La rapidité de l'intégra-

---

1. La logique du scénario bipolaire a été présentée dans les travaux de GRESI, t. I : *La division internationale du travail*, t. II : *Trois scénarios prospectifs*, in *Etude de politique industrielle*, vol. 9. Différentes critiques de ces travaux ont été présentées dans *Prospectives de la localisation internationale des activités industrielles*, dans les mêmes cahiers, n° 10.

tion interbloc dépendrait alors essentiellement des besoins en biens industriels à haute technologie et/ou à spécialisation intense commune à toutes les économies orientales ainsi que du succès toujours à venir de l'agriculture soviétique : la dépendance alimentaire de l'urss restant le facteur primordial de la stabilité du partage bipolaire du monde en même temps que celui de son intégration toujours croissante. Consciemment ou non, la logique d'un monde bipolaire voit s'associer la poursuite de l'intégration mondiale et celle des inégalités des avantages et des inconvénients qu'en éprouveront toutes les nations.

La seconde interprétation de la situation mondiale actuelle[1] procède de la constatation (ou croyance ?) que le clivage essentiel n'est ni géographique ni idéologique (Est-Ouest) mais bien économique, c'est-à-dire fondé sur les intérêts communs. Ce ne sont pas deux demi-mondes qui naissent alors mais bien trois « alliances objectives » qui s'imposent à l'idéologie. La première alliance objective est celle des Deux Grands dont les intérêts, comme toujours en pareil cas, est bien de garantir la stabilité de la situation actuelle, tout en se partageant les avantages de leur accord. A cet égard, l'existence d'une telle alliance n'est pas exclusive de l'interprétation précédente. On peut concevoir, en effet, le fonctionnement d'un monde bipolaire dont l'intégration serait, en fait, assurée par un condominium qui favoriserait les actions accroissant ses avantages joints (sans désavantage pour aucun d'entre eux) quel qu'en soit le coût pour autrui ou du moins à coût tolérable pour autrui. C'est la présence d'une seconde alliance objective qui interdirait une telle évolution. La seconde alliance est, en effet, celle des pays industrialisés de second rang, dont on voit bien les raisons, d'abord négatives : s'opposer à la stratégie qui vient d'être évoquée, en limitant le pouvoir des Deux Grands, en même temps que continuer à exercer leur prérogative historique sur un certain nombre d'autres pays n'ayant pas encore accédé à un niveau de développement comparable aux leurs. Certains de ces pays se refuseraient à n'être que des

---

1. Cette interprétation fut commune aux dirigeants chinois et au général de Gaulle. Elle inspira le rapprochement franco-chinois, la politique industrielle gaulliste et, bien entendu, notre politique internationale jusqu'en 1968. Elle fonde ce qui est appelé scénario multipolaire dans les travaux du gresi.

« lieutenants » et se décideraient tous à développer, autour de leurs ressources propres, une zone privilégiée qui pourrait être l'Amérique du Sud pour le Brésil, une partie de l'Asie du Sud-Est pour le Japon, la Chine pour la Chine, l'Afrique centrale pour le Nigéria, l'Europe occidentale pour la France et l'Allemagne. Un phénomène de même nature pourrait se produire dans les économies d'Europe occidentale bien que leur espace soit plus restreint et que la proximité du « chef » soit plus grande. L'intégration mondiale serait, alors, multipolaire et, donc, moins intense, moins ouverte et aussi moins inégalitaire que celle du monde bipolaire. Les échanges internationaux, la délocalisation comme la filiarisation mondiale y seraient beaucoup moins croissants et géographiquement moins extensifs. Et les inégalités pourraient être plus facilement limitées à l'intérieur d'espaces plus petits, notamment par le jeu des relations des nations de dernier rang. Telle est, en effet, la troisième alliance objective : celle des nations insuffisamment développées pour jouer le moindre rôle centrifuge dans une intégration mondiale d'abord industrielle. Ces nations se contenteraient alors de négocier habilement leur participation aux pôles définis par une nation de second rang. Elles pourraient, même, à l'occasion s'unir à l'intérieur de ces pôles pour améliorer leur situation respective et contribuer à la réduction des inégalités dont elles sont, par état, victimes. Si elles y parvenaient, c'est bien l'inégalité sur le plan mondial qui serait réduite.

Ce sont les possibilités d'union de ces nations de dernier rang qui fondent une troisième interprétation, à la fois géographique et économique : celle qui inspire le dialogue Nord-Sud[1]. Le clivage essentiel est alors celui qui sépare les nations riches (du Nord) et les pauvres (du Sud). Les modalités de l'intégration mondiale ne sauraient alors dépendre que de la capacité des pays riches à progressivement accrocher la croissance des pays non seulement pauvres mais aussi, pour certains, surpeuplés, à leur propre croissance. Toute intégration qui serait poursuivie exclusivement à l'intérieur du camp des riches ne pourrait être qu'à terme menacée par l'alliance des

---

1. Parmi les travaux les plus récents sur le sujet, on pourra consulter Emilio FONTELA, *The world problematique and the future of North South relations*, Tokyo, International Symposium on « Toward the XXIth Century », décembre 1976 ; E. FONTELA et A. FABUS, *La problématique mondiale*, Enquête Dematel, Genève, Institut Batelle, 1976.

pauvres dont le double rôle en tant que pourvoyeur de certaines matières premières et en tant que marché de biens de consommation manifesterait, tôt ou tard, son influence.

A défaut de supposer un altruisme généralisé des nations riches, éventualité bien peu probable, les modalités d'un tel accrochage seraient assez prévisibles. Il serait, tout d'abord, beaucoup plus forcé par les pays pauvres qu'octroyé par les pays riches. Il passerait donc de façon systématique par la réussite des alliances entre pays pauvres (et firmes de ces pays) pour élever le prix relatif des productions nécessaires aux pays riches. Il continuerait, ensuite, à se fonder pendant longtemps sur des échanges traditionnels avant que l'industrialisation de certains pays aujourd'hui sous-développés puisse avoir lieu en commençant par les industries légères (textile...), polluantes (chimie...) et grosses utilisatrices de main-d'œuvre non spécialisée (composants...). Il serait, enfin, toujours négocié et, comme tel, à la fois moins rapide et moins inégalitaire encore que dans la seconde hypothèse. Moins rapide puisque la réduction des prix relatifs des biens industriels et des matières premières ne pourrait que réduire les performances historiques des pays riches. Moins rapide aussi dans la mesure où la protection des industries naissantes réduirait la dimension du marché international de certains biens avant d'inverser les échanges dont ils sont l'objet (textiles, par exemple) — si cela se révèle possible, c'est-à-dire acceptable par les nations riches. Moins rapide, enfin, puisque les nations riches, rendues méfiantes, désireraient accroître la durée du monopole temporaire de leurs diverses productions. Mais, moins inégalitaire aussi et pour les mêmes raisons. L'interrogation essentielle demeure précisément de quelle diminution de l'intensité de l'intégration mondiale il faudrait payer le prix d'une inégalité elle-même réduite. On voit bien qu'il s'agit là d'une question de modalités et de degré et qu'il serait des comportements généralisés pouvant provoquer un arrêt voire une diminution de l'intégration mondiale actuellement atteinte et, donc, des réductions d'inégalités dans une régression devenue générale.

Ces trois interprétations de l'évolution actuelle de l'économie mondiale imposent un choix aux pouvoirs politiques de toute nation avant toute décision d'une quelconque politique économique et industrielle. Chaque vision de la hiérarchie des pouvoirs qui imposent à l'économie mondiale les voies de sa croissance définit, en effet, des infractuosités fort différentes entre lesquelles l'action qui se glisse a de plus grandes chances de succès. Si le monde est destiné à devenir toujours plus bipolaire à quoi, donc, sert de faire Concorde ou une informatique distincte des volontés d'IBM ? Mais s'il a quelques chances de devenir multipolaire, ces mêmes décisions prennent tout leur sens, sinon leur efficacité. Si le monde est obligé de réduire les inégalités et de faire à son Sud une place moins accessible, à quoi sert alors de sauvegarder une industrie textile ? Et peut-on alors le faire autrement que par un retour à un protectionnisme généralisé débouchant sur une autarcie qui se révélerait impossible. Avoir tort ou raison dans le jugement sur les grandes fractures durables de l'économie mondiale n'est pas sans sanction. Et le choix n'est simple, comme toujours, qu'aux croyants. Deux remarques valent, ici, d'être ajoutées. La première qu'aucune des interprétations évoquées jusqu'ici n'est, elle-même, aussi schématique qu'elle fut présentée. L'intensité de l'exercice du pouvoir des deux chefs, dans le scénario bipolaire, peut varier, par exemple, de façon considérable pour des raisons à la fois internes aux deux nations et extérieures à elles. Les tendances autarciques des Etats-Unis restent vives et pourraient, au gré des circonstances, justifier sinon un repli du moins une plus grande retenue dans la direction de l'intégration mondiale. De même, le développement d'alliances éventuelles entre lieutenants pourrait freiner l'hégémonie américaine en créant une situation intermédiaire entre celles d'un monde occidental bi et multipolaire.

Des événements récents ont montré que la solidarité des pays sous-développés résistait assez bien à des inégalités pourtant extrêmes[1]. Mais aussi, qu'on ne saurait longtemps se contenter de suivre l'intégration mondiale dans le seul cadre d'une opposition entre le « Nord » et le « Sud ». Si, pour le Nord, les interprétations bi et multipolaires suffisent à départager deux visions finalement sœurs, il n'en est pas de même pour le « Sud » où il devient désormais justifié de distinguer au moins quatre groupes de pays : les membres de l'OPEP, les pays sous-développés en développement rapide, les pays sous-développés riches en ressources naturelles et, enfin, les

---

1. On a pu constater, en effet, que la solidarité des nations sous-développées avait été maintenue et avait, donc, dépassé, pour des raisons historiques sans doute, le clivage pauvres-riches. Les pays arabes désormais riches ne se sont jamais désolidarisés des pays sous-développés restés pauvres.

pays sous-développés à la fois pauvres en ressources naturelles et, de ce fait, en situation de surpeuplement évident[1]. L'opposition géographique du Nord et du Sud suivrait donc une évolution telle que, successivement, et dans l'ordre ici évoqué, des pays « nouveaux » seraient intégrés au monde du Nord, et, donc, que l'intégration mondiale se ferait progressivement selon des voies prédéterminées.

Les précisions que l'on est amené à apporter à chacune des trois interprétations incitent à une seconde remarque : qu'il faut précisément se garder de croire que l'évolution future de l'intégration mondiale obéira forcément à l'un des trois schémas, aussi précis qu'il puisse être. Il est, en effet, beaucoup plus probable que l'évolution s'opérera selon des modalités à la fois complexes et mixtes, empruntant à chacun des trois. Ainsi, dans une même économie nationale, des branches pourront évoluer conformément à des schémas d'intégration différente, et telle grande entreprise pourra adopter des actions stratégiques conformes aux trois logiques. L'Etat, plus encore, désirera jouer sur plusieurs tableaux[2].

C / L'INTÉGRATION MONDIALE ET LES ORGANISATIONS INTERNATIONALES

Entreprises et Etats ne sont plus, en effet, les seules organisations à intervenir dans l'évolution de l'intégration de l'économie mondiale. Nées de l'accord entre les Etats, les organisations internationales et, notamment, le système des Nations Unies (qui a, seul, vocation mondiale) contribuent déjà de façon appréciable à l' « administration des choses » de l'espèce tout entière[3]. Créer cette organisation mondiale n'a rien de commun avec ce qui serait un quelconque Etat mondial,

---

1. On peut constater que cette évolution est jugée fort probable dans le cadre des enquêtes Dematel lancées par l'Institut Ratelle de Genève, cf. E. FONTELA, *op. cit.*, p. 31.
2. Ainsi, la France qui, récemment, décidait une intervention au Liban et ce, à Washington, au moment où les relations franco-allemandes étaient, comme il convient désormais, considérées comme privilégiées.
3. On consultera notamment Michel VIRALLY, *L'organisation mondiale*, A. Colin, 1972, et M. MERLE, *La vie internationale*, A. Colin, 1971. Sur les Nations Unies plus spécifiquement on pourra consulter J. A. C. GUTTERIDGE, *The United Nations in a changing world*, Manchester, 1972.

même fédéral. On sait que le pouvoir supranational de l'ONU est limité par l'absence même d'une force militaire propre. De toute façon, la diversité actuelle des Etats et des sociétés qu'ils représentent, l'inégalité des développements, l'hétérogénéité des religions, des cultures et des philosophies interdisent d'envisager l'apparition d'un Etat fédéral dans un avenir prévisible. D'ailleurs instruits par le précédent de la SDN, les grands pays (et notamment les Etats-Unis) ne commirent plus les erreurs de Wilson. Pour beaucoup plus modeste d'ambition et plus précis de domaine qu'il soit, le rôle de l'ONU n'a pas moins introduit et imposé l'existence d'une entité mondiale aux différents Etats. Certes, il ne s'agit pas encore du pouvoir d'imposer un quelconque ordre international aux différents Etats. Mais, dans au moins trois directions, les organisations internationales poussent désormais leurs pions.

La première est celle de l'unification mondiale des règles, juridiques et techniques, s'imposant à un certain nombre d'activités internationales par nature. Au moins, cinq ou six agences spécialisées de l'ONU étendent, à l'heure actuelle, le champ de certaines pratiques qui en deviennent mondiales. Ainsi, l'OMS sous l'égide de laquelle les usages sanitaires se sont partout transformés alors que l'éradication mondiale d'un certain nombre de maladies endémiques (malaria, paludisme...) était rendue possible par une aide technique appropriée. Ainsi, l'Union postale universelle qui ne se substitua en aucune façon aux administrations postales nationales mais rendit possible l'acheminement international des courriers. Ainsi, l'Union internationale des Télécommunications et l'OACI (Organisation de l'Aviation civile internationale) et l'Office mondial de la Navigation maritime qui, avec les deux organisations précédentes, disposent, ce qui est rare, d'un véritable pouvoir réglementaire qui s'impose aux Etats bien que ceux-ci aient quelquefois la possibilité d'y échapper[1]. L'activité de ces institutions spécialisées conduit lentement mais assez sûrement au développement d'une pratique internationale qui, dans un nombre croissant de domaines, finit par s'imposer aux Etats.

La seconde est, sans doute, la plus importante. Il s'agit des

---

1. Dans quelques cas, ce pouvoir réglementaire se confond avec ses procédures simplifiées d'amendements à la constitution des organisations considérées. Les amendements entrent en vigueur sans ratification formelle des Etats. Cf. M. VIRALLY, *op. cit.*, p. 332. Entrent dans ce cas tous les règlements de sécurité en matière de transports.

activités « économiques » de l'ensemble des institutions de l'ONU qui depuis la fin de la seconde guerre mondiale constituent ce qu'il faut bien appeler une stratégie internationale du développement. La Charte des Nations Unies retient effectivement comme l'un de ses premiers objectifs « le relèvement du niveau de vie, le plein emploi et l'établissement des conditions de progrès et de développement dans l'ordre économique et social »[1]. La constatation de l'inégalité entre nations devait être le départ d'une action d'assistance technique qui, rapidement, devait, en s'élargissant, donner naissance à un véritable plan de développement mondial. Avant de situer les moyens et l'ampleur actuelle d'un tel plan, il n'est pas inutile de rappeler l'œuvre des Nations Unies consacrée à légitimer, au nom d'une morale qui relève du vieux droit des gens, ce type d'action. A plusieurs reprises, s'est vue affirmer l'idée que la responsabilité principale en matière de sous-développement était celle des pays développés et qu'il leur incombait donc d'assumer leurs responsabilités. En même temps était répétée « la nécessité urgente pour ces pays peu développés d'exécuter des plans nationaux de développement afin de construire leurs sociétés selon leurs principes propres » (1961). Enfin, peu à peu la notion même de développement se voulait intégrer davantage les aspects sociaux et naissait alors l'objectif de réalisation d'un développement social intégré dans toutes les nations et, par là même, à l'échelle planétaire.

En trois phases correspondant schématiquement aux trois décennies successives, les moyens mis en œuvre devaient s'accroître et les objectifs de l'action s'élargir. Durant les années 1950, l'accent fut mis essentiellement sur trois formes d'aides. L'aide financière fut et reste le fait de la BRI et de la SFI[2], qui, d'ailleurs, accepte désormais de financer des projets sans rentabilité immédiate mais susceptibles d'avoir des effets bénéfiques à long terme sur le développement social (natalité, morbidité...). Deux nouveaux organismes, le Fonds d'Equipement des Nations Unies (1966) et l'Association interna-

---

1. Article 55 *a*.
2. La Société financière internationale fut créée pour pallier certaines carences de la BRI qui, par statut, ne pouvait prêter qu'à des gouvernements ou que sur garantie gouvernementale.

tionale pour le Développement (1960), devaient compléter ce dispositif financier. L'aide alimentaire relève de la FAO (créée, d'ailleurs, avant même les Nations Unies) à laquelle devait s'adjoindre le Programme alimentaire mondial (1960). Cette aide contribua et contribue toujours à la fourniture de denrées alimentaires en cas de cataclysme naturel ou politique. Elle prend désormais la forme d'une organisation systématique de stocks de certains produits alimentaires au plan mondial. L'aide technique, enfin, fut l'une des premières décidées par l'ONU et, rapidement, organisée dans le cadre d'un Programme élargi d'Assistance technique (1949). La fourniture de conseils de toute nature aboutit à une série de difficultés qui, d'une part, justifia que les experts internationaux soient intégrés aux administrations nationales et, d'autre part, qu'assistance technique et aide financière soient liées. Dès la fin des années 1950, la nécessaire coordination de ces trois formes d'aides devait justifier la création et le développement rapide de diverses institutions qui allaient aboutir au PNVD (Programme des Nations Unies pour le Développement) en 1965.

Durant les années 60, après que la Conférence du Caire ait donné naissance au premier document commun à tous les pays sous-développés, l'accent était définitivement mis non plus sur les problèmes de développement national mais bien sur l'urgence de considérer le problème des relations économiques internationales. Cette modification était fort significative. Elle impliquait la contestation de l'ordre économique mondial existant et allait aboutir à la création de la CNUSED et à la naissance du Groupe des 77. Les difficultés de la création de ce dernier organisme révélaient clairement l'intensité des oppositions existant entre pays du Nord (soucieux de conserver au GATT toute sa compétence) et ceux du Sud (soucieux de disposer enfin d'une institution internationale désireuse de modifier l'ordre existant). Mais l'extension assez rapide des pouvoirs de la CNUSED devait justifier leur attitude. Celle-ci servit d'accélération aux travaux de toutes les autres institutions de l'ONU, permit la création de satellites (ONUDI et CNUDCI), réalisa un certain nombre d'accords sur les produits de base (blé, étain, sucre), mit au point un système généralisé et préférentiel, sans réciprocité ni discrimination, en faveur des pays sous-développés, qui servit d'inspiration aux accords de Lomé et, plus encore, modifia définitivement le climat intellectuel de toutes les organisations internationales désormais incapables de défendre sans effort l'ordre existant.

A la fin des années 60, il devait apparaître qu'en dépit de ces efforts, en dépit, même, d'une coordination toujours mieux assurée entre les actions, l'intégration de l'action internationale demeurait insuffisante. Ainsi, devait se développer l'idée de la nécessité d'une véritable stratégie de l'intégration mondiale qui put être entérinée en 1970, non sans difficultés, au cours d'une séance commémorant le 25e anniversaire de l'Organisation. La résolution 2626 proclame la deuxième décennie des Nations Unies pour le développement. Les objectifs sont clairement définis : croissance du PNB des nations sous-développées égale à au moins 6 %, explication des conditions nécessaires à un tel résultat (notamment en ce qui concerne les exportations), affirmation d'une modification de la répartition des revenus et, plus, celle de la nécessité « des transformations qualitatives et structurelles de la société ». Les moyens résident essentiellement en « un effort continu de tous les peuples et de tous les gouvernements pour favoriser le progrès économique et social dans les pays en voie de développement » à commencer par l'octroi d'une aide au moins égale à 1 % du PNB, dont 70 % en aide publique. Des dates sont fixées pour la réalisation d'objectifs spécifiques et des mesures de contrôle prévues[1]. Cette stratégie « n'a pas pour l'instant d'autre autorité que celle d'une recommandation » mais n'en comporte pas moins des dispositions par lesquelles les Etats s'engagent individuellement et reconnaissent donc, de ce fait, le pouvoir au moins de coordination et d'impulsion de l'organisation internationale.

Dans le domaine économique, l'ONU n'a donc pas cessé d'étendre ses objectifs et les moyens de les atteindre. Certes, « la lutte contre le sous-développement » fut et demeure le seul prétexte d'une telle action. Mais outre que ce n'est pas un mauvais choix à qui veut étendre l'intégration mondiale, il n'est pas impossible que la décennie à venir ne voie pas s'ajouter d'autres prétextes. Celui de l'exploitation des océans pourrait, par exemple, en être un nouveau et non négligeable. Au demeurant, cette action « économique » ne saurait être

---

1. L'organisation de ce contrôle est intéressante parce qu'elle comprend trois niveaux à compétence d'organismes différents : le Monde, les Etats et les groupements régionaux d'Etats.

dissociée d'une action « financière » qui, à maints égards, est encore plus lourde de signification.

Les aspects financiers du rôle croissant des systèmes de l'ONU dans l'intégration mondiale sont nombreux. On en retiendra ici deux qui paraissent majeurs. D'abord, la part croissante des organismes financiers spécialisés de l'ONU dans la croissance de l'offre mondiale de monnaies. Les réserves mondiales monétaires sont désormais constituées par l'or, les devises, les positions créditrices envers le FMI et les DTS. L'évolution de l'importance relative de ces quatre types de réserves depuis 1970 le montre clairement[1].

On sait comment s'est opérée la démonétisation de l'or et, surtout, comment ne cesse de croître l'importance relative des crédits du FMI dans les réserves monétaires totales[2]. Le Fonds monétaire international contribue désormais pour 8 % environ des réserves mondiales. De négligeables par rapport à l'or en 1972, ils représentent aujourd'hui la moitié de la valeur des stocks d'or monétaire (20 à 41 milliards de dollars). L'échec relatif d'une nouvelle monnaie internationale précisément créée par ce même FMI (les DTS) ne doit pas faire illusion. L'intégration financière mondiale, sur laquelle on a déjà insisté, s'opère désormais toujours davantage par l'entremise du FMI qui, d'ores et déjà, a un rôle égal à celui de l'or (crédit FMI et DTS compris). Ensuite, la place toute aussi croissante que les organisations internationales monétaires ont acquise sur le marché du crédit international[3].

Si leur place est restée relativement faible pour les euro-crédits, elle est désormais très significative pour les euro-obligations (20 % environ) et surtout pour les emprunts étrangers où les organisations internationales ont pu représenter près de la moitié des transactions du marché (1974). Leur rôle vient, d'ailleurs, de se manifester à nouveau tout récemment (août 1977) puisque l'accord Witteween a permis de réunir près de 10 milliards de dollars (6 des pays « riches »

---

1. Source BRI, *Rapports* du 18 septembre 1973, p. 146, du 9 juin 1975, p. 127, et de 1977, p. 153. En 1976, les réserves mondiales se composaient d'or (15,8), de devises (72,3), de crédits FMI (7,9) et de DTS (3,8). En 1972, les proportions étaient respectivement de 25 %, 65 %, 4,4 % et 5,3 %.
2. On voit aussi l'échec relatif des DTS dont les causes paraissent multiples.
3. Source VAN DEN ADD, *op. cit.*, p .11. En 1976, la part des organisations internationales était de 4,7 % pour les euro-crédits (3,6 % en 1973), 19,2 % pour les euro-obligations (19 % en 1973) et 1,93 % pour les emprunts étrangers (39 % en 1973).

et 4 des pays producteurs de pétrole) qui devraient accroître, de façon spectaculaire, les moyens monétaires que le système de l'ONU met au service de l'intégration mondiale.

Mais il existe aussi une troisième direction, politique, dans laquelle se sont exercés les efforts des organisations internationales. Certes, comme on a pu le constater dans les domaines techniques, économiques, ou financiers, il n'y a aucune trace de supranationalité ou de fédéralisme dans le statut de l'ONU, *a fortiori* dans le domaine politique. Toutefois, et à maintes reprises, on a pu constater la permanence et la force d'une volonté proprement politique d'établir un certain nombre de normes devant s'imposer à l'action des Etats. Ainsi, l'utilisation de la force dans les relations entre Etats est-elle désormais condamnée au nom d'un droit international qui s'étend au domaine économique (droit du développement). Cette poussée en territoire étranger (celui des Etats) est encore plus insidieuse lorsqu'elle procède de la tentative d'établir les conditions de la légitimité internationale de tout Etat[1] (Rhodésie, Afrique du Sud, Chili...). Les accords d'Helsinki ne font que matérialiser la réalité d'une telle volonté.

Ainsi, peu à peu, dans l'indifférence quasi totale de la majorité des citoyens, les organisations internationales deviennent présentes dans tous les domaines. Certes, il n'y a pour l'instant aucune réduction appréciable de la souveraineté des Etats. Mais cette absence ne doit pas conduire à sous-estimer l'importance d'une présence qui oblige les Etats à négocier, leur impose un certain nombre de normes toujours coûteuses à transgresser, et enfin, jalonne le monde à faire d'amers disponibles en temps venu. Le rapport de J. Tinbergen au Club de Rome fait plus qu'énoncer des principes. On y voit poindre facilement les nouvelles organisations internationales de demain. F. Perroux[2] les a récemment présentées : une trésorerie mondiale dans le domaine monétaire, une banque internationale

---

1. En 1974, à l'occasion de la Déclaration sur l'établissement d'un nouvel ordre économique international, l'Assemblée générale des Nations Unies adopte la Charte des Devoirs économiques des Etats qui va bien au-delà de la Déclaration universelle des Droits de l'Homme. Cf. *Justice économique internationale*, Gallimard, 1976.

2. Cf. F. PERROUX, *A la recherche d'un nouvel ordre économique international*, Paris, 1977; J. TINBERGEN, *A report to the Club of Rome*, New York, E. P. Dutton & Co., 325 p.

pour le développement technologique dans le domaine financier, une institution de répartition mondiale des ressources alimentaires, une agence de désarmement mondial et une institution du développement mondial, c'est-à-dire de son intégration.

D / LA COMPLEXITÉ DES MODES ACTUELS DE L'INTÉGRATION MONDIALE

Les modalités de l'intégration de l'économie mondiale dépendent totalement du jeu mêlé des stratégies des entreprises et de celles des Etats. Il s'agit, là, d'un processus fort complexe pour l'étude duquel nous sommes, encore, trop mal armés. Il met, en effet, en scène, deux types d'organisations différentes qui s'enchevêtrent, n'ont pas les mêmes objectifs et doivent, pourtant, finir par croître ensemble. La dissymétrie est évidente entre des entreprises pour lesquelles survivre est croître et les Etats qui ne peuvent plus guère y parvenir et ont, au contraire, de plus en plus de mal à simplement assurer la coexistence des individus qui y appartiennent.

L'intégration mondiale paraît bien dépendre, d'abord, de la diversité des choix ouverts aux Etats et seulement, ensuite, des relations Etats-entreprises.

La diversité de choix des Etats-Nations

La participation de chaque Etat à l'intégration mondiale est, d'abord, affaire de jugement sur les avantages à en attendre. Lorsque tel est le cas, les modalités de l'engagement dépendent essentiellement de l'importance relative accordée aux actions portant sur les entreprises et à celles consacrées aux alliances. La diversité des choix publics dans ces deux domaines est désormais la règle. Certaines économies sont dirigées pour être plus ou moins ouvertes et, ce, de différentes façons. L'examen d'une telle diversité ne laisse apparaître, aussi facilement qu'y parviennent tous les réducteurs patentés d'incertitude (marxistes et néo-libéraux), ni d'exploration simple, ni de prévision facile sur l'orientation future de ces choix.

La première explication qui vient à l'esprit est, comme souvent, celle qui procède de l'influence des niveaux de développement, matinés de « dimension relative » et de « dotation en facteurs naturels ». Il semble, en effet, évident, que la grande nation déjà développée et riche en facteurs naturels devrait être favorable à l'intégration mondiale, en tout cas bien davantage que la petite nation sous-développée sans ressources. Et la voie de l'intégration souhaitée paraît alors aller d'elle-même. L'Etat de la grande nation dispose d'entreprises intérieures qu'il peut « aider », pour écarter de ses propres marchés les entreprises étrangères en prolongeant indéfiniment, et, bien sûr, avec un rien de sadisme innocent, la situation de protection des industries nationales toujours renaissantes. A l'opposé, la petite nation pauvre ne peut guère « aider » des entreprises qui n'existent pas, s'opposer à l'immixtion des grandes entreprises étrangères et, donc, ne pas se prêter à une intégration mondiale qui s'opérerait à son détriment en tant que nation mais pas forcément à celui, à plus long terme, de ses citoyens. Le couplage de deux Etats en une telle situation d'inégalité suggère, pour peu qu'on y ajoute quelques termes spécialisés (sphère, bourgeoisie comprador, plus-value et paupérisation mondiale, par exemple), la vision d'une intégration mondiale qui répéterait (pour ne pas laisser Freud en chemin) le développement national des nations européennes du siècle précédent au plan mondial. Le « capitalisme » et/ou le « socialisme » opérerait à son profit, à celui des deux nations étendards, l'industrialisation mondiale (on retrouverait ici la plus pure des versions de la bipolarité).

L'ennui est, cependant, qu'une telle vision n'échappe pas aux défauts de toute systématisation. Toute grande nation peut avoir, en fait, des stratégies fort différentes sans que cela nuise à son développement interne. Il n'est ici qu'à comparer les stratégies anglaise (XIXe siècle), américaine et russe (XXe siècle). En ces trois cas, il s'est agi précisément de nations grandes et en avance sur la quasi-totalité du monde. Or, la politique anglaise fut toujours d'intégration mondiale et ce, par tous les moyens : exportations, créations de firmes multinationales, investissements de portefeuille... Celles de l'Amérique et de l'URSS ont, à l'opposé, au moins un point en commun : que l'intégration n'y fut jamais prônée en tant que telle. Elle fut même explicitement condamnée par le « socialisme ». Dès son origine autarcique, pour des raisons qui tiennent plus sans doute à la contrainte qu'à la volonté positive. Mais elle le fut aussi par les Etats-Unis dont on sait les tendances isolationnistes permanentes et dont la politique internationale ne fut que très progressivement amenée à s'étendre. La différence entre ces deux dernières nations réside bien dans l'assujettissement des entreprises à l'Etat (pour l'URSS) et dans la relation partiellement inverse (pour les Etats-Unis) amenées, en tant qu'Etats, à suivre l'expansion internationale de leurs entreprises. L'intégration mondiale réalisée par la Grande-Bretagne avait été voulue et, au contraire des prophéties marxistes, a conduit à l'effacement définitif de cette nation qui a même payé de sa croissance propre l'ouverture du monde. Celle des Etats-Unis a été partiellement involontaire comme en témoigne encore aujourd'hui l'importance relative très faible (6 à 7 %) des exportations dans la production interne. Celle de l'URSS a été beaucoup plus volontaire mais fondée sur des arguments militaires beaucoup plus qu'économiques et, à ce titre, reste beaucoup plus indéterminée dans le futur.

Mais si l'on considère la petite nation pauvre, l'indétermination est encore plus grande. La petite nation peut, en effet, « accepter » d'être investie par les plus grandes. Et, il n'est pas besoin qu'elle soit militairement vaincue pour ce faire. Elle détient, en effet, bien que toute petite, ce monopole de la contrainte publique qui permet le refus de toute pénétration étrangère civile et, donc, de préférer l'autarcie à toute autre situation. Si un tel repliement a quelques conséquences défavorables sur au moins une partie de la population, elle est alors conduite à justifier son choix de façon politique, le terme de « socialisme » étant, aujourd'hui, celui qui convient le mieux. Il s'agit là de deux stratégies opposées et d'un choix qui n'est pas ouvert seulement aux petites nations pauvres mais à un grand nombre de nations contemporaines de toute obédience politique et de tout horizon géographique. Et tel est bien le partage, tout en nuance, des nations pauvres entre celles qui se refusent « plutôt » ou qui acceptent « plutôt » les conditions de participation à l'intégration mondiale. On voit bien désormais que le « socialisme » affirmé ne suffit plus à opérer clairement le partage. Des pays sous-développés « socialistes » se révèlent plus ouverts que des pays non socialistes dès que les avantages de leur politique d'ouverture paraissent justifier le choix, dans le présent et plus encore dans le futur.

Les bourgeoisies de ces pays seront « publiques »[1] (hommes politiques) et non privées, ce qui au point de vue de l'intégration mondiale n'a strictement aucune importance.

L'observation de pays à niveau de développement comparable révèle la même indétermination mais aussi suggère l'existence d'autres explications. Si l'on considère, par exemple, les caractéristiques essentielles du développement de l'économie allemande depuis 1945, on est amené à constater d'une part la fermeté et la permanence du choix en faveur de l'intégration mondiale et d'autre part, l'importance essentielle accordée aux relations entre l'Etat et les autres Etats au détriment des relations Etat-entreprises (tant intérieures qu'étrangères). Dans un grand nombre de secteurs, certains vitaux, comme l'industrie alimentaire, la pénétration des firmes étrangères est quasi totale. Dans un certain nombre d'autres (textile, chaussures), la concurrence des pays étrangers a provoqué une régression rapide de la production nationale qui devrait presque totalement disparaître d'ici quelques années. Par contre, un petit nombre de secteurs de l'économie allemande exportent près de 50 % (acier, chimie) et sont même devenus, quelquefois, principal fournisseur du marché mondial (la mécanique). Une certitude s'impose ; la lente décroissance du taux de croissance de l'économie allemande qui n'atteint plus ces dernières années que 2 % en moyenne (alors que ce taux fut de 8 % pendant les années 1950 et de 4 % pour les années 1960) a sûrement été compensée par la hausse du taux de croissance de la production internationale. Les choix en faveur de l'intégration mondiale sont affirmés par l'évolution des exportations et des importations par grandes zones géographiques. La hausse de la part de l'Europe dans les échanges extérieurs ne concerne que les importations (de 35 à 50 % de 1950 à 1975). Les exportations diminueraient plutôt (de 45,8 à 43,6). Par contre, la part des échanges extérieurs avec les pays de l'Est ne cesse de croître. Celle des exportations a doublé depuis 1950 (de 4,3 à 7,9 %) et celle des importations est passée de 3,1 à 4,7 %. L'excédent de la balance des paiements à

---

1. On évalue aujourd'hui à environ 10 % du montant des grands contrats internationaux les subsides appropriés par les hommes politiques. Ces « revenus » doivent atteindre quelque 50 milliards de dollars par an et viennent établir une fortune privée internationale en croissance d'autant plus rapide qu'elle se nourrit des décisions politiques disposant des masses budgétaires et non plus seulement des transactions privées.

l'égard des pays de l'Est s'est accru de façon considérable depuis 1970 et est devenu nettement supérieur à celui des Etats-Unis avec cette même partie de l'économie mondiale. Les échanges commerciaux de l'économie allemande montrent bien le succès avec lequel la croissance s'est alimentée, jusqu'ici, d'une intégration sans cesse plus intense à l'économie mondiale et jusqu'à déterminer une préférence définitive accordée à la production hors des frontières par rapport à la production interne.

Si les causes premières d'un tel succès sont multiples et comme toujours discutables dès que l'on cherche à en pondérer l'influence, les modalités de l'intervention publique sont claires. L'Etat allemand n'a pas exercé d'influence particulière sur les entreprises privées et notamment sur les grands groupes traditionnels de l'industrie germanique qui, au nombre d'une vingtaine, ont développé une telle stratégie mondiale. Celui-ci s'est contenté de réaliser les deux missions à lui confiées. D'abord de soutenir l'activité intérieure de façon à éviter que la baisse de la croissance n'amène des troubles économiques et sociaux qui eussent nui à la nécessaire tranquillité des groupes privés tout occupés à la réussite de leur stratégie internationale. Des déficits budgétaires massifs et systématiques depuis 1970 furent utilisés à cette fin. Ensuite de nouer et de conserver des alliances internationales qui à la fois garantissent la sécurité du pays en tant que tel et permettent que l'ouverture souhaitée des marchés mondiaux soit possible au moindre coût. Mais, en ce dernier domaine, il demeure que les grands groupes allemands discutent seuls et sans Etat interposé avec les autres Etats du monde[1].

Si l'on considère une nation comme le Japon on peut constater que si le choix de l'intégration mondiale est identique, les modalités en sont fort différentes. Certes, ce sont, là aussi, les groupes privés qui déterminent les grandes orientations[2], font l'arbitrage entre croissance interne et croissance internationale, s'immiscent dans les oligopoles internationaux et prennent directement le poids de la négociation avec les Etats étrangers. Mais cette orientation privée est encore plus affirmée. Le capitalisme japonais est le plus d'Etat qui soit mais aussi le plus capitaliste en ce que les décisions du pou-

---

1. Cf. l'étude sur *La croissance et la politique industrielle de l'économie allemande depuis 1950*, réalisée par l'AREPA pour le Commissariat général au Plan.
2. Sur le choix des deux grandes filières de l'industrie japonaise, cf. GEPI, *op. cit.*

voir politique sont presque dictées par les organismes délibérants des institutions qui coordonnent les stratégies des grands groupes et des grandes branches. L'Etat n'a plus grand rôle à jouer, même interne, dans l'élaboration et la réalisation d'une stratégie d'intégration qui, comme on le reverra, est l'une des plus réussies de ces dernières années.

L'examen de l'économie anglaise[1] offre lui un visage fortement différent des deux précédents. Si, en effet, la faveur accordée à l'intégration mondiale ne s'est pas démentie, les moyens pour y parvenir n'ont pas cessé de faire aux pouvoirs publics une place croissante. A partir de 1948 ont été, en effet, créées tout un ensemble d'institutions dont la mission était de coordination et d'orientation des choix stratégiques des grandes entreprises. L'intervention publique s'est donc faite de plus en plus fréquente et prédominante au point, on le sait, de transformer totalement les relations économiques et sociales de ce pays.

On voit bien, à partir de ces trois exemples, que le rôle respectif des entreprises et de l'Etat est largement indéterminé si l'on se contente de considérer l'intensité souhaitée de l'engagement et le niveau de développement atteint. Que faut-il donc introduire sinon des raisons d'ordre culturel ? ou plus spécifiquement faire du protestantisme la source ultime de cet appel au grand large qui semble s'imposer à toutes les nations de l'Europe et de l'Amérique septentrionale ? On ne saura jamais, en effet, ce qui revient au protestantisme et au charbon dans les premiers succès et dans la propagation internationale du capitalisme, et si, dans sa décision d'avoir donné le charbon aux protestants, Dieu n'a pas manifesté plus de sagesse que de bonté ; mais que l'on sache, les Japonais n'ont guère de charbon et ne sont pas protestants. Ce sont, en définitive, les considérations historiques qui paraissent le mieux convenir pour réduire l'indétermination rémanente des politiques nationales d'intégration. Certes, en effet, la présence de matières premières abondantes, à coût de production concurrentiel, reste l'une des conditions permissives des initiatives internationales réussies. Or, le charbon, le fer, le pétrole, l'uranium, comme à peu près tous les grands minéraux et les plantes nutritives ont été distribués avec plus d'injustice encore

---

1. Cf. OCDE, *Les politiques industrielles en Europe*, 1976.

que de parcimonie. Mais, la situation actuelle de l'intégration mondiale montre bien que ce n'est là une condition ni nécessaire (Italie) ni suffisante. Il demeure, par-delà les dons du ciel et les capacités des hommes, que la rapidité de l'intégration d'une nation du monde, toujours difficile, dépend fortement d'une volonté qui est presque constante dans l'histoire. On peut toujours s'interroger sur la réalité d'un tempérament national. Mais on ne peut mettre en doute l'influence durable de certains moments historiques sur le comportement des peuples et, notamment, sur leur attirance pour l'aventure mondiale et sur le rôle respectif dévolu aux entreprises et à l'Etat. C'est sans doute l'organisation propre et le rôle de l'Etat qui révèlent le plus profondément l'inconscient collectif d'un peuple. La décentralisation (Etat fédéral, pluralité d'agences spécialisées) traduit le mode particulier de la constitution même de certaines nations (Etats-Unis, Allemagne, Royaume-Uni[1]). Et l'on voit dans l'Angleterre d'aujourd'hui combien la mémoire des hommes en est durable et d'autant plus passionnée. Et c'est sans doute pourquoi ces pays continuent à la fois de s'intégrer au monde et ce par l'entreprise plutôt que par l'Etat.

Il en est de même pour la centralisation, celle de la France et du Japon ou de l'URSS continue de se justifier par l'intime relation historique entre la naissance de la nation et l'action volontaire d'un pouvoir collectif et absolu. Le désir de repliement est alors toujours latent et, s'il vient momentanément à céder, le soin de gérer « le désordre » est confié à l'Etat. Ce sont, sans doute, les traumatismes inhérents à une bureaucratie excessive qui expliqueraient la décadence contemporaine du rôle de l'Etat japonais. Peut-être est-ce une menace de même nature qui pèse aujourd'hui sur l'économie russe...

Si tel est le cas, l'intégration mondiale ne saurait obéir à aucun schéma simple et résumé, comme il en fut d'ailleurs pour des Etats, la rémanence durable de particularismes nationaux jamais entièrement subsumés. Dans la mesure où la définition du rôle respectif des entreprises et de l'Etat est l'une de ses pesanteurs historiques les plus essentielles, elle ne peut que faire sentir tous ses effets dans le domaine de l'intégration mondiale.

---

1. Comme on le voit à la renaissance des tendances séparatistes de l'Ecosse et au problème irlandais.

Le rôle respectif de l'Etat et de l'entreprise

Par-delà même les interprétations de l'évolution actuelle et future de l'économie mondiale fondées sur les clivages idéologiques (Est-Ouest), géographiques et économiques (Nord-Sud), la question toute aussi essentielle est bien de savoir laquelle des deux organisations, l'entreprise et l'Etat, va avoir davantage de rôle dans la construction mondiale. Ces deux organisations gouvernent désormais tout l'espace déjà industrialisé et de façon presque égale pour nos économies européennes. Le partage est moins équitable pour les économies socialistes, du moins pour l'instant, et, aussi, par ignorance où l'on est de l'autonomie réelle de leurs grandes entreprises par rapport à la planification globale et, donc, des relations existantes entre les élites techniciennes et les élites politiques[1]. Mais il n'est aucun doute que l'intensité et les modalités de l'intégration mondiale vont dépendre peut-être plus étroitement de cette « répartition de compétence » que des fractions idéologiques ou économiques. A cet égard, trois éventualités peuvent servir de référence. La première est celle qui voit les Etats jouer un rôle absolument majeur. On la voit soutenue, d'une façon qui n'est qu'apparemment paradoxale, aussi bien par certains courants de l'analyse marxiste (Boukharine, notamment) que par certains néo-libéraux. L'immobilité totale des facteurs de production jointe au monopole de la contrainte publique justifie dans les deux cas la vision d'un monde qui ne pourrait s'enfanter sans douleur (les Etats opérant à coup de guerres de conquêtes pour Boukharine) ou, au contraire, ne pourrait naître sans l'accord entre Etats souverains (des accords devenus multilatéraux comme ceux qui fondent certaines institutions internationales). La seconde est, comme il est de règle, à l'opposé et, sans qu'il faille davantage s'en étonner, se voit soutenue par des disciples d'obédiences fort éloignées. On trouve, en effet, aussi bien sous la plume de Kautsky (certes réformiste mais néanmoins transfugé...) que de Murray ou d'Hymner, la thèse que les Etats sont des empêcheurs d'intégration dont le pouvoir actuel ne saurait faire illusion. Tels les dynosaures, ils disparaîtraient sous les coups de ces créations de taille moins imposante

---

1. Voir à ce sujet de travail récent de G. Duchêne, *L'économie soviétique de 1965-1975*, thèse doctorat, Université Paris I, 1975.

mais combien plus mobiles et actives que sont les entreprises. Pour Hymner, la modification des modes de gestion interne de l'entreprise plurinationale préfigure l'organisation d'un pouvoir mondial qui devrait naître d'une solution de type japonais appliquée à la coordination des grandes multinationales de demain. Pour Murray, comme d'ailleurs pour Kautsky, la thèse est plus nette encore : le développement des entreprises mondiales implique la disparition de l'Etat, variété elle aussi mondiale de la vision marxiste purement nationale des dépérissements. Cette disparition serait, certes, progressive par démembrement successif de ses fonctions traditionnelles. Mais la gestion des ressources mondiales, ou, si l'on préfère, les choix fondamentaux qui détermineraient une fonction de production et de répartition de l'économie mondiale, échapperait totalement aux Etats, les transformant en équivalent de ce que sont nos conseils généraux. Ces deux « visions » assurent certainement à leurs auteurs un franc succès publicitaire. L'attirance pour l'excès de simplicité et les combats meurtriers étant, comme on le sait, grande et pas seulement pour les esprits juvéniles. Mais il serait fort douteux qu'il en soit ainsi. Non pas tellement à cause d'un équilibre des forces difficiles à absorber mais tout simplement à cause de la nécessaire complémentarité des deux organisations. Il serait, d'ailleurs, plus qu'étonnant qu'à l'occasion de l'intégration mondiale les Etats d'aujourd'hui consentent à s'immoler. Tout incline, au contraire, à admettre la permanence des Etats-Nations d'aujourd'hui.

A refuser les « solutions » extrêmes, il reste alors à tenter d'évaluer les grandes lignes de partage des compétences et des pouvoirs respectifs des Etats et des entreprises dans l'intégration mondiale. La tentation première est d'imaginer des contenus simples de répartition tels que celui de zone géographico-politique et de concevoir un demi-monde où les Etats resteraient, à peu près, seuls en scène (économies planifiées) et une autre moitié où la logique de l'entreprise l'emporterait. Les évolutions qui ont déjà eu lieu tant dans les économies socialistes que dans les économies occidentales ne laissent guère d'attrait à une telle hypothèse. En fait, l'occurrence la plus vraisemblable est celle d'un partage des pouvoirs qui soit indissociable du rythme même de l'intégration. Les avantages de l'organisation qu'est l'entreprise dans ce domaine ont déjà été énoncés. Et un certain nombre de facteurs plaident effectivement en faveur du rôle croissant de l'entreprise[1]. Sa dépendance à l'égard de l'Etat n'est totale qu'en matière industrielle. Dans le domaine propre de la stratégie commerciale, les Etats sont impuissants à prévenir la création et la propagation de l'image sociale attachée à chaque bien. Et ils le sont plus encore à prévenir l'autonomie financière et on voit mal, de plus, comment ils pourraient se passer de la capacité de recherche, de découverte et de gestion administrative qui est désormais à la disposition des entreprises. Cette faiblesse relative, l'Etat la tire aussi de lui-même. D'abord, dans la mesure où son rôle est volontairement réduit dans la plupart des économies qui ont justement ouvert l'espace mondial et notamment dans les trois qui constituent désormais un nouveau grand axe (Etats-Unis, Allemagne, Japon). Sauf à attendre une révolution sociale et culturelle dans ces pays (espérance que certains vont jusqu'à avoir...), c'est la faiblesse de tous les Etats du monde qui continuera à refléter la contestation de leur monopole en nombre de pays déjà développés. Ensuite, dans celle où la plupart des Etats, notamment les plus anciens, connaissent aujourd'hui des risques de démembrement interne, hérités d'une longue histoire. Les régions ne sont pas tout à fait mortes... Enfin parce que les deux constituants les plus intimes de la nation : la communauté de langues et la guerre commune, voient leur influence décroître. Il se fait une langue internationale majeure qui sans doute ressemblera dans sa sémantique (pour l'accent, c'est déjà fait) à l'américain comme celui-ci ressemble à l'anglais. Quant aux guerres, elles se sont réduites en nombre, d'un point de vue effectif et potentiel. Tant qu'à parier sur l'une de ces deux organisations l'entreprise n'est pas contre-indiquée.

Mais toutes ces raisons n'impliquent pas pour autant que l'Etat cède beaucoup de terrains. Sa vocation, d'essence mercantiliste, continuera à trouver maintes occasions de s'exercer. D'abord, parce que l'intégration mondiale ne saurait se poursuivre sans créer à l'intérieur même des nations, même les plus développées, des dommages sociaux que tout Etat a précisément pour objet de prévenir et, en tout cas, de guérir. Qui pourrait jamais opérer les reconversions que l'on sent partout plus que jamais nécessaires ? Et qui pourrait moduler le protectionnisme des industries naissantes indispensable à une industrialisation toujours étendue ? Ensuite, et sans doute sur-

---

1. *Le pouvoir de l'entreprise multinationale*, Colloque de Rennes, 1975.

tout, parce que l'intégration mondiale, particulièrement quand elle s'accélère, crée des inégalités qui ne peuvent se compenser sans intervention publique. Les « petites nations », notamment, qui choisissent de s'intégrer sans se dissoudre ne sauraient attendre la création d'entreprises privées intérieures. L'ampleur des moyens à mettre en œuvre est telle que le caractère public des manifestations concrètes de l'industrialisation est inévitable. Ce sont les grandes nations capitalistes qui favorisent ainsi le rôle de l'Etat. Le capitalisme d'Etat ne peut qu'engendrer le socialisme d'Etat et inversement.

Resteront toujours étroitement associés l'Etat (d'autant plus qu'il est réellement « public »), le repliement latent, le rythme de l'intégration mondiale et les inégalités, par elle exploitées, amplifiées et créées. Plus le rôle de l'Etat sera grand, plus sera faible le rythme de l'intégration et moins intenses les inégalités. L'arbitrage désormais connu entre rapidité de la croissance et accroissement des inégalités relatives qui est l'essence même de la dynamique capitaliste se manifestera de la même façon dans l'espace mondial et sera la conséquence ultime du rôle relatif des Etats.

Sous la triple influence des entreprises, des Etats et des organisations internationales, l'intégration de l'économie mondiale s'est considérablement accrue en près d'une génération. A un monde composé de nations à tous égards disparates, par la dimension, le niveau de développement, le régime politique et, de plus, en autarcie relative, s'est substitué un monde de nations, plus nombreuses mais désormais plus proches les unes des autres, reliées par des affinités politiques mais aussi par des relations d'échanges et de productions telles que les producteurs d'aujourd'hui ne sont pas toujours ceux d'hier et ne sont pas sûrs d'être ceux de demain.

Cette évolution doit opérer dans la relative asymétrie de ces trois types d'organisations. Les entreprises en demeurent indiscutablement l'agent moteur ; mais, on ne saurait oublier que toute victoire dans l'extraversion implique des défaites qui, elles, sont des disparitions. Les multinationales conquérantes ne sauraient faire oublier toutes les entreprises qui ne furent même pas internationales et durent disparaître. Leur position à l'égard de l'intégration ne fut pas et ne reste pas unanime. Mais, au moins, pour ces trente dernières années, celles qui firent le pari de l'ouverture au monde eurent plus de chances de gagner et furent moins menacées de tout perdre. La position des Etats ne fut pas moins diverse. Si l'objectif fut bien partout le même, celui d'un néo-mercantilisme, par obligation plus mercantile que jamais, les faveurs accordées à l'intégration furent très naturellement aussi diverses que le furent les chances de gain à l'extension des frontières. Et, à mesure de la poursuite de l'évolution le nombre des Etats sûrs de gagner et sûrs de gagner à peu près tous les citoyens ne pouvait que diminuer. Ceci explique sans doute le rôle croissant des organisations internationales dont la vocation — celle de trouver les points d'accord de la presque unanimité des Etats — n'a ainsi que plus d'occasions et d'utilité à s'affirmer.

Mais, assez vite, les clivages idéologiques perdront de leur force. Alors qu'il deviendra apparent que le développement planétaire implique l'existence d'une élite (technique, scientifique, politique) « organisant » l'espace mondial — son rôle est, déjà, identique à celui que joua la bourgeoisie dans les nations européennes au siècle dernier — par l'intermédiaire des oligopoles et des appareils d'Etat qui gèrent les ressources et créent les biens, cette rencontre d'hommes de nationalité et de formation différentes réalisera et traduira à la fois la cohésion croissante de l'espèce. Et comme cette bourgeoisie est désormais, pour partie, socialiste, elle n'en est que plus assurée de pouvoir maintenir longtemps son pouvoir et ses prérogatives. On ne trouve pas tous les siècles de ces beaux mots qui agitent plus qu'on ne s'en sert.

2

Les problèmes actuels de l'économie mondiale

La mode est aux « problèmes », ceux des individus comme des nations. Et la recherche est, bien évidemment, celle de « solutions », de préférence simples et édifiantes. Pourtant, comme le faisait remarquer R. L. Ackoff, ceux qui prennent des décisions ont à composer avec « une situation jugée inacceptable »[1], c'est-à-dire un ensemble de phénomènes extérieurs qui sont à l'origine de leurs insatisfactions. Il n'y a jamais, en fait, un problème mais bien un « système de problèmes » au sens où tout corps physique est un système d'atomes.

Lorsqu'il s'agit de l'économie mondiale, cette remarque incite à davantage de précautions encore. On ne voit guère, sans se forcer, quel phénomène économique et social ne pourrait pas, envisagé au plan mondial, « faire problème ». Qu'il s'agisse du désarmement, de la pollution, des inégalités, de l'éducation... on peut toujours trouver quelques mécontents qui aient raison de l'être. A vrai dire, la notion de « problème mondial » est plus spécifique et ne peut se définir à partir des domaines envisagés mais bien à partir de la nature de l'analyse qui doit bien lui être consacrée et à celle des solutions qui peuvent, parfois, lui être apportées. Deux types de situations insatisfaisantes peuvent être décelés[2]. Les premières sont générales au

---

1. R. L. Ackoff emploie le terme de *mess* qui est ici beaucoup trop « élégamment » traduit. L'équivalent français emprunterait plutôt à un langage devenu plus banal que trivial.
2. Projet Dematel, *Perceptions of the world problematiques*, Genève, Institut Battelle, 1975. L'enquête ainsi que son exploitation constituent une tentative intéressante d'apprécier la nature et l'intensité des insatisfactions courant de par le monde. Après classement et utilisation d'une méthode permettant d'apprécier les relations d'interdépendance entre toutes ces situations, l'Institut Battelle considère 14 problèmes comme généraux et 10 comme mondiaux.

sens où il s'agit de difficultés communes à un grand nombre de pays, sinon à tous. Mais elles appellent des solutions à un niveau national, régional, voire local. Il s'agit, par exemple, du déclin des valeurs non matérielles, de l'évolution des villes, de la morbidité, de l'instabilité politique, de la criminalité... Mais d'autres sont réellement mondiales au sens où elles impliquent une analyse étendue au monde et des solutions qui, elles aussi, ne peuvent naître que de décisions prises, simultanément ou non, dans tous les espaces nationaux. Ainsi en est-il de l'évolution des organisations internationales, des systèmes monétaires, de la course aux armements, de l'inflation, de l'exploitation des océans, de l'appauvrissement des réserves naturelles, du prix des exportations des produits primaires par les pays sous-développés, de l'aide dont ces pays ont besoin, de l'énergie et de l'usage de pouvoirs étrangers à l'intérieur de chaque nation. Ces « problèmes » sont évidemment liés bien que de nature différente ; certains sont institutionnels, d'autres politiques ou plus nettement économiques. Ils diffèrent par le type d'analyse dont ils relèvent et surtout par celui des solutions qui leur sont applicables.

Deux d'entre eux dominent la vie économique, sociale et surtout politique de la plupart des nations et, notamment, des nations développées. Il s'agit des problèmes énergétiques et de l'inflation.

Ce fut à partir de la fin de l'année 1972 que l'accélération de l'inflation dans tous les pays occidentaux commença à devenir préoccupante. Mais il continuait à s'agir d'une hausse de prix à peu près de même ordre pour toutes les activités.

A la fin de 1973, la hausse fantastique d'un prix bien particulier : celui du pétrole, vint se surajouter à cette inflation et, d'ailleurs, contribuer à l'accélérer encore. Les événements ultérieurs devaient montrer que cette hausse d'un prix particulier pouvait être étendue à d'autres biens, notamment à tous ceux pour lesquels existait une entente, effective ou potentielle, entre pays producteurs. Cette hausse des prix relatifs, bien qu'elle participât à l'inflation générale, n'en avait pas moins des conséquences fort différentes au plan mondial. Elle impliquait une modification importante du revenu mondial entre pays producteurs de matières premières (une partie du Sud) et les autres (le Nord plus quelques collègues du Sud) et rendait donc nécessaire un transfert de ressources. De plus, un tel transfert risquait, à la différence d'une inflation qui n'aurait mis en cause que le niveau des prix absolus et pas celui des prix relatifs, de provoquer une diminution considérable de la croissance réalisée jusque-là par tous les pays et, par là, de celle de l'intégration mondiale. Ces deux différences justifient qu'une distinction très nette soit opérée entre les problèmes posés par ces deux mouvements de prix, pourtant imbriqués, celui des prix relatifs et celui des prix absolus.

Il convient donc de les étudier avant toute interrogation sur les chances que notre pays a de les, sinon résoudre, du moins, partiellement aménager. On examinera, chemin faisant, quelles réponses les principaux pays développés ont données à ce challenge.

A / L'ÉVOLUTION DES PRIX RELATIFS ET LE TRANSFERT MONDIAL

La dernière grande expansion de l'économie mondiale, celle des années 1972 et 1973, fut telle que la hausse de certains prix et, notamment de matières premières, parut à la fois refléter et faire craindre la généralisation de certains goulots d'étranglement. La hausse des grands métaux (cuivre, acier, aluminium...), celle des grands produits alimentaires (blé...) ou végétaux (laine, coton...), furent, à l'origine, indissociables de l'intensité exceptionnelle de la demande des pays industrialisés. L'indice des prix des matières premières devait plus que doubler en moins d'un an. La hausse des prix du pétrole (quadruplement) devait impliquer deux conséquences : l'une d'ampleur et de généralité, la seconde d'exemple et, donc, de modifications dans la nature des processus inflationnistes. Qu'elle ait servi d'exemple à suivre n'est pas douteux. Une opération si bien réussie ne peut qu'inciter tous ceux qui en ont le pouvoir à tenter le même coup d'éclat. Mais c'est dans l'ampleur des « sommes en cause » que cette hausse devait être la plus riche d'effets — qui ne font que commencer — en forçant les pays utilisateurs de pétrole à un transfert de ressources d'autant plus difficile qu'il est à la fois historiquement sans exemple, jamais définitif et doit être imposé par les responsables politiques à des citoyens le plus souvent ignorants de la contrainte de la balance des paiements.

Si l'on considère l'évolution des données du commerce mondial depuis l'année 1974 et durant les années qui suivent, on ne peut qu'être étonné de voir l'importance du relèvement des prix pétroliers qui fit bondir le total des exportations mondiales de 30 % environ (de 518 milliards de dollars à 754 milliards de dollars en 1974)[1].

a / *Les conséquences de la hausse des produits pétroliers : un transfert à l'échelle mondiale*

Les conséquences d'une telle hausse sont telles que l'on fut tenté de la considérer comme provisoire[2].

Elles sont, en effet, innombrables et gouvernent déjà la vie quotidienne de nombreuses nations. On doit en distinguer trois types. Les premières naissent dans le moment même où la hausse est décidée. Elles sont à très court terme et doivent au bond fait par l'intégration mondiale à cette occasion. L'accroissement du prix du pétrole réalisa en une seule journée ce que des années de conférences internationales n'avaient pu parvenir à accomplir. Si l'on suit les modifications des grands courants d'échange internationaux depuis 1950 on ne peut, en effet, que constater le jeu, inévitable à notre sens, de la dynamique externe du capitalisme : l'inégalité croissante des nations qu'il entraîne dans une industrialisation dont il est l'agent essentiel.

En 1950, les pays développés représentaient 63,4 % du commerce mondial (42 % étaient faits d'échanges internes) alors que les pays sous-développés en constituaient 27,5 % (dont 7 % internes) ; en 1973, ces mêmes chiffres s'élevaient à 73,5 % (dont 57 %) pour les premiers et à 16,8 % (dont 3,3 %) pour les seconds. L'ouverture du monde s'était donc opérée dans la concentration des échanges et, sans aucun doute, des pouvoirs. Et dans une relation dialectique évidente la fragilité de cette intégration ne pouvait qu'être devenue fort grande. Le Tiers Monde avait été de plus en plus exclu par un déve-

---

1. De 1973 à 1976, la croissance des exportations des zones développées fut de 16,5 % (21 % sur la période 1971-1976). Celle de la CEE fut de 15,2 %, celle des Etats-Unis de 17,4 %, celle du Japon de 22 % alors que celle des zones en voie de développement atteignait 31 % environ et celle de l'OPEP 53,1 %.
2. Cf. A. COTTA, *Le capitalisme*, coll. « Que sais-je ? », chap. III, 2e partie, p. 81-94. Cette tentation ne fut cependant pas partagée par tous ceux conscients que le niveau déjà atteint par l'intégration mondiale rendait impossible tout recours à une politique de la canonnière et avait permis à certains émirs d'avoir connaissance des principes, fort en cours dans les pays développés, de la maximation du profit en situation d'oligopole...

loppement mondial qui s'était fait à partir de ses ressources mais de moins en moins pour lui. On voit alors avec clarté combien le relèvement des prix du pétrole, illustrant une fois encore qu'on ne saurait attendre sa propre fortune d'autrui, a modifié cette situation au double profit du Tiers Monde et du Monde, dans son ensemble, devenu beaucoup plus cohérent qu'il n'était auparavant. En 1975, en effet, les pays développés ne représentent plus que 64 % du commerce mondial et retrouvent l'importance qui était la leur en 1950 ; les pays sous-développés passent de 16,8 à 23,8 % et retrouvent, eux aussi, le rôle qu'ils jouaient en 1950.

La hausse des prix du pétrole a donc consolidé au plan mondial l'intégration opérée depuis 1950. Celle-ci n'aurait sans aucun doute pas pu se poursuivre selon les modalités « naturelles » qu'elle avait jusqu'alors empruntées. La facture pétrolière acquittée, le développement de toutes les nations trouve les chances supplémentaires que leur ouvrent l'accroissement des revenus de certains pays du Tiers Monde et l'ouverture des nouveaux marchés solvables. Le fait que cette hausse de revenus soit elle-même fort inégale selon les pays sous-développés peut justifier un débat dont l'existence même illustre, une fois de plus, la difficulté de manipuler sans précaution la notion d'inégalité. La concentration des effets de la hausse dans un petit nombre de pays a, en effet, des conséquences fort différentes de celles qu'aurait eues leur distribution plus égale ou moins inégalitaire. D'une part, du point de vue géo-politique, le passage dans l'un ou l'autre camp de la richesse pétrolière peut modifier un équilibre jusqu'ici maintenu. Il s'agit même de la seule menace crédible pour cet équilibre ; et, à ce titre, pouvant justifier une guerre. D'autre part, une répartition égalitaire (par exemple, proportionnelle à la population) n'eût guère exercé d'influence tant elle se serait vite diluée et n'aurait rien changé d'essentiel à la bipolarité mondiale ; tandis que la répartition actuelle peut favoriser quelques tendances à la pluripolarité.

On ne peut, cependant, qu'être troublé par le strict parallélisme existant entre la crise de 1929 et les événements de 1973. Si, en effet, l'on procède au calcul de la répartition du commerce mondial en 1928 et en 1938, on voit facilement que les effets de la crise de 1929 sur l'intégration mondiale ont été quasi identiques à ceux de 1973. La régression de la part relative des pays développés fut à peu près du même ordre entre 1928 et 1938 qu'entre 1973 et 1976 (— 7 % environ) ainsi que l'augmentation corrélative de celle des pays du Tiers Monde (+ 7 %). Ainsi, par ces procédures fort différentes, l'effet et, sans doute, la cause majeure des deux événements majeurs de l'évolution de l'économie mondiale au xxe siècle (avec les deux guerres) furent bien identiques : que soit permise la poursuite d'une intégration mondiale qui, périodiquement, est menacée par ses succès mêmes[1].

Une seconde série de conséquences sont, elles, à long terme et sont précisément liées aux modalités de la redistribution du revenu mondial provoquée par la hausse du prix du pétrole. Si, à très court terme, l'intégration mondiale s'en trouve accrue, à long terme, il paraît inévitable que l'économie mondiale subisse des effets d'une redistribution des revenus à rebours. La richesse ou le revenu individuel d'un grand nombre de pays producteurs de pétrole notamment des peu peuplés (Emirats, Arabie Saoudite...) était, dès avant 1973, nettement plus élevé que celui de la moyenne des pays développés. La hausse de 1973 accrut donc l'inégalité au niveau mondial et, donc, la propension à épargner mondiale — comme l'attestent quelques péripéties de la dépense de l'or noir depuis ces dernières années. A moins qu'elle ne soit tempérée par une redistribution secondaire des revenus qui viendrait des pays arabes (par exemple dans ceux des pays sous-développés pauvres)[2], cette redistribution à rebours ne peut, à long terme, qu'avoir une influence défavorable sur le rythme de la croissance mondiale. Mais, cet effet ne pourra se manifester qu'autant que la hausse sera définitive, c'est-à-dire que les pays utilisateurs de pétrole consentiront, de façon définitive, à l'utiliser comme source essentielle d'énergie et à le payer à son prix (relatif) actuel. Il faut, en d'autres termes, supposer que le transfert réel des ressources entre ces deux parties du monde aura eu lieu — ce qui définit précisément la nature des conséquences à moyen terme.

A moyen terme, en effet, le relèvement des prix du pétrole pose aux pays utilisateurs un « problème » dont peu de citoyens sont conscients pour des raisons d'ailleurs fort compréhensibles qui expliquent que la « théorie du transfert » soit l'un des domaines les plus délicats de la

---

1. Pour la comparaison exacte des situations des échanges mondiaux en 1929, 1950, 1973, 1976, cf. Système monétaire international et redéploiement mondial, in revue *Synthèses*, juillet 1977.
2. Cette redistribution ne peut être que limitée pour les mêmes raisons qui expliquaient les difficultés connues depuis 1945 par la politique de l'aide au Tiers Monde.

Les problèmes actuels de l'économie mondiale 83

théorie du commercial international. Que doit-on appeler « transfert » et qu'entend-on pour une nation ou un ensemble de nations par « effectuer un transfert ». Pour répondre à cette interrogation considérons une nation ou, si l'on préfère, l'ensemble des pays utilisateurs de pétrole. Supposons que celle-ci connaisse l'équilibre de la balance des paiements[1], assimilée pour l'instant à la balance commerciale (biens et services)[2].

En une telle situation, le pays produit exactement ce qu'il absorbe, en valeur. Certes, une partie de la production est exportée et une partie de son absorption est importée. Mais il y a une stricte compensation entre ces deux flux[3].

L'équilibre de la balance est, on le sait, une réalité dynamique au sens où il sanctionne les activités d'échange d'une période (en général, l'année, encore que l'on en suive désormais les fluctuations de mois

---

[1]. Ce qui était, précisément, comme on aura l'occasion d'y revenir, le cas de la France en 1973.

[2]. Le produit national en monnaie de ce pays est, par définition égal à C = Consommation ; I = Formation brute de capital fini ou investissement ; X = Exportations ; M = Importations.

(1) $Y = C + I + X - M$
Si $B = X - M$
$B = 0$ (équilibre) lorsque $X = M$ (situation de départ).
Si $A = C + I = $ Absorption interne, c'est-à-dire ensemble de biens absorbés par la nation, sous forme de consommation ou d'investissement.

On peut aussi écrire :
(2) $Y = A + B$
et donc, $Y = A$ puisque $B = 0$.

[3]. Cette situation prévaut dans le domaine réel et non seulement dans son expression en valeur. Si « p » est le niveau de prix dans le pays considéré et « p' » le niveau des prix dans le reste du monde, on a :
$\overline{Y}, \overline{C}, \overline{I}, \overline{X}, \overline{M}$ expriment les variables précédentes en « réel » ou en « physique » ou en « volume ».

(1') $\qquad p\overline{Y} = p\overline{C} + p\overline{I} + p\overline{X} - p'\overline{M}$

soit :
$$\overline{Y} = \overline{C} + \overline{I} + \overline{X} - \frac{p'}{p}\overline{M}$$

avec $\dfrac{p'}{p}$ = prix relatif des biens importés par rapport aux biens nationaux : termes de l'échange = t, soit :
$$\overline{Y} = \overline{A} + \overline{X} - \overline{M}t$$

et, si $p' = p$ (par exemple, 100, base d'un indice qui commence à la période initiale, avant toute autre modification de prix) alors, on a aussi :
$$\overline{Y} = \overline{A}$$
$$\overline{B} = \overline{X} - \overline{M} = 0.$$

en mois) mais aussi à celui où il peut être associé à des évolutions fort différentes du produit national. C'est ainsi que les égalités précédentes peuvent être comprises comme reliant des valeurs absolues ou des taux de croissance. Et c'est en cette dernière acceptation qu'elles prennent leur sens. On part, en fait, d'une situation où, la balance étant en équilibre, le taux de croissance des exportations en valeur et en prix est égal à celui des importations en valeur et en prix, taux calculé à partir d'une situation d'équilibre (année de base).

Considérons alors ce qui peut modifier l'équilibre de cette balance des paiements. Cinq origines de variations du solde de cette balance sont possibles[1], certaines sont d'ordre interne (dp, $d\overline{X}$, $d\overline{M}$) et d'autres externe (dp')[2]. Et, c'est précisément cette dernière qui définit le transfert. Si, toutes choses égales par ailleurs (en importance ou en variation), un pays du reste du Monde ou ce reste du Monde lui-même décide d'augmenter ses prix, la balance des paiements se trouve immédiatement en déficit[3].

---

1. Puisque $B = X - M$, on a aussi :
$$dB = dX - dM$$
(en expression monétaire ou nominale) soit aussi :
$$dB = p.d\overline{X} + dp\overline{X} - p'\,d\overline{M} - dp'\,\overline{M}$$
ou dp = variation du niveau des prix internes
dp' = variation du niveau des prix étrangers
$d\overline{X}$ = variation du volume des exportations
$d\overline{M}$ = variation du volume des importations.

Cette expression monétaire peut, elle-même, avoir deux expressions selon que l'on choisit la monnaie nationale (par exemple, le franc) ou la monnaie étrangère (par exemple, le dollar).

Si r est le taux de change à l'incertain (c'est-à-dire que l'unité de monnaie étrangère s'échange contre r unités de monnaie nationale) l'expression de la balance en monnaie nationale est :
$$B = p\overline{X} - p'\,\overline{M}r$$
et la variation peut, toujours, être décomposée en cinq éléments essentiels, soit :
$$dB = \underset{a}{p\,d\overline{X}} + \underset{b}{dp\overline{X}} - \underset{c}{p'\,d\overline{M}r} - \underset{d}{dp'\,\overline{M}r} - \underset{e}{drp'\,M}$$

a : La variation du volume des exportations (ou de son taux de croissance)
b : La variation des prix intérieurs (ou de leur taux de croissance)
c : La variation du volume des importations (ou de son taux de croissance)
d : La variation du prix des importations (ou de son taux de croissance)
e : La variation du taux de changes (ou de son taux de croissance).

2. La variation du taux de change (dr) n'a, par définition, pas d'origine définie.

3. Ce déficit, en monnaie nationale, se trouve égal à :
$$dB = - dp'\,\overline{M}r$$
et puisque p est constant :
$$dB = - dt\overline{M}.r$$
dt : variation des prix relatifs ou termes de l'échange.

Ce « toutes choses égales par ailleurs » signifie simplement que l'élévation du prix des importations doit être acceptée en un premier temps. Mais aussi que s'il se poursuit indéfiniment, c'est-à-dire si rien ne se modifie dans l'économie considérée (ni les prix, ni les exportations, ni les importations, ni le change), la balance continuera à enregistrer un déficit toujours égal à $- \overline{M}.dt.r$, ce qui est précisément impossible. Il faudra bien que l'économie en cause finisse par opérer des modifications telles que ce déficit disparaisse.

Telle est bien la définition du transfert : l'élévation des prix des biens importés oblige le pays importateur à une situation de déficit puisque ce qu'il exportait avant « vaut » désormais moins que les biens qu'il importait avant. S'il désire retrouver une situation d'équilibre il lui faudra soit exporter plus, soit importer moins soit les deux ; mais, quelle que soit sa réponse, une partie de ses ressources sera transférée aux pays importateurs. Réaliser le transfert, c'est justement apporter les modifications nécessaires au rétablissement de l'équilibre de la balance des paiements.

Comme on va le voir, pour diverses qu'elles puissent être, il n'en est aucune qui n'implique de difficultés d'adaptation d'autant plus sévères que l'importance absolue et relative (par rapport au PNB par exemple)[1] du transfert est grande. Or, pour les grandes zones de l'économie mondiale, tel est précisément le cas. Le solde cumulé de la balance des paiements s'élevait pour les pays développés à $+ 26$ milliards de dollars de 1971 à 1973. Il est de $- 75,6$ de 1974 à 1976 ; celui des pays de l'OPEP atteignait 10 milliards de dollars (1971-1973) et 145 (1974-1976). Celui des pays en voie de développement respectivement ($- 20$ et $- 77$) et celui des économies planifiées (1 et $- 17$)[2].

L'exigence du transfert ne pose pas seulement un problème général mais aussi mondial.

b / *Les modalités de la réalisation du transfert*

La « question des transferts » fut au centre des débats internationaux qui suivirent la première guerre mondiale. Ce fut à cette occasion, celle d'un transfert pourtant très inférieur à celui demandé

---

1. Celle-ci oscille, comme on le précisera pour certains pays, entre 1 et 4 % du PNB.
2. Source BRI, *Rapport annuel*.

aujourd'hui à la plupart des nations, que les difficultés à définir les voies et les moyens, d'ordre monétaire et réel, de la réalisation d'un transfert, furent perçues[1]. Avec le temps, conscience fut prise de leur nature : la réalisation d'un transfert met en cause à peu près tous les aspects de la vie économique, sociale, et politique d'une nation.

Pour le pays qui doit le transfert, il n'est d'autre solution que de rééquilibrer sa balance des paiements. Or, il peut y parvenir selon des voies fort diverses[2].

Le premier de ces moyens est le plus souhaitable : il est l'annulation du transfert par le pays même qui tentait de l'imposer ($-dp'\,\overline{M}r$). Il est maints exemples de telles tentatives et on peut même croire que les pays producteurs de pétrole continuèrent à augmenter leur prix après qu'ils eussent assisté, fort étonnés, à l'absence totale de réaction des pays développés à leur première augmentation[3]. On ne voit guère, aujourd'hui, qu'il faille attendre pareil renoncement des Emirs. Au contraire, il est facile d'observer que le transfert original est préservé de l'inflation comparée et qu'il est donc évidemment indexé sur les prix internes des pays développés.

Le second de ces moyens est précisément celui qui consiste à élever le prix des exportations (soit $\overline{X}\,dp$) de telle façon que les termes de l'échange retrouvent leur niveau d'avant transfert. Une telle stratégie, si l'on considère l'ensemble des pays utilisateurs de pétrole, est précisément celle qu'ont pour objet d'interdire les fréquentes réunions de

---

1. Au moins trois articles auraient dû être lus avec attention par nos responsables politiques dès la fin de 1973. Il s'agit de celui de Keynes, The German Transfert problem, *Ec. Journal*, 1929 ; Ohlin, The reparation problem, *Ec. Journal*, 1929 et celui de J. Rueff, « Les idées de M. Keynes sur le problème des transferts ». On aura l'occasion de revenir sur les termes essentiels de la controverse.

2. On part, en effet, d'une situation où :
$$dB = -\overline{M}\,dp'\,r.$$
Si la balance doit retrouver son équilibre, il importe qu'une variation de sens opposé puisse être enregistrée. A considérer la relation (2′), on doit avoir une fois le transfert réalisé :
$$dB = 0 = [p\,d\overline{X} + dp\overline{X} - p'\,d\overline{M}r - dp'\,\overline{M}r - drp'\,\overline{M}] + -M\,dp'\,r.$$
$$\text{Modes de réalisation} \qquad\qquad \text{Transfert à réaliser}$$

On voit bien qu'une politique de transfert est aussi diverse que peut l'être le rôle joué par chacun des cinq moyens de paiements.

3. Ceci est l'une des interprétations possibles du scénario suivi par les pays producteurs de pétrole. Il en est d'autres, tout aussi vraisemblables, et l'on n'a pas encore aujourd'hui de certitudes sur celui qu'il convient de retenir.

l'OPEP, destinées à indexer le prix du pétrole sur le prix des exportations du monde développé.

Mais, ce mode de règlement peut jouer un rôle pour chacun des pays pris isolément. On peut, en effet, concevoir que les exportations d'un pays soient telles (en composition ou en biens de différente nature) que leur prix puisse augmenter relativement aux autres exportations et au prix du pétrole. Par nature, un tel moyen ne peut être que d'usage limité.

Le troisième de ces moyens est la variation du change ($drp'\ \overline{M}$). Pour l'ensemble des pays développés, la référence à une seule monnaie (le dollar) pour fixer le prix du pétrole et des grandes matières premières aboutit à ce que les pays producteurs considèrent le cours de leur monnaie par rapport au dollar dans leur politique d'indexation. C'est donc du taux d'inflation aux Etats-Unis que finit par dépendre l'évolution du prix du pétrole. Le transfert des Etats-Unis ne saurait donc être affecté, directement, par les fluctuations du dollar. Pour chacun des pays considérés, il n'en est pas de même. Dans la mesure où la facture pétrolière est réglée en dollars, le cours de sa propre monnaie par rapport au dollar détermine l'évaluation en monnaie nationale des importations. Plus la monnaie s'apprécie par rapport au dollar, plus la balance s'améliore spontanément en monnaie nationale. Mais ce transfert « par l'appréciation » du change ne saurait être, lui aussi, que limité ou redondant ; limité, d'abord, puisque les vertus de l'appréciation du change sur les importations deviennent vices si l'on considère les exportations rendues ainsi plus difficiles. Or, l'appréciation du change ne modifie que la balance en monnaie nationale ; elle ne touche pas à la nécessité de trouver les dollars nécessaires au paiement des importations. Et ces dollars viendront bien des exportations qu'on ne saurait, donc, trop pénaliser. Redondant, ensuite, dans la mesure où les variations du change d'une monnaie nationale seront précisément déterminées par le degré de réalisation effective du transfert. Si le pays fait facilement son transfert, son change s'améliorera. S'il n'y parvient pas, son change se dépréciera. Les variations du change doivent être considérées beaucoup plus comme indicateurs de la réalisation du transfert que comme moyen. Les deux moyens essentiels restent bien ceux qui mettent directement en cause le volume des importations et des exportations.

Le quatrième repose, donc, sur l'augmentation des exportations ($p\,d\overline{X}$) en volume. Celle-ci a, en effet, des chances de se produire pour des raisons conjuguées de prix et de « revenus ». L'effet prix sur lequel comptaient les classiques naît directement de l'évolution des prix relatifs qui établit la nécessité du transfert. Le prix relatif des biens produits par les pays qui ont à supporter le prélèvement baisse. Leurs demandes doivent, donc, augmenter d'autant plus que (effet revenu) les revenus des pays bénéficiaires augmentent. Cet ajustement, pour agréable qu'il soit aux différents pays et favorable qu'il soit à la poursuite de l'intégration mondiale, ne saurait être considéré comme automatique. Dans le cas qui nous préoccupe ici, il faut distinguer l'ensemble des nations et chacune d'entre elles.

L'ajustement par les exportations est d'autant plus grand que :
— les pays preneurs du transfert utilisent effectivement leur surcroît de revenus à importer davantage ;
— les pays donneurs peuvent produire, plus ou moins vite, les biens demandés.

La première de ces conditions est beaucoup moins bien remplie dans le cas du transfert pétrolier qu'elle ne l'était pour les réparations allemandes. Les pays bénéficiaires sont, pour partie, trop peu peuplés et déjà trop riches pour déclencher ce flux d'importations compensatoires. Ainsi que le suggèrent les données précédentes, les recettes pétrolières ne donnent que pour faible partie naissance à des importations récurrentes. Une grande partie reste sous forme d'épargne liquide dont l'utilisation traduit l'engagement des pays arabes dans le marché international mais, justement, mesure la part de transfert qui n'est pas faite par l'augmentation des exportations des pays donneurs. Or, cette part reste considérable, entre 30 et 50 milliards de dollars selon les années et traduit, dans le court terme actuel, les effets dépressifs d'une redistribution à rebours des revenus.

L'examen de la seconde condition conduit, d'une part, à comprendre que le transfert par les exportations ne peut être instantané et demande le temps nécessaire à la production des biens exportés et, d'autre part, à dissocier deux situations au terme desquelles cet accroissement des exportations peut avoir lieu, selon que la propension à exporter (X/Y) reste ou non constante dans les pays donneurs. Si tel est le cas, la hausse des exportations ne peut avoir lieu qu'à la condition supérieure de l'accroissement du produit national (et de son taux de croissance), le surcroît de production nationale donnant celui des exportations, selon une proportion fixe. Si la propension à exporter varie en hausse, la hausse des exportations sera possible sans que le produit national augmente ; mais, en ce cas, il faut qu'ait lieu à l'intérieur de ces pays une réduction simultanée de la propension à consommer et/ou de l'incitation à investir (C/Y et/ou I/Y). Il y a alors détournement de flux et non simple création de flux[1].

Si, de plus, on considère chacune des nations isolément, le réajustement par les exportations implique une condition supplémentaire : que la capacité concurrentielle de cette nation sur les marchés mondiaux soit telle qu'elle puisse accroître sa part de marché mondial.

L'exigence du transfert accroît, donc, la concurrence internationale puisqu'elle fait d'un surcroît d'exportations un des éléments de sa réalisation. Rien ne permet de penser qu'à l'issue de cette lutte intensifiée, certaines nations ne voient pas leur part dans les exportations mondiales baisser, d'autres, augmenter. Rien ne permet, non plus, de penser qu'une telle concurrence ne crée pas pour l'intégration mondiale plus de problèmes qu'elle n'en résout, que la concurrence sur les exportations ne devienne pas explosive. En ce cas, la nécessité d'un autre ajustement, par la réduction des importations, devient plus grande encore. Ce n'est, d'ailleurs, qu'au terme de ces deux ajustements que le transfert a quelque chance de se réaliser.

Le cinquième élément qui doit être considéré est, en effet, la réduction des importations (soit $-p'.r.d\overline{M}$). Deux constatations essentielles s'imposent. La première sur la nécessité d'une réduction se combinant avec au moins une stagnation des exportations, au mieux avec leur hausse. Si, en effet, importations et exportations baissent simultanément, la croissance interne va se ralentir et, ce, sans aucun transfert réel. Ceci vaut pour l'ensemble des pays donneurs et, plus, pour chacun d'entre eux. On voit bien le cercle vicieux

---

1. La réalisation du transfert implique, dans ce second cas, des politiques internes de détournement de flux qui justifièrent précisément en 1929 la controverse entre Keynes et J. Rueff, celle de la nécessité ou non d'un « double transfert ».

du non-transfert : il n'y a qu'à supposer la propension à importer et à exporter constante. La réduction des importations est étroitement associée (impliquée) à la baisse du produit national qui, elle-même, provoque celle des exportations. En ce cas, il n'y a pas de transfert possible, du moins par l'échange de biens. La seconde est que, comme pour les exportations, la réduction des importations peut avoir lieu de deux façons fort différentes. En effet, on a :

$$\overline{M} = m\overline{Y}$$

m étant la propension à importer donc :

$$d\overline{M} = dm\overline{Y} + m\,d\overline{Y}.$$

Une même réduction des importations peut être la conséquence d'évolutions fort différentes. Si la propension à importer reste constante, il n'y a baisse des importations que si le produit national baisse, avec les conséquences politiques et sociales que l'on imagine. La sauvegarde du niveau du produit national atteint avant le transfert passe par la réduction de la propension à importer ou, plutôt, pour un surcroît donné d'exportations, la baisse nécessaire du produit national est d'autant plus faible que la propension à importer est réduite.

Cette contrainte possède, elle-même, deux visages. Il faut, en effet, tenir compte des relations qui unissent exportations et importations, relations qui, pour partie, expliquent le niveau de la propension à importer. Si le contenu en importations des exportations est élevé et fixe, alors il n'y a pas de possibilités (ou peu) d'éviter le cercle vicieux du non-transfert. Plus un pays voudra exporter, plus il devra importer. Il faut, ensuite, observer que la réduction des importations d'un pays signifie celle des exportations pour les pays fournisseurs — donc, des difficultés croissantes à leur propre transfert. Or, la solidarité s'impose car si les difficultés croissantes conduisent les « autres pays » à réduire eux aussi leurs importations, on voit se propager, de pays en pays, l'impossibilité d'effectuer le transfert. On entre dans une concurrence régressive, celle du protectionnisme généralisé qui met alors totalement en cause l'intégration mondiale. On voit, d'ailleurs, comment les deux concurrences pourraient se conjuguer : chaque pays essayant simultanément d'accroître ses exportations et de réduire ses importations. L'absurdité d'une telle situation n'est évidente que de l'extérieur.

A l'intérieur de chaque pays, elle peut apparaître fort justifiée — notamment à ceux qui croient qu'ils sont seuls au monde ou qu'ils pourraient l'être. Pour les autres, elle est la solution qui conduit le plus rapidement à la régression généralisée du niveau de vie interne et de l'intégration mondiale.

Il y a, enfin, une dernière solution au transfert : celle qui passe par d'autres ajustements que les échanges de biens et de services, c'est-à-dire les mouvements de capitaux ou plus précisément l'endettement. On n'a pas jusqu'ici tenu compte de ces mouvements dans la balance des paiements. En fait, cette balance tient compte de ces flux dont on a vu, ailleurs, l'importance croissante.

L'ampleur et la brutalité du transfert en 1973 expliquent que le recours à ce mode de règlement ait été primordial pour l'ensemble des pays donneurs et pour certains d'entre eux en particulier. L'évolution des balances de paiements des grandes zones géographiques et, plus encore, celle de l'épargne et des placements des pays de l'OPEP depuis 1974 en donnent une idée relativement précise. Baptisé « recyclage des capitaux », abrité par les nombreux circuits bancaires internationaux (euro-devises, prêts internationaux...), l'endettement des pays développés va bon train. Et il était, effectivement, fort improbable qu'il en allât autrement. Mais, pour l'ensemble des pays comme pour chacun d'entre eux, en particulier, il ne peut s'agir que d'une solution provisoire. Les pays créanciers (l'OPEP en particulier) ne sauraient, en effet, continuer indéfiniment à prêter. On ne prête qu'aux pauvres supposés ne pas le rester. Certes, il reste, comme ce fut d'ailleurs le cas pour l'Allemagne, l'éventualité d'un moratoire international. Mais, en pareille hypothèse, les conséquences sur l'intégration mondiale seraient sans doute aussi graves qu'elles le furent en 1929. Les imbrications du marché financier international et le rôle joué par les banques privées sont tels que les effets d'un moratoire, espoir caressé par beaucoup plus de pays et d'individus qu'on ne croit, sont imprévisibles. Aussi, est-ce toujours sur les chances de réaliser le transfert à partir des biens et des services que repose la poursuite de l'intégration mondiale.

Mais, les mouvements conjugués des importations et des exportations dans chaque pays ne conduisent, on l'a vu, à un transfert effectif qu'à un certain nombre de conditions (évolution favorable simultanée des deux flux d'échanges) dont on voit mal le contenu exact aussi longtemps que les mouvements de la balance ne sont pas conçus comme des conséquences d'ajustement interne. En fait, les mouvements des importations et des exportations ne constituent que les modalités du transfert (ou du non-transfert). Les conditions premières de ces mouvements touchent au fonctionnement même des économies internes, c'est-à-dire à nos vies quotidiennes.

c / *Les conditions internes de la réalisation du transfert*

L'éclairage des conditions internes de la réalisation du transfert passe par la considération des relations qui unissent la balance des paiements au produit national et à l'absorption. On a, on le sait :

$$B = Y - A.$$

Un excédent de la balance implique que la nation produit plus qu'elle n'absorbe et un déficit la situation inverse. C'est, sans doute, à ce niveau que s'apprécie le mieux l'expression du transfert[1]. Si l'on part d'une situation en équilibre ($B = 0 \Rightarrow Y = A$), l'augmentation du prix des importations provoque un déficit de cette balance bien que produit national et absorption ne varient pas. On a :

$$B < 0 \quad \text{donc} \quad Y < A.$$

L'effet prix relatif exprime, en effet, que l'équivalent en biens importés de la production et de l'absorption a baissé. Si le prix du pétrole quadruple, celui des automobiles ne variant pas, les exportations automobiles ont beau rester constantes comme les importations de pétrole, la nation absorbe plus désormais qu'elle ne produit. Si elle désire retrouver l'équilibre de la balance, il faut qu'elle « transfère » davantage d'automobiles, pour une consommation de pétrole équivalente : il faut donc ou qu'elle en produise plus ou qu'elle en consomme moins ou les deux. La réalisation du transfert ($-\overline{M} dp'.r$) implique qu'à terme :

$$dY - dA = -M\, dp'\, r.$$

---

1. Bien que celui-ci, à l'origine, ait eu un contenu strictement financier : « Comment transférer en Francs les Marks des réparations allemandes. »

En taux de croissance, l'exigence du transfert implique que la variation du taux de croissance du produit national soit supérieure à celle du taux de croissance de l'absorption[1].

Deux cas, alors, s'imposent. Le premier est celui où le taux de croissance du produit national peut s'accroître, c'est-à-dire où les ressources en hommes et en investissement sont disponibles à cette fin. Ainsi en est-il en sous-emploi. Encore faut-il dans ce cas que l'investissement augmente plus que la consommation. Mais celle-ci peut néanmoins continuer à croître et peut-être plus vite qu'elle ne le faisait auparavant, l'essentiel étant que l'écart demeure positif entre la variation du taux de croissance du produit national et celle de l'investissement et de la consommation réunis. Cette condition permissive n'est bien sûr pas suffisante. Sa réalisation, donc celle du transfert, implique, comme on l'a vu, un mouvement lui-même disparate des exportations et des importations. Lorsque ces deux conditions successives sont remplies, le transfert se fait par création de flux.

Au bout d'un certain temps, d'autant plus long que le transfert est important et que l'écart de la croissance du produit national et de la consommation est élevé, le transfert est définitif : la balance retrouve son équilibre et les taux de croissance redeviennent égaux ainsi qu'ils l'étaient avant le transfert.

L'éventualité heureuse d'un tel transfert est d'autant moins grande que :

i) celui-ci est important dans l'absolu et le relatif (PNB) ;
ii) la croissance antérieure était élevée ;
iii) la dépendance à l'égard des importations est grande ;
iv) la concurrence internationale sur les exportations est vive.

Or telle est, malheureusement, la situation connue par de nombreux pays depuis 1973 et, comme on le verra, en particulier, le nôtre. Le transfert pétrolier excède 2,5 % du PNB pour un nombre élevé de nations (France, Allemagne, Royaume-Uni, Italie). Il est survenu au terme d'une croissance particulièrement rapide puisqu'à la fin de 1973, celle-ci atteignait ses records historiques dans plusieurs pays européens et paraissait indûment « énervée ». Par définition, aucune importation n'est plus dépendante que celle

---

1. La difficulté essentielle de compréhension des nécessités du transfert tient à ce que celui-ci met en cause des variations de taux donc des accélérations ou décélérations comparées.

d'énergie et la concurrence entre pays exportateurs est générale. Il n'y a pas, en ce cas, de transfert qui pourra se faire par la création de flux — c'est-à-dire par l'accélération de la croissance. Il n'y a pas alors de transfert heureux.

Un second cas existe, en effet : celui où le produit national ne peut pas croître davantage. En ce cas, les conséquences sont simples, le transfert implique que le taux de croissance de l'absorption baisse. Il faut que :

$$d\text{B} = d\text{Y} - d\text{A} \qquad d\text{Y} = 0$$
$$d\text{B} = - d\text{A}$$

c'est-à-dire :

$$d\text{B} = - d\text{C} - d\text{I}.$$

L'absorption est composée, en effet, de la consommation et de l'investissement. Or, si l'on désire que le taux de croissance du produit national reste constant, il faut préserver aussi celui de l'investissement[1] (aux gaspillages près). La réduction de l'asborption ne peut donc porter que sur la consommation qui en représente entre 80 à 70 %. Mais la chute de la croissance de la consommation ne peut guère laisser insensible l'évolution du produit national : sont touchées les industries produisant pour les marchés internes. Celles-ci ne peuvent que baisser leur niveau de production en libérant des facteurs de production. Plus vite ceux-ci seront utilisés à la hausse des exportations, plus vite le transfert se fera et moins forte sera la chute de la croissance du produit national. Si cette substitution de facteurs ne se fait pas, le transfert ne se fera pas non plus : on entre dans le cercle vicieux du non-transfert.

La réduction du taux de croissance du produit national sera d'autant moins marquée (à transfert donné) que le détournement de flux pourra être rapide, c'est-à-dire que la chute de la consommation interne sera compensée par la hausse des exportations. La réduction du taux de croissance antérieur de la consommation reste la condition première de la réalisation du transfert. Or, cette réduction implique une condition préalable des différents revenus. Quelles

---

1. En fait, tout dépend, plus précisément encore, de l'écart entre croissance effective et croissance potentielle avant le transfert. Moins cet écart est important, moins le transfert, toutes autres conditions égales, peut être heureux.

que soient les Économies et les appellations « d'origine » des revenus associés, les uns à la consommation (les salaires), les autres à l'investissement (profit, fonds d'accumulation), si le transfert implique une réduction de la croissance de la consommation plus forte que celle du produit national et de l'investissement, la condition nécessaire est que, à quelques petites nuances près (épargne des ménages notamment), la réduction de la croissance des salaires soit supérieure à celle des profits ou que la part des salaires dans le produit national diminue. Telle est bien la signification, sociale diront certains, du transfert imposé par un pays à un autre pays. Il faut bien que quelqu'un paie. Et, comme la somme est de taille, il faut que ce soit tous (ou à peu près), c'est-à-dire les salariés. Tout au plus peut-on moduler les contributions sans que cela puisse y changer grand-chose pour tous sinon un rien de satisfaction psychologique en plus (ou d'insatisfaction en moins — ce qui est plus juste). On peut, d'ailleurs, aller un peu plus loin encore.

Il s'agit, ici, de la masse des salaires, donc du produit du salaire individuel (réel) par le nombre de salariés, c'est-à-dire par le volume de l'emploi. La décélération de la croissance de la masse des salaires dépend donc de la décélération conjuguée du taux de salaire réel et du volume de l'emploi, en supposant — du moins — que le salaire réel des chômeurs est très nettement inférieur à celui des travailleurs. Lorsque tel est le cas, la décélération du taux de croissance du salaire réel est d'autant moins nécessaire que le taux de chômage augmente et inversement. La part relative faite par ces deux composantes de la masse des salaires mesure « tout simplement » la répartition de la charge du transfert. Celle-ci repose alors partiellement sur les chômeurs. Lorsque le niveau de rémunération est peu différent, la charge se répartit sur toute la population, active et non active, de façon indifférenciée[1]. La répartition sociale ou transfert n'en est pas moins différente selon que le taux de chômage augmente peu ou beaucoup, et que le chômage est ou non rémunéré. A cet égard, on conçoit fort bien que l'évolution des salaires ou plus généralement

---

1. Ce point a un tel contenu social qu'il importe de préciser qu'indifférenciée ne signifie pas égale. Il demeure évident que cette charge, à supposer qu'elle se répartisse de façon égale (100 000 F par personne, par exemple, en manque à gagner par rapport à ce qu'eût été la rémunération sans transfert), conduit à des sacrifices inégalement ressentis compte tenu des inégalités de départ.

de l'emploi et des salaires détermine la répartition de la charge du transfert. Selon que les syndicats défendront ou l'emploi ou le salaire réel des travailleurs ou les deux, le transfert, s'il se fait, c'est-à-dire si cette stratégie de défense permet de le faire, sera réparti de façon fort différente. Mais, cette répartition n'est « que » l'aspect social du transfert. Il demeure que celui-ci doit avoir lieu et qu'il ne peut en être ainsi, lorsque le produit national ne peut pas s'accroître, qu'à la condition de la décélération de la croissance de la masse des salaires. Plus le transfert est élevé, plus cette décélération conduit à une stagnation voire à une régression du niveau de vie. Ceci est inévitable et a déjà commencé à se produire dans la plupart des pays donneurs durant l'année 1975 qui vit effectivement la première dépression (et non récession) généralisée de l'économie occidentale. Refuser la baisse des salaires réels est alors refuser le transfert. Mais la relation entre ces deux refus n'est pas si évidente pour les responsables syndicaux (dont le rôle, en tout état de cause, demeure de s'y opposer) que la vie sociale et politique des nations ne doive en être troublée.

Ainsi le transfert pétrolier va modifier la vie des nations occidentales pendant de longues années. Et il n'est pas dit qu'il se réalisera dans un calme même relatif. Il constitue bien l'un des problèmes principaux de l'économie mondiale, et ce, d'autant plus que l'évolution des prix relatifs a eu lieu dans l'inflation généralisée.

B / L'INFLATION MONDIALE

L'inflation est devenue, depuis la fin des années 1960, une préoccupation commune à toutes les nations en même temps qu'une manifestation permanente de la croissance de l'économie mondiale[1]. On doit, au moins, distinguer quatre phases dans cette évolution.

La première est celle de l'inflation de la fin des années 1960. C'est, en effet, de 1968 et de 1969 que, dans la plupart des pays, date la fin de l'inflation lente, dite rampante, à un taux inférieur de 4 % qui avait prévalu depuis 1945 avec de très rares exceptions,

---

1. Voir sur ce point l'ouvrage de J. DENIZET, *La grande inflation*, PUF, 1976.

d'ailleurs limitées dans leur durée. Cette accélération semble bien s'atténuer, voire disparaître durant les années 1970 et 1971. Mais elle eut au moins deux conséquences : la première d'avoir conduit à l'élévation, semblait-il durable, du plancher d'inflation dans à peu près tous les pays. L'accélération s'était arrêtée mais n'était pas devenue décélération. De 4 %, le plancher s'établissait désormais à 6 %. La seconde, plus importante, fut de conduire à la fin du régime des changes fixes. A dire vrai, comme on le verra, les relations entre la généralisation du processus inflationniste et l'évolution du système monétaire international sont suffisamment complexes pour justifier toutes les précautions dans la reconnaissance des liens de causalité. Le fait est que, à partir de 1971, le régime de Bretton Woods était moribond. La fin de la convertibilité or du dollar et surtout la flottaison de grandes monnaies (yen, mark, florin...) manifestaient l'entrée en une période de transition qui allait vite aboutir au régime des changes flottants. L'accord de Washington en décembre 1971[1] (Smithanian Institute) ne pouvait faire illusion. A la prochaine flambée inflationniste, Bretton Woods serait définitivement mort — ce qui justement advint.

La seconde est celle de la dernière phase d'expansion généralisée que l'économie mondiale ait connue : la grande expansion de 1972-1973. Le détonateur de la hausse généralisée des prix est désormais bien connu : les mauvaises récoltes de 1972 devaient justifier une hausse de toutes les grandes matières premières agricoles d'une ampleur sans précédent. Devaient suivre toutes les autres matières premières, et, dans un enchaînement inévitable, celle des produits industriels pour tous les autres prix[2]. Mais, comme toujours, trois interrogations demeuraient. D'abord, celle de savoir si cette hausse était purement accidentelle (type guerre de Corée) ou ne puisait pas une partie de sa force dans l'accélération qui la précédait. Ensuite d'établir l'importance relative de ces hausses localisées. L'inflation de 1972-1973 fut, en effet, une inflation de croissance au sens où l'accélération de la hausse des prix fut concomitante de la plus forte accélération de la croissance du PNB connue depuis

---

1. Sur l'histoire du système monétaire international de 1968 à 1973 on consultera avec grand profit l'ouvrage de J. MARCHAL, *Le système monétaire international*, Ed. Cujas, 1975.
2. Cf. DENIZET, *op. cit.*, p. 58-59.

la fin des années 1950. On pouvait encore se demander dans quelle mesure la demande de matières premières n'avait pas atteint, de ce fait, une intensité telle que l'offre ne pouvait suivre qu'à prix en hausse et, donc, si la responsabilité, sinon initiale du moins générale, dans l'accélération de l'inflation ne restait pas celle de la croissance. Enfin, une interrogation de même nature continuait à s'imposer à qui voulait retenir une causalité à sens unique entre l'accélération de l'inflation et la mutation brusque d'un système monétaire international qui vit les changes flexibles se généraliser et s'institutionnaliser. L'inflation avait-elle atteint un seuil tel que nul n'avait plus les moyens — seul ou ensemble — d'assurer la fixité relative des changes, ou les données de l'intégration mondiale s'étaient-elles modifiées au point que la flexibilité des changes, favorisant certains pays, dont les Etats-Unis, devait être considérée comme un facteur d'amplification de l'inflation mondiale ? La dépression de 1975 devait permettre de répondre à la plupart de ces questions.

La troisième période est celle de la dépression de 1974-1975. Cette dépression n'avait rien d'aléatoire. Elle était inscrite dans les termes de la situation créée par le transfert pétrolier. L'ampleur du transfert sollicité était, en effet, tel que la plupart des pays, incapables d'accroître encore une croissance ayant atteint des niveaux records, ne pouvaient, à court terme, réagir à l'événement qu'en réduisant leur croissance au point de connaître non la récession mais la dépression. Rien, donc, d'étonnant à un ajustement prévu par les milieux boursiers avec leur prescience professionnelle.

L'étonnant vint précisément de l'inflation qui, durant la dépression, fut plus élevée encore qu'elle ne l'avait été durant la phase d'expansion antérieure[1]. De ce moment date l'expression de stagflation. On eût pu dire « déplation ». De ce moment, aussi, des variations du change qui, dans la plupart des pays, vit le cours de la monnaie nationale, par rapport au dollar par exemple, fluctuer de 20 à 30 % en quelques semaines. On devait alors crier à « la fin du système monétaire international » comme si un « système » devait toujours garantir la stabilité.

---

1. Si l'on calcule le rapport entre le taux d'inflation pendant la dépression de 1975 et celui qui prévalait à la fin de l'expansion de 1973, on trouve 1 (Allemagne), 1,2 (France), 1,5 (Italie, Canada, Etats-Unis), 1,7 (Japon), 2 (Grande-Bretagne).

L'autonomie de l'inflation par rapport à la croissance était établie. Son accélération précédente ne pouvait être imputée à l'expansion puisque non seulement l'inflation demeurait mais encore s'accélérait en dépression. La hausse des matières premières des débuts de l'année 1972 devait donc être considérée plus comme un phénomène d'amplification d'une accélération déjà commencée que comme un véritable détonateur. Enfin, il devenait évident que l'inflation, devenue mondiale, entretenait avec les vicissitudes du système monétaire international des relations de causalité circulaire. Plus l'inflation s'accélérait, plus le système monétaire devenait instable ; plus les changes fluctuaient, plus l'inflation y trouvait raison à se différencier de pays à pays. Cette modification des relations entre inflation et système monétaire international trouvait évidemment la raison essentielle dans les événements de 1973. L'inflation était devenue mondiale en « s'accélérant » parce que le transfert pétrolier était un phénomène à la fois mondial et fort difficile à « digérer ».

La quatrième phase, celle de l'expansion relative qui devait succéder à la dépression (1976-1977), devait confirmer les tendances de l'inflation à se mondialiser et à s'accélérer, mais aussi à se différencier selon les pays. Il suffit de comparer, pour s'en convaincre, les inflations « réalisées » par différents pays au cours des deux phases d'expansion (1972-1973 et 1976-1977). Bien que la seconde soit nettement moins affirmée que la première, l'inflation s'est souvent maintenue, s'est même accrue dans la plupart des nations. Une différence apparaît nettement entre des pays où cette accélération est forte (Royaume-Uni, Italie), ceux où elle est quasi nulle (Etats-Unis, France) et ceux où l'inflation a cessé de s'accélérer pour diminuer (Allemagne). Ainsi, bien que l'inflation ait diminué entre le moment de la dépression et celui d'une expansion retrouvée, elle n'en a pas moins augmenté si le point de comparaison est celui de l'expansion de 1972-1973. C'est donc qu'un nouveau plancher a été atteint dans tous les pays et qu'il n'est toujours pas dit, au contraire, qu'il céderait en l'éventualité d'une nouvelle dépression.

Depuis 1973, il devient évident que l'inflation a son mouvement propre, de plus en plus autonome, par rapport aux variables qui lui étaient traditionnellement associées (taux de croissance du produit national, taux de chômage, et même mouvement de la balance des paiements[1]). Cette évolution ne peut avoir que deux explications, d'ailleurs conjugables. Ou bien, l'inflation est devenue suffisamment mondiale pour s'imposer à l'évolution de chaque nation et non pas en naître ; ou bien, à l'intérieur même de chaque nation, des événements nouveaux ont considérablement modifié les comportements et accru l'importance que tous les agents attachent aux prix. Telles sont bien les constatations que l'on est amené à faire en observant l'évolution du processus inflationniste mondial.

a / *Les origines nationales de l'inflation mondiale*

Pour mondiale qu'elle soit devenue, l'inflation contemporaine ne cesse pas de présenter une diversité selon les pays qui révèle l'existence d'origines purement nationales.

De 1965 à 1973, comme on vient de le voir, l'inflation d'expansion connue par tous les pays est certes d'intensité différente. Mais les disparités sont limitées au moins dans les pays développés, d'environ 6 % (en taux annuel) pour le Canada, les Etats-Unis et l'Allemagne à 12 % (pour l'Italie, le Japon, la France et le Royaume-Uni). Sommairement, on peut retenir que l'inflation dans le pays le plus touché n'est pas supérieure au double du pays le plus préservé ou que l'inflation relative[2] de tous les pays par rapport à celui où elle est le moins élevée (Etats-Unis = 6 %) se situe entre 1 et 2. C'est donc sur des « terrains » déjà fort différents que les exigences du transfert pétrolier devaient s'abattre. Or, l'ampleur du transfert, déterminée essentiellement par les besoins en énergie d'origine pétrolière, était elle-même différente, oscillant entre 1 et 4 % du PNB. A ces deux différences, il convient d'ajouter celle qui, sans doute, a déterminé le plus la dis-

---

1. Cette relation, l'une des mieux connues, réactualisée par Philips après que J. Rueff lui eut consacré quelque attention en 1929, n'a cessé ces derniers temps de devenir fort mauvaise. L'inflation s'accroît avec le chômage et inversement. Ainsi en est-il de l'inflation et de la croissance.

2. L'inflation relative d'un pays par rapport à un autre est le rapport de son taux d'inflation à celui de l'autre. Il exprime donc la variation des prix relatifs entre pays. Celui où le taux d'inflation relative est supérieur à 1 voit son prix relatif croître. A cette inflation relative, il existe évidemment un très grand nombre d'explications depuis les plus « apparentes » : différence dans le déficit budgétaire, l'accroissement de la masse monétaire, la politique des revenus... jusqu'aux plus globales, et, comme telles, sujets de controverses (consensus social, contestation du système capitaliste...). Ces différences peuvent être d'ailleurs appréciées avec leurs effets sur les taux d'inflation relative.

parité accrue de l'inflation dans les pays développés : l'acceptation plus ou moins enthousiaste des conséquences du transfert lui-même. A partir de 1974, en effet, les exigences du transfert s'imposent à la plupart des nations. La diversité des terrains ainsi que celle de l'importance de l'effort demandé définissent le taux de croissance du PNB et celui du niveau de vie (salaire réel) de la période de transition[1].

Mais qu'il s'agisse, selon l'ampleur et les conditions d'occurrence du transfert, de récession plus ou moins marquée, voire de dépression, comme il fut le cas dans de nombreux pays en 1975, il faut que le taux de croissance du salaire réel baisse, ce qui, bien évidemment, ouvre sur deux interrogations étroitement liées : cette baisse sera-t-elle facilement acceptée ? Et, comment peut-elle s'opérer ?

Les modalités d'une telle baisse sont, en effet, largement indéterminées. Comme toujours, lorsqu'il s'agit d'évolution réelle où si l'on préfère de « pouvoir d'achat », une réduction de la croissance peut s'opérer à partir d'évolutions nominales des revenus fort différentes. La baisse du salaire réel n'est que l'écart entre deux évolutions : celle du salaire nominal et celle des prix. On conçoit des revenus constants et des prix intérieurs en hausse ; des revenus décroissants (par chômage croissant et revenus constants, par exemple) et des prix stables ; ou des prix croissant plus que les revenus nominaux.

Or, il est évident que les modalités prévalentes sont déterminées surtout par la plus ou moins grande facilité avec laquelle l'effort de transfert est consenti ; ou plutôt par la plus ou moins grande résistance à effectuer ce transfert. Quelles que soient les raisons à cette résistance (information plus ou moins bien faite, sentiment des inégalités dans le transfert...), plus celle-ci sera grande plus elle prendra la forme d'une indexation stricte des revenus nominaux au prix : de façon à ce que soit préservée la croissance du niveau de vie. La séquence est alors : hausse des prix ⇒ hausse des revenus nominaux de même ampleur (donc, stabilité de l'évolution du salaire réel) ⇒ hausse des

---

1. La situation en 1973 fixe, en effet, un point de départ qui est, d'ailleurs, plutôt défini par la croissance moyenne de la période 1968-1973. Tel pays a fait, en moyenne, 2 %, 4 % ou 6 % de croissance du salaire réel entre 1968-1973. Cette situation initiale est, en général, celle d'un niveau de croissance élevé dans la mesure où les effets de la grande expansion de 1972-1973 se sont fait sentir. Les individus, dans tous les pays, ont enregistré durant les années précédant le transfert une amélioration de leurs conditions de vie supérieure à la tendance à long terme. L'ampleur du transfert détermine la réduction de cette croissance nécessaire durant la période transitoire. Par là même se trouve déterminée l'évolution nouvelle des niveaux de vie nécessaires pour que le transfert soit réalisé.

prix... Dire que « l'inflation » est « salariale » ou qu'elle est celle des « profits des grands monopoles » ne fait guère avancer les choses ; elle perpétue, au contraire, la légitimité d'une attitude impossible : le refus du transfert. Moins la résistance est forte, plus il sera, à l'inverse, possible d'altérer la baisse du salaire réel à partir d'une inflation inchangée. On pourrait concevoir, alors, que le transfert soit opéré par une ponction fiscale sur les revenus nominaux. Comme s'il s'agissait d'un banal impôt (indexé) supplémentaire que l'Etat national devrait ensuite mettre à disposition des pays preneurs.

La disparité des conjonctures nationales (croissance et inflation notamment) depuis 1974 obéit fondamentalement à ces trois déterminations : situation initiale, ampleur du transfert, résistance du transfert. Il suffit pour se convaincre de suivre l'évolution économique et sociales de quelques-unes des grandes nations occidentales, soit la Grande-Bretagne, l'Allemagne, le Japon et les Etats-Unis.

Considérons d'abord la Grande-Bretagne dont l'évolution est, à maints égards, des plus typiques d'une attitude de refus à l'égard du transfert. L'interprétation des variations conjuguées des principaux indicateurs de l'économie britannique est, en effet, singulièrement facile[1].

La situation initiale de l'économie britannique 1969-1973 était celle d'une croissance moyenne dans l'absolu (+ 3 %), mais néanmoins élevée pour un pays qui, depuis 1945, avait connu un développement nettement inférieur. L'expansion de 1972-1973 avait été particulièrement forte, notamment en 1973 (+ 6 %), qui établissait le record absolu depuis 1945 (et sans doute bien avant). L'accélération de l'inflation durant la période 1969-1973 avait été fort vive : doublement par rapport à la période précédente 1962-1968. Elle avait surtout été continue à partir de 1970. En 1968 et 1969, en effet, le gouvernement avait essayé de mettre fin à un déficit chronique de la balance des paiements par une politique d'excédent budgétaire (accroissement des charges fiscales et excédent des entreprises publiques). Cette politique de transfert avant la lettre échoua totalement — avec ses

---

1. Source G. RENSON, *Inflation and Policy in the United Kingdom*, contribution au Symposium organisé par le Brookings Institution à Rome, mai 1977, dont le thème était « Politique de stabilisation dans les économies développées depuis 1973. » On trouvera dans la contribution de G. Renson une abondante revue des statistiques britanniques ainsi qu'une bibliographie exhaustive sur le sujet.

prolongements politiques — et déboucha sur l'explosion des salaires de 1970, réaction manifeste aux tentatives de restriction de 1968-1969. Le développement de l'inflation ne put alors que conjuguer des raisons internes et externes (hausse des prix mondiaux). En 1973, le taux d'inflation devait atteindre 10 % alors que le plein emploi était, à nouveau, devenu la priorité des priorités et justifiait l'accroissement rapide de la masse monétaire et la réapparition de forts déficits publics. La relation taux de chômage - taux d'inflation était déjà dénoncée[1].

On sait bien ce qu'il advint à partir de 1974. Le transfert demandé à l'économie britannique équivalait à peu près à 2 % de son PNB — ce qui constitue une charge moyenne (par rapport à l'ensemble des pays). L'effet dépressif du transfert fut net : la réduction de la croissance atteint 3 % environ et, donc, provoqua la stagnation totale de l'économie (en fait, une légère dépression — 0,2 %) en même temps que la hausse du taux de chômage (4 % de la population active soit le double de son niveau d'avant 1968).

Mais cette réduction n'aura guère servi dans la mesure où le transfert n'a pas eu lieu, sinon pour une très faible partie, comme le montre l'évolution de la balance des paiements (de + 1,6 à — 6,8 milliards de livres). La raison pour laquelle il n'a pas eu lieu n'est pas sans influence sur l'inflation. On voit, en effet, combien vive a été la résistance au transfert et comment celle-ci s'est opérée : les revenus nominaux ont doublé alors que les revenus réels ont diminué de moitié. L'accélération de l'inflation faisait la différence. La stratégie gouvernementale était d'ailleurs claire : ne pas laisser chuter les revenus nominaux et laisser l'inflation croître pour réduire les revenus réels. En fait, comme toujours en pareil cas, la réalité a dépassé l'espérance. La croissance des revenus nominaux est passée de + 10 à + 20 % par an et l'inflation de + 7 à 19 % environ. En dépit de ce bond, les revenus réels ont continué à augmenter (+ 1,5 % alors que le produit national chutait (— 0,2 %). Ainsi, la consommation a-t-elle moins baissé que le produit national contrairement aux nécessités d'un transfert bien fait. Deux conséquences sont alors inéluctables. D'abord que le transfert ne peut être réalisé que par l'endettement (ce qui fut

---

1. Trois raisons essentielles sont données par G. Renson pour expliquer que la courbe de Philips ait commencé à être déficiente dès 1973 : la forte hausse des indemnités de chômage en 1966, anticipation croissante de l'inflation après la dévaluation de la livre en 1972 et la hausse des profits après cette même date.

fait) ; ensuite que l'investissement décroît plus vite que le PNB (puisque la consommation décroît moins), donc que les chances d'un développement et d'un transfert ultérieurs en sont menacées.

Il faut enfin noter, tant l'enchaînement est « archétypique », les mouvements liés de l'inflation et du change. Comme on peut le constater, la dépréciation de la livre par rapport au dollar a atteint 10 % par an, en moyenne, depuis trois ans et beaucoup plus si l'on choisit une autre monnaie de référence (le mark, par exemple). On peut songer pour expliquer l'évolution simultanée de l'inflation et des changes à deux relations. L'une du type : accroissement du coût des importations → accélération de l'inflation → dépréciation des changes ; et l'autre : augmentation de l'inflation interne → dépréciation des changes → hausse des prix des importations. Dans le cas britannique aucun doute n'est permis : c'est bien le second enchaînement qui a prévalu[1] et fondé le fameux cercle vicieux des changes et de l'inflation dont il n'est pas inutile de rappeler, en ces temps de mémoire de plus en plus courte, qu'il avait été fort bien étudié par Aftalion, il y a plus de trente ans[2]. Ce cercle vicieux n'est que la conséquence du refus du transfert. Plus ce refus est grand, plus l'inflation est forte et plus le change doit se déprécier dans la mesure où d'autres nations, elles, effectuent le transfert. Mais ce cercle vicieux, pour voyant qu'il soit, n'est pas le plus inquiétant. L'enchaînement qui l'est le plus est celui indiqué plus haut au terme duquel un pays peut être incapable d'effectuer tout transfert même s'il ne cesse pas de réduire sa croissance, même s'il entre en dépression de plus en plus intense. Tel est le cas lorsque la réduction des exportations suit celle des importations, lorsque les deux propensions (importations et exportations) sont constantes. Reste alors l'espérance du pétrole de la mer du Nord et celle d'un endettement continu sans coût trop insupportable. Le thé, aussi, a ses vertus dormitives.

Considérons maintenant l'Allemagne qui constitue un pays tout aussi exceptionnel que la Grande-Bretagne mais pour des raisons opposées. On sait, en effet, que l'Allemagne offre l'exemple même de transfert immédiatement réalisé bien qu'il atteignît une intensité

---

1. Parmi toutes les preuves qui peuvent justifier ce choix, G. Renson en donne une qui vaut d'être notée : la baisse du change apparaît dès 1973 alors que les prix anglais évoluaient comme les cours mondiaux. Le transfert n'aura fait qu'accroître la relation.
2. AFTALION, *Monnaie, prix et changes*.

supérieure à celle de l'Angleterre, soit environ 2,6 % du PNB, et que la situation de départ ne fût pas exceptionnelle. L'examen des variations des principaux indicateurs fournit, comme précédemment, matière à une explication simple des moyens d'un transfert qui n'aura guère demandé plus de dix-huit mois.

La situation initiale — celle de 1973 — n'était pas exceptionnelle. Elle était même, comparée à la situation d'autres pays, relativement médiocre. L'économie allemande avait certes connu une croissance de 5 % mais l'expansion ne l'avait pas portée aux niveaux atteints en 1968-1969 (soit 7,3 et 8,2 %). Certes, l'excédent de la balance courante atteignait près de 12 millions de marks. Mais l'inflation s'était développée de façon totalement inhabituelle et, notamment, l'indice des prix des biens de consommation s'était accru de 7 % alors que jusqu'en 1969 l'inflation n'avait jamais excédé 3 % et s'était située aux alentours de 5 % durant les deux années précédentes.

Les processus d'adaptation à la hausse du prix des matières premières sont claires[1]. Toute la rapidité du transfert allemand provient de la marge de sécurité avec laquelle la condition nécessaire a été assurée : la croissance aura diminué de près de 5 points en 1974 et de 8,7 points en 1975. En aucune nation, la décélération n'aura été plus vive et plus durable. Cette régression fut aussi celle des revenus. Mais, l'on voit alors, tout aussi clairement, le choix fait entre les organisations syndicales et les milieux patronaux : cette décélération des revenus devrait être plus faible que celle du produit national. Elle devrait avoir son origine presque exclusivement (en tout cas, davantage) dans l'accroissement du chômage que dans la baisse du salaire réel. Le taux de chômage, on le voit, passa immédiatement de 1,2 (1973) à 4,7 (1975) soit quadrupla presque. Encore n'eût-il pas suffi à permettre la chute de la masse des salaires s'il n'avait pas pu compter avec la réduction de la main-d'œuvre immigrée qui atteignit presque 800 000 personnes en 1975.

Cette condition première assurée, un second choix : celui des modalités de la décélération de l'évolution des revenus réels pouvait alors avoir lieu. Celle-ci se réalisa par l'intermédiaire d'une baisse plus accentuée encore des revenus nominaux que des revenus réels,

---

1. Sur l'économie allemande, cf. H. J. BARTH, *Stabilization Policies in Germany*, 1972-1976, contribution au Colloque de Rome ; AREPA, Commissariat Général au Plan, *op. cit.*, t. 1 et 2.

c'est-à-dire par une décélération de l'inflation qui devait passer de 7,3 % en 1974 à 4,5 % environ en 1976. Cette seconde caractéristique du transfert allemand est proprement unique et purement interne. H. J. Barth, utilisant le modèle de simulation de l'économie allemande établi par IBM Allemagne (indice d'une intégration mondiale ambiguë...), montre bien, qu'à l'exception de 1974, les effets de la hausse des prix étrangers sur l'inflation allemande sont très secondaires[1]. Pas plus que l'anglaise, l'inflation allemande n'est exportée. Sur ce second point aussi, l'accord entre les grands pouvoirs fut total. Les syndicats cherchèrent dès 1974 et plus encore en 1975 à tout juste s'assurer d'un maintien du salaire réel et conclurent des conventions de hausse de 5,5 % (nominal) s'attendant à une inflation de même importance. Les pouvoirs patronaux acceptèrent que le taux de profit décroisse de 10 % environ (par rapport au chiffre d'affaires) jusqu'à 6,5 % environ en 1975. Cette contraction des revenus ne pouvait que favoriser la dépression mais risquait de l'amplifier au terme d'un enchaînement à la baisse. Ainsi, les pouvoirs publics durent-ils tempérer cette chute des revenus primaires par un déficit budgétaire qui devait atteindre en 1975 près de 7 % du PNB (soit 40 millions de Deutsche Mark environ). Cette politique, indiscutablement concertée, s'inscrit d'ailleurs dans une évolution à plus long terme. La diminution progressive de la croissance interne de l'économie allemande est de plus en plus compensée par l'accélération du déficit des finances publiques qui établit une nouvelle orthodoxie fort différente de celle que l'on avait l'habitude de prêter aux autorités politiques allemandes. La diminution de l'inflation en 1976 suit donc très logiquement la réduction d'un déficit qui, elle-même, est rendue possible par une reprise de la croissance.

Cette reprise n'est autre que l'installation sur le sentier défini par la réalisation d'un transfert entièrement opéré ou du moins libéré de cette contrainte. Dès 1976, en effet, la cause était entendue et le « redéploiement allemand » opéré. Aux balances commerciales traditionnellement positives (automobiles, électrique, chimique) s'ajoutaient celle de la mécanique qui, à elle seule, constitue beaucoup plus que l'équivalent du solde négatif de la balance énergétique. De plus,

---

1. H. J. BARTH, *op. cit.*, p. 12. En 1975, notamment, l'inflation n'a que des origines internes puisque les effets des prix des importations seraient plutôt négatifs.

l'évolution de l'investissement, dès avant et pendant les trois années du transfert, en faveur du cœur de l'appareil productif (acier, construction de l'acier) ne peut qu'asseoir durablement la réalisation du transfert dont les modalités ne pouvaient pas ne pas avoir sur l'évolution du taux de change des résultats favorables. L'appréciation de la monnaie allemande a, évidemment, pour origine une déflation relative des prix allemands par rapport à ceux des autres nations. L'écart est tel désormais qu'il s'agit d'un cercle vertueux de change puisque, au moins jusqu'ici, l'inflation réduite provoque l'appréciation du change qui, à son tour, réduit l'impact de la hausse des prix des produits importés, etc. Aussi longtemps que les exportations n'auront pas à souffrir de cette réévaluation continue, le cercle ne s'ouvrira pas.

Mais les effets à plus long terme d'un transfert réussi ne sont pas seulement monétaires. L'Allemagne a en effet accusé, à l'occasion des événements de 1973, son orientation externe, c'est-à-dire à la fois l'importance de ses exportations dans sa propre production et dans celle du Monde, ainsi que sa production internationale. Il y a donc pour elle nécessité de plus en plus forte à ce que l'intégration mondiale se poursuive et, en tout cas, ne régresse pas.

L'économie japonaise offre un autre exemple de transfert réussi dont les modalités sont encore plus remarquables. La situation antérieure au transfert n'est pas bonne : pour la première fois, en effet, depuis la fin de la seconde guerre mondiale, l'économie japonaise voit sa croissance se ralentir considérablement[1]. Alors que celle-ci s'était, en moyenne, toujours maintenue aux alentours de 15 % par an, en poussant quelques pointes à 20 %, la chute de 1973 (3 % environ) est à la fois originale et très brutale. De plus, le Japon connaît aussi, pour la première fois, une inflation considérable (12 %) dont l'accélération est très nette à partir de la mi-1972. Au second trimestre de 1973 l'inflation atteindra un rythme (annuel) de 30 % environ et, sur l'ensemble de l'année, le taux d'inflation sera beaucoup plus élevé que le taux de croissance (12 % et 3 %). Les raisons de cette conjonc-

---

[1]. Statistiques de l'OCDE et KATSUMURA-YASUO, *The process of 1971-1974 inflation in Japan*, Colloque de Rome. Cette contribution contient un nombre appréciable de données originales sur l'évolution de toutes les variables caractéristiques de l'économie japonaise. On n'a retenu ici que celles nécessaires à l'explication des particularités de l'ajustement japonais.

ture étonnante sont d'autant plus délicates à préciser que l'inflation s'accélère précisément au moment où une politique monétaire restrictive très forte est adoptée par les autorités monétaires. Il est clair, cependant, que cette inflation devait peu à la hausse des prix des importations mais beaucoup plus à une politique de stabilisation trop tardive et à l'afflux de capitaux étrangers[1].

En dépit de cette situation fort délicate et de l'importance élevée d'un transfert qui atteint près de 4 % du PNB, puisque la dépendance japonaise à l'égard du pétrole et d'un grand nombre de matières premières est totale, la balance courante est plus que rééquilibrée moins de deux ans après, en 1976. Mais, bien que le déficit instantané de 1974 ait atteint 5 milliards de dollars environ, et qu'en 1973, la balance ait été tout juste équilibrée, c'est un excédent de 4 milliards de dollars qui apparaît en 1976. L'économie japonaise a plus que réalisé son transfert. Elle en a opéré un qui égale presque le double de celui qui lui était demandé. Comment ?

Ce sont les moyens utilisés qui apparaissent plus remarquables encore que les résultats — dont toutes les nations sont jalouses. L'ajustement se fit en deux temps sûrement coordonnés, plus encore que l'on ne peut le suspecter. Le premier de ces temps fut la chute de la demande globale. Comme on peut le constater, la réaction japonaise à l'exigence du transfert fut immédiate. Dès 1974, le PNB devait décroître (— 1,3) avant celui de tous les autres pays qui ne devait baisser qu'en 1975. Cette diminution prit, durant le premier trimestre de 1974, une intensité particulière. Ainsi se trouvait réalisée la condition nécessaire au transfert. Les moyens de cette réduction immédiate et brutale de la demande finale et du PNB sont très clairs : il s'agit d'une baisse de salaire réel plutôt que d'une hausse du taux du chômage. On voit, en effet, que ce taux varie peu, conformément, d'ailleurs, à une orientation permanente de la stratégie des grands groupes : assurer l'emploi[2]. Le salaire réel augmente de quelque 13 à 14 % en 1973 ; il baisse de 6 à 7 % en 1974. L'écart est donc de près de 20 % par rapport à l'année précédente. C'est le plus fort jamais enregistré de nos jours et il est même assuré qu'il est supérieur à celui

---

1. Cf. KATSUMURA, *op. cit.*, dont les conclusions ne sont d'ailleurs pas des plus claires.
2. Il est très vraisemblable que l'accroissement du chômage fut le fait exclusif des petites et moyennes entreprises sous-traitantes des grands groupes. Mais, on n'a pas de données à ce sujet.

qui devait s'opérer durant les phases de contraction connues par les économies européennes au siècle précédent. Cette baisse drastique du salaire réel fut atténuée dès 1974 au terme d'un choix supplémentaire : réduire fortement la hausse du salaire nominal et laisser persister l'inflation. Alors que les revenus nominaux baissent de 15 % en 1974 par rapport à 1973 (27 → 12), l'inflation continue d'augmenter (12 à 20 %). Dès la fin de 1974, se trouvaient dégagées les ressources libérées par cette chute extraordinaire de l'absorption interne. L'année 1975 allait être consacrée à les utiliser pour provoquer un accroissement immédiat des exportations dont on aperçoit très nettement comme il fut réalisé.

Tel est, en effet, le second temps : celui d'un développement des exportations dont on voit qu'il atteint dès 1974 + 15 %, qu'il demeure néanmoins au cours de la dépression mondiale de 1975 (+ 0,7), et qu'il manifeste en 1976, l'expansion mondiale retrouvée, toutes les potentialités accumulées depuis deux ans. La hausse des exportations a, en effet, une raison majeure : le prix des exportations japonaises ne cesse de diminuer par rapport à l'indice des prix des exportations mondiales. Au second semestre de l'année 1974, l'indice japonais est à 178, celui des exportations mondiales à 165 (base 100 = 70). A partir de cette date, et en moins de six mois (fin 1974), un écart inverse se produit. Fin 1974, le premier indice sera à 158, le second à 188 soit près de 30 points d'écart. Alors que les prix japonais (à l'exportation) étaient d'environ 10 % supérieurs aux prix mondiaux, ils sont inférieurs de 20 % à ces mêmes prix, six mois après[1]. Une telle évolution implique, on le voit bien, une coordination très stricte des pouvoirs de décision et illustre les capacités d'un capitalisme d'Etat, le plus pur et le plus dur de tous ceux qui existent. Il est évident qu'une même décision a été prise par tous les grands groupes au même instant — ce qui a d'ailleurs provoqué quelques réactions des autres pays et l'accusation de dumping. D'autres données établissent de plus que cette baisse des prix à l'exportation a été antérieure à la baisse de salaire réel et que cette baisse était programmée avant même qu'elle n'eût lieu. En d'autres termes, l'économie japonaise a commencé à réaliser le transfert avant même que la condi-

---

1. KULSUMARE et YASUO, *op. cit.*, graph. 4. Il va de soi qu'une telle évolution implique des syndicats compréhensifs (ouvriers...).

tion nécessaire fût remplie. C'est en cela qu'elle se distingue de l'Allemagne.

Pour le reste, les effets d'une telle politique sont inévitables : hausse de la valeur du yen mais aussi, par son caractère excessif, apparition des récriminations des autres nations soucieuses de voir un tel surtransfert se faire, aussi vite, à leur détriment partiel.

Considérons, enfin, l'économie américaine dont l'évolution est, elle aussi, significative. L'appréciation des effets du transfert pétrolier sur l'économie américaine est plus délicate que pour la plupart des autres nations. L'importance relative de ce transfert est indiscutablement beaucoup plus faible que tous ceux examinés jusqu'ici. En 1974, il ne devait pas être supérieur à 1 %. Compte tenu de la dimension de l'économie des Etats-Unis, un tel choc devait paraître, sinon négligeable, du moins relativement « accessoire ». Pourtant, l'économie américaine a connu entre 1973 et 1976 l'une de ses périodes les plus exceptionnelles depuis la fin de la guerre au point de justifier le terme de grande stagflation. Durant deux années consécutives, 1974 et 1975, le produit national devait baisser alors que la situation initiale était fort bonne, le PNB ayant crû de 5,3 % en 1973. De plus, l'inflation commencée dès 1973 devait atteindre plus de 12 % en 1974 et traumatiser une société qui n'avait jamais connu de telles hausses depuis les débuts de son développement. A première vue, il semble difficile de croire qu'une économie de cette dimension, au demeurant relativement indépendante des importations, y compris du pétrole, ait eu à effectuer de tels efforts pour effectuer un transfert aussi faible.

L'une des raisons essentielles de la spécificité de la conjoncture américaine par rapport à celle d'autres pays tient à ce que la hausse des prix pétroliers ne fut pas la seule manifestation d'une modification des prix relatifs. Celle qui se produisit en faveur des prix des biens alimentaires fut au moins aussi importante et ne concernait que l'économie interne.

La hausse de ces deux prix particuliers (biens alimentaires et pétrole) joue un rôle essentiel dans le développement de l'inflation américaine de 1973-1975. Un certain nombre de simulations ont permis d'apprécier leur importance relative respective.

Ces deux mouvements de prix représentent, conjugués, près

des deux tiers du taux d'inflation en 1973[1] comme en 1975. Et l'on peut considérer que la hausse des prix alimentaires a exercé des effets qui, sur l'ensemble de la période, sont de deux à trois fois plus élevés que ceux de l'énergie. La modification des prix relatifs externes a donc été secondaire par rapport à celle d'origine interne qui impliquait une modification de la répartition du revenu réel en faveur des agriculteurs. Les Etats-Unis sont, à cet égard, un des rares pays développés pour lequel les agriculteurs furent plus exigeants que les Emirs. On doit alors se demander si le transfert d'origine interne n'a pas déterminé aussi l'essentiel des ajustements inévitables. On ne dispose malheureusement pas d'études appréciant les effets de la hausse des produits alimentaires sur le PNB et le taux de chômage. Mais, deux tentatives furent consacrées à apprécier ceux de la hausse pétrolière[2].

Le transfert pétrolier semble responsable de la moitié environ de la récession et explique sa durée exceptionnelle[3]. Il est vraisemblable que l'effet des variations des prix alimentaires ne fut pas de même ordre : s'agissant d'une redistribution interne, elle n'impliquait pas la nécessité d'un rééquilibre de la balance mais seulement les ajustements rendus nécessaires par l'éventuelle modification du taux d'épargne interne.

Les particularités de l'économie américaine apparaissent bien ici ; le transfert essentiel ne fut pas international mais intranational : quelque faible qu'il ait été, la régulation essentielle aura été l'accroissement du chômage. De plus, la fonction même du dollar interdisait que l'on eût à en chercher aussi passionnément que les autres économies : il n'est, bien sûr, qu'à les émettre. On ne peut être son propre débiteur.

---

1. On peut noter cependant que les biens alimentaires ont commencé, avant celui du pétrole, à accélérer l'inflation (dès 1973), que l'effet de la hausse pétrolière est plus étalée dans le temps et que l'année 1974 connaît une inflation particulière beaucoup plus indépendante de ces deux prix que durant l'année précédente et ultérieure.
2. G. L. PERRY, The United States, in E. R. FRIED et C. L. SCHULTZE, *Higher oil Prices and the world Economy*, Washington, Brookings Institution, 1975, p. 71-104 et J. L. PIERCE et J. J. ENZLER, *The effects of external inflationary shocks*, Brookings Institution, 1974. Le Central Plan Bureau a, d'autre part, publié une simulation de même nature pour l'ensemble de l'économie mondiale.
3. Les deux auteurs évaluent aux alentours de — 3 % l'ampleur de la réduction de la croissance nécessaire au transfert. Comme celle-ci aura atteint — 7 % (de 5,3 % en 1973 à — 1,7 % en 1974), le transfert pétrolier expliquerait un peu moins de la moitié de la récession. L'effet sur le taux de chômage est le corollaire du précédent.

La nécessité d'un vaste transfert international, inégalement réparti entre les nations, est une des origines purement internes de l'inflation accélérée connue depuis 1973. Inflation et, sinon refus, du moins difficulté du transfert sont indiscutablement liées. La conséquence sans doute essentielle d'un tel processus est dans l'apparition de nouvelles lignes de fractures de l'espace mondial qui viennent plus que nuancer celles qui existaient auparavant. Depuis 1973, le monde apparaît bien dissocié en six blocs. Les pays du Nord, en effet, ne sauraient plus être considérés comme homogènes. Il existe, d'une part, ceux qui ont effectué le transfert (Etats-Unis, Japon, Allemagne notamment), et ceux qui n'y parviennent pas ainsi que l'attestent leur inflation et leurs difficultés politiques (essentiellement tous les pays méditerranéens plus la Grande-Bretagne). Les pays du Sud ont eux aussi éclaté en trois blocs. Les pays riches (les plus riches du monde) ; les pays dont le développement a déjà commencé et dont on sent bien qu'il pourra se poursuivre, même si des difficultés passagères doivent être vaincues ; les pays définitivement pauvres, enfin, c'est-à-dire cette poche asiatique dont on voit toujours très mal comment elle pourrait accéder à notre niveau de développement (Indes, Pakistan, Bangladesh et Chine). Si l'on ajoute à cela les pays d'Europe de l'Est, on voit bien cette dissociation majeure du globe en six zones économiques qui ne sont ni géographiques ni politiques[1]. L'évolution des soldes des opérations courantes depuis 1974 montre bien la profondeur de cette cassure que la disparité de l'inflation ne fait que révéler[2].

Cette disparité ne saurait cependant être considérée comme issue uniquement de la difficulté du transfert de 1973. Ce serait, en effet, omettre qu'elle s'était déjà modifiée alors que l'inflation s'accélérait partout dans le monde, depuis la fin des années 1960. Il faut aussi tenir compte des origines proprement mondiales de l'inflation.

---

1. Emilio FONTELA distingue un groupe de pays en voie de développement supplémentaire : en dissociant les pays déjà en voie de développement des pays aux grandes ressources potentielles, *op. cit*, p. 31. Si cette dernière distinction est fondée, elle cessera assez vite d'être significative.
2. Durant l'année 1977, les disparités se sont encore accrues puisque l'excédent des pays à transfert réussi n'a cessé de croître pour devenir ostentatoire et provocant.

b / *L'origine mondiale de l'inflation mondiale*

Parmi les comportements mondiaux qu'il paraît difficile de ne pas incriminer si l'on veut expliquer l'accélération de l'inflation depuis 1968, il en est trois dont les responsabilités sont essentielles. Ce sont précisément ceux des principaux agents de l'intégration mondiale : les grandes entreprises, les Etats et les autorités internationales.

- *L'inflation mondiale et les entreprises multinationales.* — A qui observe les fluctuations des prix des grandes matières premières mondiales durant les trois ou quatre dernières années une constatation s'impose : la rigidité des prix à la baisse, après s'être imposée sur le plan national, est devenue une réalité mondiale. Quelques exemples suffiront.

Considérons d'abord quelques grands produits. L'acier avait augmenté de près de 50 % en 1974 avant de baisser d'autant en 1975. Mais, la hausse recommence en 1976 alors que les capacités inutilisées restaient surélevées. Et pour les tôles laminées à froid, dont la demande avait repris plus intensément, le niveau le plus haut de 1974 avait été retrouvé très vite. L'aluminium a, on le sait, deux prix : l'un, officiel, contrôlé par les grands producteurs et l'autre, libre, qui ne concerne pas plus de 10 % des transactions et dépend de la variation, marginale, de l'offre et de la demande. L'évolution de ces deux prix a été fort différente : alors que le prix libre a suivi la conjoncture, le prix officiel a été maintenu constant pendant la dépression (40 cts/lb environ). Cette disparité s'est accrue depuis le début de 1976. Alors que le prix libre s'élevait rapidement, le prix officiel le faisait avec retard. Il en fut à peu près de même pour le cuivre : à partir de son niveau exceptionnel de juin 1974, le prix a diminué en 1975 mais relativement peu pour recommencer à s'élever dès que la reprise s'est manifestée. Pour le plomb et le zinc, l'évolution est plus nette encore. Pour le zinc, il faut distinguer le prix de base producteur (ventes hors Etats-Unis), le prix LME[1] et le prix aux Etats-Unis. Le prix LME, le plus volatil, après de grandes fluctuations, retrouve dès juin 1976 son niveau de septembre 1973. Le prix de base producteur, lui, ne cesse jamais d'augmenter (de 150 L/T en mars 1972

1. London Metal Exchange.

jusqu'à 795 L/T en juin 1976). Pour le plomb, l'évolution est comparable.

L'évolution des prix des fibres textiles est du même ordre. Pour le coton, le triplement des prix qui eut lieu en un an (de juin 1972 à juin 1973) précède une baisse, néanmoins moins forte que la hausse précédente : le minimum atteint en janvier 1975 sera de 60 % du cours le plus haut en 1973. Mais, avec un léger retard sur la conjoncture, la hausse reprend et s'accélère si bien qu'en juin 1976 le cours de 1973 était à nouveau atteint.

Pour la laine, le mouvement de reprise est moins net compte tenu des cours atteints en 1973 qui ont provoqué une substitution importante d'autres fibres.

Dans le domaine des pâtes et papiers, le prix a triplé entre 1973 et 1974, et n'a ensuite jamais baissé... La rigueur de cette stabilisation indique bien qu'il s'agit d'un prix totalement « administré ». Dans la chimie, l'évolution fut moins nette mais du même ordre. Qu'il s'agisse des prix de la chimie légère (ou non organique) la hausse des prix relatifs depuis 1974 reste la règle commune. La stabilisation des prix après la hausse de 1973-1974 montre avec évidence la généralisation du comportement asymétrique selon lequel les prix sont élastiques à la hausse et inélastiques à la baisse.

J. Denizet a fort bien vu les particularités de la hausse des grandes matières premières mondiales de 1972-1973 et, notamment, les différences d'avec celles de 1920-1921 et de 1950-1951. En 1974-1975, les prix ne retombèrent pas ou fort peu : ceux des produits primaires n'ont baissé que de 25 % après une hausse de 150 % et en avril 1976, après dix mois de reprise seulement, le sommet de mars 1974 était retrouvé. L'explication en est fort simple : la constitution et le développement des oligopoles mondiaux ne pouvaient que provoquer une telle évolution. Non pas simplement pour des raisons tenant « à la maximation des profits » ; mais pour ce que de tels comportements signifient réellement : l'existence d'un développement vraiment mondial qui s'opère à partir d'un fonds d'accumulation lui-même mondial. Bien que l'on continue encore à raisonner en termes de formation brute de capital fixe nationale (et donc à être contraint de déterminer par addition une FBCF mondiale) la réalité est désormais d'une autre nature. L'intégration mondiale a besoin, pour s'opérer, d'une fraction du PNB mondial qui se trouve « gérée » par quelques centaines de firmes et qui doit, à tout prix, être maintenue. C'est la raison pour laquelle on saurait d'autant moins attendre de chute profonde des profits de ces firmes que la période actuelle est précisément une période de difficultés qui implique des reconversions (substitution, pollution, extension des marchés...) coûteuses en termes de moyens de financement. Aussi, toutes les grandes firmes mondiales ont dû et pu maintenir leurs fonds d'accumulation, en valeur absolue et relative, notamment, par rapport aux profits des firmes simplement nationales[1]. Ce comportement doit d'ailleurs être associé à celui qui concerne l'activité industrielle en général. Alors, en effet, que depuis vingt ans, la production industrielle avait pu se développer tout en abaissant son prix relatif, il semble qu'il n'en soit plus de même aujourd'hui et pour longtemps. Toute accélération de la demande sera saisie par les producteurs comme une occasion à ne pas manquer pour améliorer leur revenu réel relatif et toute diminution de la demande sera combattue par une tentative d'élévation du prix qui permettra de sauvegarder des possibilités de financement d'investissements seulement différés.

La rigidité des prix qui s'était généralisée dans les pays développés depuis la fin de la guerre ne s'est pas seulement étendue à l'économie mondiale. Elle est devenue le comportement privilégié des firmes mondiales mais aussi des Etats lorsque leurs intérêts y sont liés[2].

● *L'inflation mondiale et les Etats-Nations.* — Le rôle des Etats-Nations dans l'évolution récente de l'inflation mondiale doit être apprécié en dissociant soigneusement deux de leurs prérogatives : celles qui leur permettent de gouverner certains prix et celles qui fondent leur pouvoir monétaire.

Tous les Etats-Nations n'ont point, en effet, l'usage de pouvoirs qui les assurent d'une administration totale ou partagée des prix intérieurs. Mais l'évolution de toutes les économies mondiales montre bien que l'indexation de plus en plus généralisée des prix

---

1. Il serait d'ailleurs intéressant de comparer l'évolution des profits de ces deux catégories d'entreprises et, pour les multinationales, en tenant compte de leur pays d'origine. On ne connaît pas, aujourd'hui, de données à ce sujet.
2. Dans le même sens, cf. STOFFAES, L'investissement et la politique industrielle, dans les *Annales des Mines*, juin-juillet 1977, p. 104.

et de revenus internes ne peut être assurée que par l'appareil d'Etat. La différence n'est plus désormais qu'entre les Etats, qui ont assez de pouvoir pour modifier l'échelle des revenus relatifs et ceux qui n'en ont pas. Mais il n'existe aucune différence entre les Etats dès lors qu'il s'agit de garantir l'indexation des prix internes sur les prix extérieurs. La finalité même de l'Etat est de s'assurer que la guerre économique est sinon gagnée, du moins n'est pas perdue, c'est-à-dire que les revenus relatifs de nation à nation sont au moins préservés.

Telle est bien la conséquence d'un monde de plus en plus intégré et de mieux en mieux informé. L'indexation interne à peu près assurée partout, la tâche essentielle des Etats est devenue de « surveiller » les termes de l'échange en essayant de les améliorer. Et comme l'ouverture du monde se confond avec son industrialisation, le prix de référence est logiquement celui des biens industriels. Toutes les nations qui le peuvent tentent donc aujourd'hui d'indexer le prix de leurs propres exportations sur celui de ces biens. Telle est bien la proposition essentielle et comme telle la plus controversée du Groupe des 77 : reconnaissance des souverainetés nationales sur les ressources et indexation des prix[1]. Il s'agit d'ailleurs ici beaucoup plus que d'une tentation ; dès que les conditions favorables à l'existence d'un oligopole structuré existent, et que cet oligopole a besoin des concours des Etats (soit que certaines firmes soient publiques, soit que les productions aient une importance nationale telle que les pouvoirs politiques doivent s'en préoccuper...), il y a désormais une utilisation systématique de tous les moyens pour réaliser une indexation qui, elle-même, est conçue dans le cadre d'une stratégie à long terme. Ainsi en est-il des travaux de l'OPEC, de ceux des organismes propres à chacun des grands métaux[2].

Cette lutte des Etats pour l'indexation des prix de leurs productions sur ceux des produits industriels contient l'une des origines les plus nettes de l'accélération récente de l'inflation mondiale. Elle arrive, en effet, bien mal, dans la mesure où les prix relatifs industriels ne sont plus, ainsi qu'ils le furent longtemps, décroissants à l'intérieur même des nations industrielles. Le mécanisme

---

1. Sur ce point, cf. DUPONT, *Vers un nouvel ordre économique mondial*, chronique, SEDEIS, 1er août 1977.
2. Sur la définition des stratégies de l'OPEC, cf. les travaux de l'Institut Batelle, Genève.

d'indexation internationale qui se fait par alliances des grandes entreprises et des Etats (et qui, à ce titre, est irrésistible...) se greffe sur des mécanismes d'indexation interne des prix industriels aux autres prix internes, notamment les plus croissants d'entre eux, ceux des services. Ainsi, il n'est plus de prix relatif qui se prête à la baisse de façon spontanée ou inconsciente. Il n'est plus de plancher de référence ; il n'est plus que des plafonds à ne pas définir. Et chacun va jusqu'aux termes de ses ambitions. C'est l'une des raisons pour lesquelles le système monétaire international est devenu ce qu'il est mais reste néanmoins le recours ultime aux égarements partagés.

Les prérogatives dans le domaine monétaire demeurent, en effet, l'un des deux monopoles de l'Etat. Et l'une des questions qui ne cessent d'être agitées est bien celle de l'influence réciproque de l'inflation mondiale et du système monétaire international. Convient-il de considérer que l'accord actuel des Etats dans ce domaine est l'une des origines de l'accélération de l'inflation mondiale ? On ne compte guère à ce sujet les controverses et les arguments échangés entre partisans des changes fixes et des changes flexibles. On ne saurait y ajouter sans pour autant renoncer à apprécier cette délicate dépendance. Et l'on ne peut s'empêcher aussitôt d'avouer qu'elle nous paraît beaucoup moins importante que ne semble l'indiquer le soin dont elle fut et demeure l'objet. Une fois encore, à notre sens, l'histoire monétaire récente ne fait qu'illustrer combien les phénomènes monétaires s'adaptent aux phénomènes réels beaucoup plus qu'ils ne les précèdent et ne les déterminent.

Sans remonter trop loin dans le temps, il suffit pour s'en convaincre d'examiner les moments de la fin du système de Bretton Woods en 1971. Les circonstances en sont connues : la dénonciation implicite, puis explicite, des changes fixes par les pays à monnaie forte (Allemagne, Pays-Bas, Japon) sous la pression d'afflux de capitaux incontrôlables par les Banques centrales sur le plan interne. L'accélération de l'inflation avait commencé depuis au moins trois ans et le système de Bretton Woods depuis près de vingt-cinq ans. Incriminer le système lui-même d'être le responsable de l'accélération de l'inflation est donc, *a priori*, une tâche délicate, ce qui, comme il convient, n'a pas découragé les tenants des changes flexibles (autrement dit les monétaristes). Cette accusation s'est développée autour de deux arguments essentiels : le déficit de la balance des paiements américaine et le développement des marchés de l'eurodollar. Et il est vrai qu'un tel développement conduisait à la disparition d'un système de change fixe. Il existe, en effet, une incompatibilité certaine entre la fixité du taux de change, la liberté des mouvements de capitaux et l'indépendance des politiques nationales[1]. Comme l'intégration mondiale impliquait cette liberté inhérente, à des flux de capitaux, d'ailleurs, croissants en volume, le système des changes fixes n'aurait pu être maintenu qu'à la condition expresse d'une dépendance au moins commençante des politiques monétaires nationales. Ceci eût impliqué ou bien la création d'une Banque centrale mondiale, ou bien un marché international en banque du type du marché anglais du XIXe siècle, c'est-à-dire que New York ait accepté de contrôler directement la liquidité mondiale. La majorité des grands Etats devait s'opposer à la première de ces éventualités et les Etats-Unis à la seconde. Le système des changes fixes était alors condamné. Mais il l'était d'autant plus que l'inflation préalable était à la fois, au moins de façon partielle, le résultat des positions prises par les différents Etats (dont les Etats-Unis) et un facteur important du développement des liquidités internationales de plus en plus privées — les euro-marchés.

En fait, l'inflation et la fin du régime des changes fixes étaient ensemble la conséquence de certaines des modalités d'une intégration mondiale devenue trop intense et trop privée pour s'accommoder des règles à la fois prudentes et publiques de Bretton Woods. Il n'est pas étonnant que l'on ait dû alors passer d'un système défini par l'existence de règles impératives assignées aux Banques centrales à un système où il leur était demandé de ne rien faire du tout.

Telle est, en effet, l'essence du système des changes flexibles : « Que les Banques centrales ne fassent rien », les variations de change (comme celles de tout prix pour les libéraux) se chargeant du reste. En l'absence des événements de 1973, un tel système eût, peut-être, été viable (encore que l'on reste persuadé que les individus ont une préférence marquée pour une fixité rassurante). Mais les exigences du transfert devaient très rapidement rendre ce système proprement

---

1. Cf. WALLICH, *op. cit.*

inviable. Comme on l'a vu très rapidement, l'ajustement par le change est des plus imparfaits dans la meilleure des conjonctures, le plus souvent inexistant. Les exemples anglais et italien montrent bien comment se développe le cercle vicieux inflation-change qui traduit tout simplement le refus d'un transfert que l'on tente d'exporter par l'endettement comme l'on exportait voici cinquante ans, entre 1929 et 1933, le chômage. Et l'exemple allemand atteste d'un cercle vertueux réévaluation-désinflation tout aussi durable.

L'exigence du transfert condamne un régime de changes flexibles qui dissocie le monde développé entre ceux qui consentent à le faire et ceux qui s'y refusent plus ou moins obstinément. Et là encore, il n'est de relation inflation mondiale - régime de changes fixes qui soit autonome. Ce sont le refus et les accords sociaux qui, à l'intérieur de chacune des nations, provoquent et l'inflation et la défaillance d'un système monétaire qui a déjà vécu moins de deux ans.

Il est devenu, en effet, évident que la rigidité totale des changes comme la flexibilité pure étaient également inaptes à opérer les ajustements d'un monde désormais intégré. Aussi, comme toujours, le système monétaire qui est déjà né est celui où les Banques centrales ne sont ni totalement passives ni totalement actives mais interviennent, comme des agents publics, de façon si possible coordonnée pour concilier l'existence d'un marché international des capitaux avec, à la fois, les dangers de l'inflation mondiale et les exigences du transfert. Les réunions de plus en plus fréquentes des gouverneurs des Banques centrales témoignent de la recherche d'un système où la dépréciation comme l'appréciation inévitable de certaines monnaies sont contrôlées de façon à permettre les ajustements nécessaires. Il s'agit alors de redécouvrir un système monétaire international le « mieux neutre possible », c'est-à-dire qui émette justement assez de contraintes monétaires à chacun des Etats pour les inciter à sacrifier à la solidarité mondiale. C'est donc, en définitive, des Etats que dépendent, comme toujours, la découverte et la stabilité d'un tel système qui pourra aider à la réduction de l'inflation mondiale mais non l'annuler.

* *

La situation actuelle de l'économie mondiale ne relève ni d'un diagnostic simple ni d'un pronostic facile. Les difficultés communes à la plupart des économies nationales ne font que traduire la fragilité d'une intégration mondiale que l'on peut estimer fort menacée. Et à supposer qu'elle puisse être maintenue et même poursuivie il paraît douteux que ce soit dans le sens suivi jusqu'ici.

Des deux problèmes essentiels de l'économie mondiale, il paraît assez vain de se demander quel est le plus difficile à résoudre et le plus déterminant du futur. On peut, certes, avoir la tentation de considérer qu'il s'agit de l'inflation dont les manifestations n'épargnent effectivement aucun pays. Et l'on aura d'autant plus tendance à le faire que l'on est préservé des exigences du transfert et, au contraire, nouvellement atteint par l'existence d'une inflation à deux chiffres. Mais, aux pays qui ont expérimenté plusieurs fois dans leur histoire une telle inflation, qui s'y sont habitués — quelquefois fort bien au point de voir leur croissance en être considérablement augmentée — et pour lesquels, de surcroît, le déficit de la balance des paiements constitue la plus immédiate des contraintes, la vraie hiérarchie est bien celle qui attribue au transfert récent une toute première place. Au demeurant, à l'intérieur de chaque pays, inflation et transfert ne sont pas dissociables. Mais, la question n'est pas dénuée d'intérêt au plan mondial car de sa réponse, et notamment de celle donnée par les grands pouvoirs de l'intégration mondiale, dépend un grand nombre de caractéristiques du monde à venir. Pour ce monde comme pour les nations qui le composent, il paraît bien que les exigences du transfert sont beaucoup plus contraignantes qu'une éventuelle accélération supplémentaire de l'inflation. Certes, il s'agit là de degrés ou de seuils. Il en est qui ne doivent pas être dépassés sous peine de voir les équilibres sociaux se défaire. Mais, au moins pour les revenus, l'indexation est désormais une règle qui a ses agents d'exécution et de contrôle à l'intérieur d'institutions multiples créées à cet effet. Et il est vraisemblable qu'il en ira pour le Monde comme pour les nations, que l'inflation verra son utilité sinon décroître du moins se stabiliser avec les progrès définitifs de cette indexation généralisée. Elle n'en reste pas moins absolument nécessaire pour permettre des ajustements relatifs entre nations que les modalités actuelles de l'intégration n'assurent pas spontanément, c'est-à-dire par accords explicitement consentis. Le consensus internations et intergroupes au plan mondial n'est pas pour demain. Au contraire, on ne voit guère comment l'inégalité des transferts ne provoquerait pas longtemps encore des troubles intranationaux et une redistribution des pouvoirs au plan mondial qui ne détermine pas l'essentiel des problèmes économiques monétaires de ces prochaines années. On ne voit guère comment les fractures nouvelles de l'espace mondial, se surajoutant à celles qui existaient déjà, ne mettraient pas en péril nos difficiles rapports de forces et d'intérêts. L'insistance mise sur l'inflation ne pourrait, alors, n'avoir que deux explications. Soit que la lutte contre l'inflation érigée en règle d'or des gouvernements de tous les pays ne soit, en fait, que le prétexte à devoir effectuer le transfert ; soit que la plupart des pays qui y sont aujourd'hui contraints se disent comme l'Allemagne de 1920 qu'ils ne paieront pas. Mais aucune de ces justifications ne paraît très convaincante, en particulier la seconde, en un monde désormais averti des voies et des moyens du non-paiement. Les peuples paieront peut-être moins que ce qu'ils doivent mais suffisamment pour que ceux qui ne le font pas aient des ennuis durables et décroissent dans la hiérarchie de Etats-Nations.

D'où l'interrogation centrale qui demeure : l'intégration mondiale connue aujourd'hui n'est-elle pas menacée ? Le monde n'est-il pas à peu près condamné à se défaire à l'occasion d'un retour au protectionnisme et d'une dislocation de ses sous-ensembles patiemment constitués. L'Europe, les pays de l'Est, l'économie atlantique... Cette fameuse « crise » tant annoncée et, pour certains, tant espérée est-elle probable ? Certes, des arguments existent pour fonder l'éventualité d'une telle régression : certitude d'une croissance mondiale ralentie, concurrences nouvelles accrues et peut-être insupportables, fermeture progressive des espaces politiques et économiques, etc. Mais il demeure que les forces essentielles donnant au monde son unité n'ont pas abdiqué. Les trois grands pouvoirs constitutifs de l'économie mondiale ont conclu, depuis plus de trois ans, un accord implicite dont rien ne laisse penser qu'il pourrait être dénoncé sans préavis. Les grandes entreprises industrielles ont saisi l'occasion du transfert pour accroître leur diversification mondiale et leurs accords internationaux, entre elles et avec les Etats, de toute obédience. Les Etats-Nations ont résisté à la tentation simple du retour au protectionnisme généralisé et systématique bien qu'ils aient dû, parfois, jeter quelque lest. Et les organisations internationales n'ont pas cessé de pousser leurs pions et, même, de se faire créer quelques nouvelles cases. Cet accord est, bien entendu, toujours fragile et repose sur des intérêts communs. Mais, il s'explique aussi par les difficultés définitives qu'il y a à considérer que des guerres pourraient être, comme elles le furent jadis, l'occasion de réduire les difficultés actuelles tout en créant des conditions nouvelles qui puissent fonder un monde plus intégré encore. Certes, des guerres intercontinentales ne sont pas à exclure et auraient bien de tels avantages. Mais leur coût n'est guère, en l'état actuel de la technologie des armements, maîtrisable. De plus, on sait que les guerres ne sont jamais préventives, du moins les vraies. Mais, on peut les simuler dans une dissuasion éternellement dénoncée et reconquise. On peut aussi les sublimer en faisant de la conquête de l'espace sidéral un des objectifs de toute l'espèce.

L'occurrence la plus probable est celle, à la fois, d'un ralentissement et d'une modification de l'intégration mondiale connue depuis vingt-cinq ans. Le ralentissement ne fera que révéler l'étendue des progrès déjà accomplis. La modification sera due beaucoup moins à celle des pouvoirs intégrants — qui resteront les mêmes — qu'à leur stratégie. Trois contraintes majeures verront, en effet, leur intensité évoluer par rapport à la période que nous venons de vivre. Celle des pauvres, d'abord, ou plutôt des moins riches dont il ne faut pas s'attendre à ce qu'ils retournent à leur résignation historique. Il est vraisemblable que la croissance des inégalités qui est à la fois la condition et la conséquence de l'intégration industrialisante connue jusqu'ici sera beaucoup plus limitée que par le passé. L'indexation mondiale des revenus interdira que la force centripète de l'expansion des pays déjà les plus développés puisse exercer des effets comparables à ceux connus jusqu'en 1973. Au demeurant, l'intensification de cette contrainte est au moins autant objective que subjective. Elle tient autant à « la logique des marchés » qu'à celle des indépendances croissantes des pays les moins munis. La saturation des espaces déjà développée est désormais la règle pour de nombreux biens. L'exportation mondiale de l'industrialisation implique désormais une délocalisation de la consommation et non pas seulement de la production. Il faudra bien que « ces pauvres » aient de plus en plus « d'argent » pour que les emplois des pays développés soient assurés. Bref, on ne voit guère comment la stratégie d'expansion des grandes firmes multinationales pourrait se perpétuer sans une redistribution des revenus au plan mondial analogue à celle qui, à partir de 1929, assura l'expansion industrielle et la démocratisation des biens durables dans les pays développés. Or, une telle redistribution est impensable si elle est vraiment redistribution. On ne peut, sauf circonstance exceptionnelle, prendre aux riches pour donner aux pauvres. Il faut donner aux pauvres sans prendre aux riches. On connaît désormais le moyen d'y parvenir, toujours le même mais étendu au plan mondial : par la distribution des revenus nominaux qui présupposent une offre mondiale de monnaie « abondante » et supposent une inflation inévitable. C'est de l'organisation mondiale de cette offre de monnaie (et de crédits) que dépendra, en définitive, l'intégration croissante des espaces aujourd'hui en retard.

Si la contrainte des pauvres doit croître, celle des idéologies doit décroître. L'industrialisation n'a que faire des professions de foi à usage incantatoire et électoral. Au demeurant, il n'est plus que quelques années pour que l'indifférence aux idéologies s'impose à la grande majorité des individus. Le développement des relations Est-Ouest, l'évidente complicité des nations d'égale importance bien que de régime différent, l'extension de l'assistance technique, la prolifération de régimes politiques également socialistes, c'est-à-dire désormais sans nom, joueront en faveur d'une intégration pour laquelle les frontières seront surtout géographiques et économiques et non politiques.

Enfin, tout laisse penser que l'intégration à venir n'aura aucune des belles simplicités inhérentes aux scénarios précédemment évoqués. Chacune des nations va saisir toutes les occasions à elle ouvertes. La stratégie sera gouvernée par les objectifs et non par les moyens — comme toujours. L'enjeu sera toujours, et pour chacune d'entre elles, de se situer aussi haut que possible dans une hiérarchie internationale où l'appartenance à des pôles sera moins importante que les avantages échéant aux citoyens en termes de revenu réel, de conditions d'existence et d'agréments à la vie. Qu'en sera-t-il de la France en cette existence désormais consciemment mondiale ?

DEUXIÈME PARTIE

L'économie française dans l'intégration mondiale

Pour partiellement indéterminée qu'elle soit dans le futur, l'intégration mondiale est désormais telle qu'elle s'impose à toutes les nations, même à celles qui, depuis le début du siècle, y participent le moins, c'est-à-dire les économies de l'Europe de l'Est. Et elle s'impose d'autant plus à la France que celle-ci s'est ouverte au monde en vingt-cinq ans plus qu'elle ne l'avait jamais fait auparavant sans, pour autant, être devenue plus qu'une nation de moyenne importance, ou de second rang, devant, donc, recevoir les contraintes de l'appartenance à l'économie mondiale sans pouvoir les modifier de façon sensible.

La place de l'économie française dans l'économie mondiale devrait être devenue, depuis 1973, l'interrogation essentielle des différents pouvoirs économiques, politiques et sociaux. Si, en effet, à la fin de l'année 1973, c'est-à-dire après vingt-cinq années d'intégration croissante, la position française se révélait, somme toute, favorable (ou, en tout cas, sans difficulté majeure, autre que conjoncturelle), il n'en est plus de même depuis et encore aujourd'hui. Le déficit de la balance commerciale et, plus encore, celui de la balance des paiements sont devenus la contrainte fondamentale de tout notre développement et expliquent la permanence de toutes nos difficultés, inflation et chômage notamment. Faute de les aménager, les ballets de carrière de nos hommes politiques ne risquent pas d'être interrompus, ce qui garantit de longs beaux jours aux artificiers de nos mass media ; mais, de beaucoup moins bons à l'ensemble des citoyens qui devront subir de longues justifications à une croissance définitivement compromise.

Il n'y a aucun pessimisme particulier à ce genre de diagnostic, comme on va essayer de le montrer en examinant l'évolution de l'économie française durant ces quatre dernières années, de 1973 à 1977, mais simplement la constatation d'une situation qui demeure cachée pour des raisons multiples et, d'abord, électorales.

Au demeurant, la gravité de la situation appelle plus qu'un optimisme de façade mais un ensemble d'actions et de mesures entre lesquelles les choix, si choix il y a, ne demeurent que très limités, et concernent fort peu le clivage politique actuel — ce qui ne fait qu'accroître nos difficultés.

1

L'économie française depuis 1973

Les troubles pétroliers de la fin de l'année 1973 passèrent durant quelques jours totalement inaperçus sauf d'un tout petit nombre de spécialistes. L'immense écart qui sépare, pour des raisons fiscales, le prix d'achat et le prix de vente du pétrole et de ses dérivés (essence, fuel...) put même justifier le sentiment qu'aucun changement des vies quotidiennes ne devait en procéder pour peu que « l'Etat » soit moins gourmand. Cette première réaction, épidermique, au plus fantastique transfert jamais imposé à la France ne doit pas être considérée à la légère. Elle traduisait le décalage extraordinaire des faits, c'est-à-dire d'une dépendance désormais très forte de l'économie française, à l'égard de l'extérieur (20 % de son produit national environ), et des mentalités restées profondément déterminées par un long passé historique d'autarcie relative. Il fallut bien quelques semaines pour que trois jugements apparaissent sur la portée des événements. Le premier y voyait une manifestation supplémentaire et, pour les plus extrémistes, définitive d'une crise, bien entendu, mortelle, d'un capitalisme dont la condamnation allait enfin se réaliser. Le second, tout au contraire, une simple péripétie conjoncturelle qui, une fois les « ajustements opérés » (?), allait s'effacer pour que l'économie française retrouve le rythme et les modalités de la croissance exceptionnelle connue depuis les lendemains de la guerre. Le troisième, enfin — qui était le nôtre — un moment significatif de la croissance de l'après-guerre, introduisant une discontinuité majeure dans notre évolution, dont allaient témoigner des difficultés sociales en même temps que des ruptures durables de l'ensemble de nos évolutions économiques (niveau de vie, modes de consommation et d'investissements). Alors même que les prophètes cataclysmiques et les optimismes béats commencent, trois à quatre ans après, à reculer, notre position n'a guère varié — même si l'évolution actuelle ne l'a pas encore totalement vérifiée, même si, en d'autres termes, certaines ruptures sont encore à opérer. Le temps des difficultés est encore à venir pour au moins deux raisons essentielles qui apparaissent clairement de l'examen de notre évolution économique récente :

1 / le transfert des ressources impliqué par la hausse des matières premières n'est toujours pas réalisé et il devra l'être au moins partiellement ;
2 / les évolutions nécessaires à sa réalisation n'ont elles-mêmes que très faiblement commencé, notamment dans le domaine industriel.

A / L'ÉVOLUTION DE L'ÉCONOMIE FRANÇAISE DEPUIS 1973 OU LA DIFFICULTÉ DU TRANSFERT

Avant même que d'examiner l'évolution de l'économie française depuis les débuts de l'année 1974, il n'est pas inutile de rappeler, fût-ce brièvement, quelles avaient été les caractéristiques essentielles d'un développement brillant, commencé en 1945 et affirmé de 1958 à 1973.

L'évolution de l'économie française durant les années 1972 et 1973 reste dans le parfait prolongement, à quelques exceptions près, de celle connue depuis la fin des années 1950. Au moins quatre caractéristiques méritent d'être soulignées. D'abord la rapidité d'une croissance qui ne fut jamais inférieure à 5 % depuis 1960, souvent voisine de 7 % et qui, en moyenne, approche les 6 %. A l'origine de cette performance se trouve une hausse à la fois continue (de 1960 à 1968) et historiquement exceptionnelle du taux d'investissement qui passe de 23 % en 1960 à 26,4 %[1] en 1970 alors que simultanément la pro-

---

[1]. Le taux d'investissement est le rapport, à prix courants, entre la formation brute de capital fixe (investissements industriels plus bâtiments, stocks exclus) et le produit intérieur brut.

pension à consommer chute d'environ 3 %[1] et que l'excédent extérieur de positif (+ 1,5 % en 1960) devient nul. C'est en 1970 que le taux d'investissement français, en devenant supérieur au taux allemand, allait être et rester un des plus élevés du monde occidental, aussitôt après celui du Japon. Cette croissance connaît en 1968 plusieurs infléchissements d'importance dont la participation accrue de l'économie française aux échanges mondiaux. Le taux d'exportation reste, en effet, constant (aux alentours de 13 %) de 1960 à 1968. Mais il s'élève très rapidement jusqu'à 24 % en 1974, révélant l'intégration définitive (?) de la France aux grands courants de l'économie mondiale.

Encore qu'elle soit remarquable, ce n'est pourtant pas la rapidité qui constitue la caractéristique la plus originale de la croissance de l'économie française, mais bien la seconde : la régularité. Depuis 1959, en effet, les écarts de la croissance au niveau moyen de 5,5 % sont faibles, presque inexistants. Cette régularité très particulière montre bien la volonté de ne pas dépendre autant que d'autres économies des vicissitudes de la conjoncture mondiale. La France ne connaîtra pas, à la différence de l'Allemagne, du Japon et des Etats-Unis, de récession en 1962-1963, pas plus qu'en 1967 ou qu'en 1971. Cette relative indépendance, voulue et réalisée jusqu'en 1973, n'est pas étrangère à la spécificité de la conjoncture française récente. Une troisième caractéristique réside dans la nature des instruments privilégiés de la politique économique depuis près de vingt ans. Si l'on distingue parmi eux la politique monétaire, la politique budgétaire, la politique fiscale et la politique des prix, les choix faits par les responsables de la politique économique deviennent à la fois de plus en plus homogènes et clairs à mesure que l'on se rapproche des années 1970. Pour un ensemble de raisons[2], dont certaines sont curieusement dues à l'autonomie croissante des grandes banques françaises pourtant nationalisées, la politique monétaire n'a jamais joué qu'un rôle négligeable. Se ramenant pour l'essentiel à des mesures sporadiques d'encadrement du crédit suivies de peu d'effets, le contrôle de la masse monétaire (M_1 et M_2) et du volume des crédits à l'économie est toujours resté très timide, en

---

1. Cette baisse est presque entièrement imputable à la consommation publique. La consommation privée reste à peu près constante en importance relative (60 % environ du PIB).
2. Sur l'appréciation du rôle comparé des diverses politiques, on consultera A. COTTA, *Inflation et croissance en France depuis 1962*, PUF, 1974. Sur la politique monétaire notamment et la décroissance de son rôle, cf. p. 73 et s.

tout cas beaucoup moins effectif que dans les pays voisins, notamment l'Allemagne. Le poids accordé à la politique budgétaire a fait l'objet de la seule controverse qui ait, dans le domaine économique, opposé les deux composantes principales de l'actuelle majorité politique. Depuis 1958, deux conceptions se sont affrontées : celle d'une politique budgétaire dite « active » impliquant quelque liberté avec l'orthodoxie de l'équilibre budgétaire et, surtout, l'usage des fonds publics à l'orientation de quelques projets de croissance à moyen terme, notamment dans le domaine industriel (aéronautique, informatique, industrie atomique) et celle d'une politique dite de « neutralité » préconisant l'équilibre budgétaire strict et, surtout, la non-ingérence des pouvoirs publics dans les décisions du secteur privé. La seconde, justifiée à plusieurs reprises par l'actuel Président de la République, auparavant ministre des Finances, a graduellement fini par prévaloir au point qu'en 1973 les finances publiques présentèrent un excédent de quelque 8 milliards de francs. C'est, en définitive, à la politique fiscale, et surtout à des mesures de contrôle des prix, renouvelées presque chaque année et étendues dans leur domaine d'application que devait se résumer l'essentiel d'une politique économique de moins en moins effective, même si de plus en plus présente dans ses manifestations quotidiennes. En fait, plus la croissance française se poursuit, moins l'intervention publique y est sensible. En ce sens l'économie devient plus « libérale » qu'elle ne l'avait jamais été. Durant les années 1972 et 1973, la montée des difficultés traditionnelles de cette croissance rapide n'a point modifié la volonté d'affirmer cette neutralité bienveillante des pouvoirs publics.

Pourtant et telle est la dernière caractéristique de la croissance française depuis 1968, les difficultés ne cessaient de s'accroître. Il en est trois principales qui sont au cœur de la croissance à long terme et de la conjoncture particulière connue depuis 1973. D'abord celle inhérente à l'accroissement régulier depuis 1964 du chômage. A la différence d'autres pays pour lesquels les fluctuations du chômage sont très intimement liées à la conjoncture économique d'ensemble, le chômage français présente l'originalité d'être en croissance constante. De 200 000 individus environ en 1964, le volume du chômage s'accroît régulièrement au point d'avoir doublé en 1973 (400 000 environ). On peut s'étonner qu'une croissance rapide, elle-même régulière, puisse néanmoins permettre une telle évolution de l'emploi si l'on omet de tenir compte d'une évolution démographique, toute nouvelle et exceptionnelle, qui voit 200 000 nouveaux entrants se présenter sur le marché du travail chaque année depuis la moitié des années 1960. Or, même à croissance forte, un tel excédent de population en âge d'être active n'était pas absorbable. Dès 1972, et plus encore en 1973, il devenait évident que le chômage français était, à condition de travail et à taux de croissance inchangé, condamné à augmenter. Une seconde difficulté était beaucoup plus visible : l'accélération continue de l'inflation qui commença à se manifester dès 1969. Le taux d'inflation s'était maintenu aux alentours de 4,5 % de 1962 jusqu'en 1968. A partir de cette date il ne cesse de s'accroître : 6 % (1969 et 1970), 8 % (1971 et 1972), puis 10 % environ en 1973[1]. La monté de l'inflation fut le prétexte à nombre de déclarations officielles et à quelques tentatives d'en limiter l'intensité[2] qui furent, toutes, réduites à l'échec. L'inflation, dès 1972, et pour nous, dès 1968, traduisait le refus, par un nombre croissant de groupes sociaux, des modalités persistantes de la croissance rapide connue depuis 1960. Il apparut, en 1972 et en 1973, que les Français préféraient s'accommoder d'une inflation croissante plutôt que des remèdes efficaces qui l'eussent ralentie. Pouvaient-ils d'ailleurs faire autrement : l'inflation importée (à notre sens relativement faible par rapport aux causes d'ordre interne) ne pouvait être refusée ; et l'inflation proprement française, due à l'importance exceptionnelle des taux de formation brute de capital fixe (+ 4 % depuis 1958), ne pouvait être combattue par la grande majorité des citoyens qu'en la considérant comme une donnée à laquelle s'adapter par l'indexation des revenus et l'endettement croissant.

Il faut, enfin, signaler une évolution beaucoup moins évidente mais sans doute au moins aussi dangereuse : celle de la réduction lente d'un excédent extérieur qui avait jusque-là permis à la France de croître sans avoir à aménager la contrainte de ses paiements extérieurs. Non seulement, dès 1970, l'excédent extérieur qui avait existé au début des années 1960 avait disparu mais dès 1972 et surtout 1973

---

1. Sur l'accélération de l'inflation française et sur les modifications de l'échelle des prix relatifs au cours de cette accélération, cf. A. COTTA, *op. cit.*, p. 26 et s.
2. Ainsi à la fin de 1972 la fixation de l'objectif 4 % pour l'année 1973 justifie quelques mesures d'ordre monétaire — réduction de 20 à 15 % des volumes des disponibilités monétaires, élévation du taux d'intérêt, etc. Cf. « La nouvelle dimension de la lutte contre l'inflation », Allocution de Valéry GISCARD D'ESTAING, Conseil économique, 19 février 1972.

le déficit des opérations courantes devenait important en même temps que celui né des opérations en capital. A se limiter aux opérations de la balance commerciale, il devenait évident, dès les premières années 1970, que l'élasticité des importations au PIB était plus élevée que celle des exportations. Une analyse de l'évolution des différents secteurs de l'économie française confirme et explique ce phénomène : le solde de presque tous les secteurs ne cessait de devenir de moins en moins favorable. Cinq secteurs seulement (sur 29) voyaient s'améliorer leur taux de couverture de 1962 à 1973[1]. La conjoncture des années 1972 et 1973 traduit parfaitement la continuité d'une évolution commencée près de quinze ans auparavant et accentuée depuis 1968. Croissance régulière et forte, politique économique de moins en moins présente et capable d'aménager les contraintes de plus en plus fortes qui s'imposent à la poursuite du mouvement (emploi, inflation et échanges extérieurs). C'est dans une telle situation que les événements du dernier trimestre de l'année 1973 éclateront. Apparut alors la difficulté d'effectuer un transfert de ressources qui devait être, avec celui du Japon, un des plus élevés de ceux connus par les économies occidentales. La hausse du prix du pétrole représentait, à elle seule, près de 40 milliards de francs, soit un peu moins de 4 % de la PIB puisque le taux de dépendance énergétique française s'élevait à 75 %, soit 66 % à l'égard du seul pétrole[2]. L'examen de la réaction française est donc l'une des meilleures occasions de suivre avec quelles difficultés un pays, même développé, s'adapte aux exigences d'un tel prélèvement.

Examinons donc, comme nous l'avons fait précédemment pour les autres grands pays occidentaux, quelle fut la réponse française au défi pétrolier, suivi, on l'a vu, d'autres tentatives, plus ou moins réussies, de même nature (café, cacao, matières premières minérales, etc.).

L'évolution annuelle et trimestrielle des variables caractéristiques de l'état de l'économie française permet de donner une réponse, semble-t-il, assez claire[3]. Après de multiples hésitations et modifi-

---

1. A. COTTA, Réflexions sur la politique industrielle de la France, juin 1976, publié dans *Cahiers de politique industrielle*, Imprimerie nationale, mai 1977.
2. On rappelle que la France importe environ 120 millions de tonnes de pétrole pour des besoins totaux d'énergie s'élevant à 180 millions de tonnes « d'équivalent pétrole ».
3. Cette clarté doit d'ailleurs composer avec des difficultés d'ordre statistique. Au moins, deux doivent être signalées au lecteur. L'une procède d'une modification considérable des comptes de l'année 1975 après coup, c'est-à-dire au moment de l'établissement des comptes

cations de cap en alternance rapide, la France se trouve dans une situation très voisine de celle de 1973, fort proche « du cercle vicieux du non-transfert ».

1 / LA SUCCESSION DES POLITIQUES DE « STABILISATION » CONTRADICTOIRES

La conjoncture française peut aisément être découpée en quatre phases successives, déterminées par des politiques plus opposées encore que différentes.

1) Le premier moment de la réaction française aux événements de la fin de l'année 1973 dura neuf mois, les trois premiers trimestres de l'année 1974. Il fut celui du refus de toute adaptation à la hausse des produits pétroliers dont le coût annuel avoisinait les 40 milliards de francs.

Plusieurs raisons existent à ce refus. D'abord l'ignorance très généralement partagée, notamment par les milieux politiques, des conséquences inévitables d'un tel transfert et, en particulier, de ses conséquences déflationnistes au moins à court terme. Ensuite la difficulté d'admettre la dépendance internationale[1] de l'économie française, abritée jusque-là des fluctuations du reste du monde occidental, notamment en 1967 et 1971. Cette difficulté fut (et demeure) d'autant plus grande que la réalisation d'un taux de croissance élevé (6 %) était, au fond et depuis longtemps, le seul point

---

semi-provisoires. Il semble que l'ampleur de la récession de 1975 ait été surévaluée sur le moment. E. Malinvaud s'est longuement expliqué sur ce point à la Commission des Comptes de la Nation en mars 1977. On ne saurait ici pas plus qu'ailleurs mettre en cause la qualité scientifique du directeur actuel de l'INSEE. Il apparaît seulement que les anciens comptes étaient plus proches de la conjoncture telle qu'elle fut ressentie par les individus que les nouveaux. Mais on sait la force des illusions psychologiques dans ce domaine... Il faut ensuite rappeler que les comptes extérieurs sont, sans doute, parmi les moins précis de la comptabilité nationale comme le rappelle à plusieurs reprises O. Morgenstern et le justifie G. de BERNIS dans son dernier ouvrage *Économie internationale*, Ed. Sirey, octobre 1977. Il demeure que le sens de la conjoncture et les différentes phases depuis 1973 restent fort clairs même si les chiffres ne sauraient être acceptés avec la ferveur statistique qui est celle des non-statisticiens...

1. On doit remarquer, à ce sujet, que la notion même de « secteurs non abrités » (de la concurrence internationale) n'apparaît que dans le VIe Plan, ce qui reflète le caractère tardif (1968) de l'intégration de l'économie française à l'économie mondiale.

d'accord entre le patronat et les syndicats[1]. Mais la raison essentielle reste d'ordre politique. La disparition prématurée du Président de la République G. Pompidou en mars 1974 ouvrait une campagne électorale qui dura deux mois et s'annonçait serrée. Aucun des deux candidats en présence ne prit le risque de dénoncer l'ampleur des problèmes nouveaux auxquels devait faire face l'économie française. Celui qui aurait pu le faire se garda donc bien de prendre la moindre mesure qui eût pu commencer à permettre l'adaptation de l'économie française à son nouvel environnement international. Ce n'est qu'une fois l'élection acquise, en juin 1974, que des mesures de stabilisation furent adoptées, dont les effets mirent au moins trois mois à se faire sentir. Pendant les neuf premiers mois de l'année 1974, la France put donc mesurer les conséquences du relèvement des prix de l'énergie sur sa croissance.

Cette croissance se poursuivit, en effet, inchangée dans son taux comme dans ses modalités essentielles. La PIB, en valeur réelle, augmente de 4,6 % entre 1974/3 et 1973/3. Celle du second trimestre de 1974 est même plus forte que pour le même trimestre de 1973 (3,8 % au lieu de 2,5 %). De même la production industrielle augmente de 4 % au cours du premier semestre 1974 (soit un taux annuel de 8 %), la croissance de la production de biens intermédiaires et l'activité du bâtiment étant, d'ailleurs, légèrement plus élevées encore. Des emplois principaux du produit national, c'est la croissance de la FBCF qui continue de l'emporter sur celle de la consommation — comme dans le passé — puisque le premier atteint pour ces neuf mois, 3 % environ et la seconde 1,1 %. Le taux d'investissement non seulement se maintient à un niveau particulièrement élevé mais encore recommence à croître, ce qu'il n'avait plus fait depuis 1968. La croissance des différentes variables monétaires montre bien la volonté de toutes les autorités monétaires de continuer à nourrir les projets d'investissements et de consommation. Si la masse monétaire (M_1) croît de 4 % pour ces neuf mois, les crédits à l'économie le font de 13 %, révélant le degré d'autonomie du système bancaire à l'égard de la Banque centrale. Enfin l'excédent

---

1. Cet accord donnait lieu à des surenchères curieuses depuis 1965. Il n'a pas été dénoncé depuis où, même en 1976, alors même qu'il devenait évident que la croissance française ne pourrait se poursuivre au taux ancien, patronat et syndicats continuaient à réclamer, de concert, une croissance à 6 % dans les réunions préparatoires au VIIe Plan.

budgétaire atteint pour ces neuf mois près de 7 milliards de francs, phénomène habituel des phases de la haute conjoncture française puisque l'impôt indirect, recette fiscale privilégiée, est strictement indexé au taux de croissance nominal. Mieux, d'octobre 1973 à juin 1974 c'est un excédent de 24 milliards de francs que connaîtra le Trésor public. L'ampleur de cet excédent traduit d'ailleurs le caractère de plus en plus inflationniste d'une croissance réelle qui devient, chaque jour davantage, de plus en plus fragile, menacée par le déficit extérieur mais aussi par l'accentuation de ses faiblesses anciennes.

L'apparition d'un déficit extérieur massif ne fait que traduire automatiquement le relèvement des prix du pétrole. Le prix des matières premières importées s'élève de 20 % en un trimestre (1974/1-1973/4) et provoque une hausse de même ampleur des importations totales. On doit, ici, noter l'augmentation simultanée et inattendue des exportations qui passent de 42 milliards (1973/4) à 52 milliards (1974/1) et qui font croire — peu de temps cependant — que l'adaptation de l'économie française pourra se faire sans trop de difficultés. Mais en dépit de cette hausse, la facture pétrolière s'inscrit de façon presque intégrale dans le déficit trimestriel de la balance des opérations courantes qui atteint près de 9 milliards de francs pour les trois premiers trimestres de l'année 1974. La balance des opérations courantes présente ainsi un déficit de 16,4 milliards de francs pour les six premiers mois de l'année 1974 correspondant, pour la même période de 1973, à un excédent de 0,9 milliard de francs. Les modes de règlement du déficit indiquent bien quelle fut la stratégie permettant de poursuivre la croissance passée. Comme on peut le constater, les mouvements de capitaux nets compensent à peu près totalement ce déficit de la balance des opérations courantes. La France s'endette donc à l'exacte mesure de la hausse du coût de ses importations. Pour autant qu'on puisse le savoir cet endettement est, d'ailleurs, d'un genre particulier. Il est bien davantage privé que public. Ce sont des entreprises, privées et publiques, qui « reçoivent le conseil » de s'endetter, notamment sur le marché de l'euro-dollar. Les pouvoirs publics s'engagent peu et ne feront même aucun usage des prêts à eux consentis. De plus il s'agit d'emprunts à court terme beaucoup plus qu'à long terme. L'une des conséquences de cette politique n'est autre qu'une relative tenue du franc sur le marché des changes. Avec évidence, cependant, une telle stratégie ne pouvait être que provisoire et ce d'autant plus que, à cette contrainte du déficit extérieur, venaient s'ajouter toutes celles nées de l'accentuation des troubles connus depuis quelques années. La poursuite d'une croissance rapide n'empêche pas, en effet, le chômage de continuer à croître puisque entre le troisième trimestre 1974 et le quatrième trimestre de 1973, celui-ci passe de 415 000 à 495 000, soit une hausse de 20 % environ. De plus, la chute de l'afflux des travailleurs étrangers (de 44 000 à 12 500) entre ces deux mêmes dates montre bien que la croissance forte ne suffit plus à empêcher l'inéluctable montée du chômage. Mais c'est indiscutablement l'accélération de l'inflation qui devient de plus en plus préoccupante. Traduite en taux annuel, la hausse du prix des biens de consommation passe de 8 % environ (1973/2) à 16,4 % (1974/2). Elle double donc en moins d'un an pour atteindre le rythme de 1,6 % par mois (20 % annuel) au mois de juin 1974. Les causes d'une telle accélération sont bien évidemment multiples et pour partie externes, notamment celle provenant de la hausse des produits importés. Mais il est bien difficile de n'y pas voir aussi des origines purement internes comme l'attestent des hausses de salaires horaires de 29 % (en taux annuel) durant le premier trimestre 1974 et de 24 % au cours du troisième trimestre. Comme la propension à consommer diminue légèrement au cours de la période, il est difficile de considérer ces hausses de salaires nominaux autrement que comme un moyen de maintenir à peu près constant le salaire réel. Pour notre part, l'analyse de l'évolution antérieure de l'économie française permet de mettre directement en cause le taux d'investissement atteint durant cette période. L'accélération de l'inflation commence bien avant 1973. Elle date de 1968 et paraît indissociable de la hausse du taux d'investissement — et donc de la baisse de la propension à consommer[1].

Ainsi, dès juin 1974, il apparaissait que la poursuite d'une stratégie d'endettement systématique nécessaire au maintien d'une

---

1. Telle est la thèse soutenue dans notre ouvrage *Inflation et croissance en France depuis 1962*. Cet ouvrage, paru en juin 1974, a dû son audience au fait qu'il dénonçait, pour la première fois, l'intime et inévitable association de l'inflation accélérée et de la poursuite d'une **croissance rapide**.

croissance égale au passé (5 %) ne pouvait être fort durable. Soit que les créanciers viennent un jour à manquer, soit que la France s'engage dans la voie « anglaise » ou « italienne » qui constituait, dès cette époque, une éventualité repoussée par certains au nom de « l'indépendance nationale ». Pour évidente que cette impossibilité ait été à de nombreux observateurs, et bien qu'elle ait inspiré les mesures de juin 1974 qui sont à l'origine d'un second moment de l'adaptation de l'économie française, il s'en faut que l'on en ait tiré des conséquences — officielles — notamment quant à la nécessaire réduction du taux de croissance. Les prévisions du gouvernement présentées en septembre 1974 continuaient à faire état d'une croissance réelle de 4,7 %. Est-ce là inconscience ? Ou crainte d'annoncer des lendemains moins joyeux après une élection présidentielle ? Ou souci de pratiquer avec discernement le mensonge à la fois rassurant et lénifiant — politique dite désormais — en France — de l'effet d'annonce ? Ou aveu que les mesures prises en 1974 ne se voulaient pas trop désagréables ? Ou, enfin, sentiment que la victoire électorale, toute proche, avait été si courte qu'elle ne permettait pas de stabilisation plus rapide et plus ferme ? La dernière hypothèse non exclusive, d'ailleurs, de toutes les autres est sans doute la plus vraisemblable et explique le contenu des premières mesures de stabilisation de juin 1974.

2) La poursuite du « GO » fut interrompue par le premier « STOP » qui débute trois mois environ après ce qu'il convient d'appeler le premier plan Fourcade et qui devait durer un an environ, du quatrième trimestre 1974 au quatrième trimestre 1975.

Le terme de plan ne doit pas faire illusion — comme on pourra facilement s'en apercevoir à l'énoncé de son contenu. C'est, en effet, une manie bien française que d'appeler « plan » — à grands renforts de moyens audio-visuels — le moindre dispositif, même sommaire, de politique économique. Le premier « plan Fourcade »[1] annoncé le 12 juin 1974 avait deux objectifs chiffrés. Le premier était de

---

1. M. Jean-Pierre Fourcade fut le ministre des Finances du premier gouvernement ayant suivi les élections présidentielles. Il était auparavant directeur des Prix au ministère des Finances. On peut trouver le texte exact de ce Plan *in* « Les objectifs et les moyens de la lutte contre l'inflation », Conférence de Presse de M. J.-P. FOURCADE, ministre de l'Economie et des Finances, juin 1974.

renverser la tendance de l'inflation à s'accélérer : « Notre objectif est de retrouver un rythme d'inflation inférieur à 1 % par mois avant la fin du second semestre et d'atteindre 0,5 % par mois avant un an. » Le second concernait l'aménagement du déficit extérieur et visait sa réduction puis sa disparition avant la fin de l'année 1975. Entre ces deux objectifs, il n'est guère de doute, comme d'ailleurs l'indique bien la présentation du « Plan », que la lutte contre l'inflation est très nettement prioritaire. Les préoccupations relatives au déficit extérieur apparaissent secondaires, comme l'atteste, au surplus, la nature des mesures de stabilisation. On commence à trouver, dans ce choix, l'une des continuités de toute la politique économique française depuis 1973 : l'insistance mise sur la nécessité de contenir l'inflation à un taux voisin de 6 % (c'est-à-dire pas trop différent du taux allemand et américain), tous les autres problèmes (emploi et déficit extérieur) étant supposés secondaires et/ou résolus par le ralentissement de l'inflation et sa stabilisation à ce taux de 6 %.

Les mesures prévues étaient à la fois nombreuses et, pour chacune d'entre elles, relativement limitées. Il s'agissait d'un prélèvement supplémentaire sur les entreprises (+ 5 milliards de francs), de l'autorisation d'un amortissement accéléré pour favoriser les vocations exportatrices (— 1 milliard de francs), d'une majoration des impôts sur le revenu des particuliers (— 2,7 milliards de francs), de la taxation des profits immobiliers (+ 0,2 milliard), de l'élévation du taux d'intérêt versé à l'épargne des particuliers, de la limitation des autorisations de hausses des loyers, de l'élévation du prix de l'essence (+ 5 % !) et d'un certain encadrement du crédit (limité à 13 %). Ce « plan » reprenait, en outre, quelques thèmes traditionnels comme le renforcement de la lutte contre la fraude fiscale, la nécessité de l'équilibre budgétaire, le maintien du contrôle des prix... Comme on peut le constater, ces mesures de stabilisation étaient fort timides. Il n'est guère que les majorations d'impôts (7 à 9 milliards de francs) qui aient un contenu précis et conforme à la fois à une politique anti-inflationniste et à celle permettant la diminution du déficit extérieur par réduction de la demande interne et son éventuelle substitution par les exportations. Mais l'ampleur du prélèvement reste bien faible pour qu'on puisse y voir une tentative décidée de commencer à réaliser le transfert extérieur en organisant la nécessaire récession à court terme. Ces quelque 7 à 9 milliards de francs représentaient, en effet, moins de 1 % de la PIB (1 000 milliards de francs environ). Cette timidité s'avoue d'ailleurs dans les prévisions officielles de l'année 1975 présentées par le gouvernement en septembre 1974 puisqu'on continue à prévoir une hausse de la PIB de 4,2 % en 1975 et à croire à un rééquilibre spontané des échanges extérieurs, les exportations devant croître beaucoup plus vite[1] (+ 10 %) que les importations (6 %). Le moins que l'on puisse dire est que ces prévisions se révéleront erronées et, plus encore, que la réalité de l'année 1975 sera tout entière différente des prévisions et des volontés, officielles et secrètes, du plan de juin 1974.

La première erreur, et non la moindre, réside dans l'ampleur du processus de contraction de l'activité économique qui dure jusqu'à la fin du troisième trimestre de l'année 1975. De 1974/3 à 1975/3 il ne s'agit pas d'une croissance à 4 % ni même d'une récession mais bien d'une dépression, la première que la France ait connue depuis 1935 puisque la PIB décroît de — 4,3 %[2] et la production industrielle de — 12,7 %. Dans cette production la chute plus prononcée encore des biens intermédiaires (— 20 %) traduit plus nettement encore l'intensité de la dépression en même temps qu'elle révèle les fluctuations particulièrement accusées des stocks. A l'intérieur même de cette chute brutale de la PIB on doit noter les différences des évolutions respectives de la consommation et de la FBCF. Comme on peut le constater, la consommation des ménages ne chute pas durant la dépression : elle s'accroît même légèrement (+ 1,2 %) en volume et, donc, plus encore en propension puisque celle-ci passe de 62,6 % (1974/3) à 67,6 % (1975/3). Par contre la FBCF chute en volume (— 3,5 %) et maintient donc, à peu près, son importance relative. Durant la dépression la propension à consommer tend à revenir à des niveaux plus proches des années 1960. On doit d'ailleurs remarquer que cette hausse s'affirme graduellement à mesure que dure la dépression. La consommation des ménages ne décroît qu'au

---

1. C'est sans doute dans ce domaine que l'on peut déceler la plus grande dose d'optimisme sur les capacités de l'économie française à faire face aux exigences du transfert pétrolier ; d'autant plus que le plan de juin 1974 comme ceux qui suivront ne contiennent aucune mesure significative de promotion des exportations.
2. La rectification des comptes semi-provisoires atténue cette dépression aux alentours de — 1 %.

cours de 1974/4. A partir de ce trimestre elle ne cessera d'augmenter et de plus en plus vite. En taux annuel, elle augmentera de 9 % environ durant 1975/3. Les relations entre son évolution et celle de la production industrielle ou celle de la PIB sont évidentes. La dépression perd en intensité lorsque « reprend la consommation ».

La seconde surprise du premier plan Fourcade est heureuse : elle tient à un équilibre retrouvé des paiements extérieurs. Mieux, pour la période 1974/4 à 1975/3 la balance commerciale présente un excédent de plus de 5 milliards de francs et la balance des opérations courantes est à peu près équilibrée alors que les mouvements de capitaux nets, fortement positifs, notamment durant les deux premiers trimestres de l'année 1975, traduisent l'évolution du change.

La raison de cette heureuse surprise est la confirmation de la beaucoup plus grande élasticité des importations que des exportations aux variations de la PIB. Les importations chutent de 16 % entre 1974/2 (65 milliards de francs) et 1975/2 (54,5 milliards de francs) alors que les exportations se maintiennent, de façon très régulière, à leur montant de 1974/2, soit 55 milliards de francs environ par trimestre. La preuve était administrée que la France pouvait effectuer son transfert. Mais de façon plus « théorique » que pratique. Car une des autres conséquences de la dépression en faisait une stratégie aussi provisoire que l'avait été l'expansion poursuivie des trimestres précédents. Il s'agit de l'évolution du chômage à laquelle les responsables de la politique économique ne s'attendaient sans doute pas. De 1974/3 à 1975/3, et en dépit d'une réduction de la durée moyenne du travail qui atteint environ 1,3 heure, soit 2 à 3 % environ, le nombre des chômeurs passe de 495 000 à 915 000, soit à peu près un doublement en moins d'un an. Le taux de chômage atteint plus de 4 % de la population active à la fin de l'année 1975. Ce taux peut paraître faible, comparé à ceux connus par la plupart des économies occidentales pendant la même période et, pour certaines, de façon permanente. Pour en apprécier l'importance il faut, en effet, rappeler que l'une des caractéristiques les plus originales et les plus constantes du développement économique français durant tout le XIXe et le XXe siècle, jusqu'en 1964, réside bien dans l'absence de tout chômage (moins de 1 % de la population active). Il faut, d'autre part, tenir compte de tous les comportements qui ont, durant cette année 1975, limité sûrement la montée du chômage et ses conséquences. Le chômage partiel, en accroissement sensible, a été rémunéré de façon à être facilement accepté. De plus, les licenciements ont été, eux aussi, des plus réduits. Les entreprises ont préféré voir leurs coûts augmenter et leur marge de profit se réduire plutôt que d'aggraver la situation sociale en accentuant la croissance du chômage. Il faut, enfin, préciser que, dès 1975, le chômage apparaissait devoir toucher de façon particulière trois catégories de la population : les jeunes entrants, les femmes et les cadres du secteur tertiaire. La composition du chômage ne variera guère depuis ce moment[1], sinon que les difficultés pour les jeunes à trouver leur premier emploi s'accroîtront. Si l'on tient compte que l'Université française compte désormais près de 800 000 étudiants et qu'elle abrite un certain nombre de chômeurs déguisés, à la fin de 1975 on pouvait déjà se demander si près de 800 000 jeunes de moins de vingt-cinq ans, soit l'équivalent d'une classe d'âge, n'étaient pas en situation de chômage, que celui-ci soit avéré ou déguisé, financé ou non, de façon publique ou privée. Il n'est pas nécessaire d'insister sur les tensions sociales, spontanées ou exploitées, qu'une telle situation ne pouvait que favoriser dans un pays connaissant pour la première fois depuis trente ans une dépression interrompant une longue période de croissance élevée. On conçoit donc facilement que des mesures aient été prises dès septembre 1975 et ce d'autant plus que l'objectif essentiel du premier plan Fourcade, la réduction de l'inflation de 1,6 % par mois à 0,5 %, n'était pas atteint.

Si la réduction de l'inflation est sensible et rapide dès le troisième trimestre 1974, c'est-à-dire après l'annonce du plan Fourcade et avant même que ne commence la dépression, elle ne redevient appréciable, après une quasi-constance au quatrième trimestre de 1974, qu'au premier trimestre 1975, pour cesser à peu près complètement ensuite, l'inflation se stabilisant autour de 8,8 % (dans une fourchette 8-10 %). Cette évolution mérite plusieurs remarques.

---

1. Rapidement, en effet, devaient s'affronter, autour du problème du chômage, trois politiques : la première consiste à s'accommoder de la montée du chômage en l'assistant. La seconde à retrouver le plus rapidement possible le plein emploi, quel qu'en puisse être le coût (inflationniste notamment). Et une troisième à y parvenir peut-être plus lentement mais sans que le coût en soit trop élevé et finalement mal supporté par l'économie française.

D'abord, que la France illustre, avec d'autres pays, le passage de situations déjà étonnantes il y a quelques années (dites de stagflation) à des situations qui devraient l'être plus encore (dites de déflation). Le pivot de l'activité économique semble devoir devenir une inflation qui s'accommode fort bien de croissances réelles fort différentes. Ensuite que la réduction de l'inflation s'est aussi dans le court terme totalement dissociée de celle du taux de croissance réelle. L'inflation baisse durant le dernier trimestre de l'expansion (1974/3) et restera à peu près inchangée au cours du trimestre de plus forte dépression (1974/4). Enfin, qu'il semblait établi, au terme de ces douze mois de dépression, que l'inflation française ne pouvait redescendre au-dessous de 8 % à 9 % soit à une vitesse qui est le double de celle connue en longue période (1952-1968) et, surtout, nettement plus élevée que celle de 1973.

La réussite la plus évidente du premier plan Fourcade était la moins attendue, au moins aussi rapidement : la disparition du déficit extérieur, c'est-à-dire la réalisation effective du transfert. Mais la faible réduction de l'inflation et surtout la vive montée du chômage montraient bien que cette stratégie était au moins aussi intenable que celle des neuf premiers mois de 1974. Bien que le chômage ait été à la fois rémunéré, déguisé et limité, il devenait clair que la « légère récession » prévue par les responsables du plan Fourcade en juillet 1974 s'était transformée en « profonde dépression » un an plus tard[1] et qu'elle devenait « politiquement » intenable, du moins jugée telle. Ainsi dès juillet 1975 une volonté d'intervention se manifestait, qui allait aboutir au second plan Fourcade de septembre 1975. Celui-ci allait donner à l'année 1976 sa physionomie à la fois particulière et contrastée par rapport à celle de 1975, marquée par la dépression.

3) Le troisième temps de la conjoncture de l'économie française est dominé par le plan de relance et va durer, lui aussi, environ un an, du quatrième trimestre de l'année 1975 au trimestre correspondant de 1976. Il s'agit d'un second « GO » dont les objectifs et les moyens

---

1. Ainsi que l'attestent les écarts entre prévisions et réalisations pour l'année 1975. Outre l'erreur globale sur l'évaluation de la conjoncture de 1975, on remarquera tout particulièrement la surestimation des performances en matière d'exportation.

deviennent clairs au cours du mois de septembre 1975[1]. L'objectif est unique dans sa complexité : relancer l'activité sans que soient mis en cause et la réduction de l'inflation et le rééquilibre des finances extérieures obtenu au cours de la dépression précédente. Programme légitime mais ambitieux dont on sent bien, à la succession des mesures prises entre septembre et novembre 1975, que sa difficulté est ressentie par les responsables de la politique économique et que ceux-ci doivent pouvoir faire évoluer la conjoncture de façon plus sporadique que dans le passé.

Le premier coup est donné dès septembre 1975 : « le Programme de Développement » dont l'objectif n'est pas chiffré mais peut être apprécié par l'intermédiaire de la prévision 1976 présentée en septembre 1975 à la Commission des Comptes de la nation — soit une croissance de 4,7 % de la PIB. Les moyens, par contre, sont à la fois importants et précis puisqu'ils impliquent un volume de dépenses publiques égal à 30 milliards de francs. Le solde d'exécution de la loi de finances atteindra, d'ailleurs, davantage, soit près de 37 milliards de francs au cours du seul trimestre 1975/3. C'est ce solde (à peu près 4 % de la PIB) que l'on retrouve au titre du déficit budgétaire de 1975 et qui fera sentir tous ses effets durant l'année 1976. La nature des différentes dépenses prévues dans le programme est intéressante. Sur les 30 milliards de francs, 5 milliards de francs vont aux ménages et devraient favoriser une reprise alimentée par la consommation (aide exceptionnelle de 700 F aux personnes âgées et de 250 F aux familles par enfant à charge). Mais l'essentiel de l'effort financier est consacré au développement des équipements publics et industriels : 13 milliards environ sont affectés à la modernisation des routes, à l'équipement des grands ports de commerce, à l'amélioration des transports en commun, à la rénovation des hôpitaux, des bâtiments administratifs, des casernes et des écoles maternelles. De plus, des actions industrielles spécifiques (développement de l'industrie aéronautique, accélération du plan de développement de la flotte de commerce) absorbent

---

1. On trouvera les éléments d'ensemble de ce second Plan Fourcade in « Programme de développement de l'économie française », ministère des Finances, 5 septembre 1975 ; « La politique économique et financière », présentation du budget 1976 à l'Assemblée nationale par J.-P. FOURCADE, 21 oct. 1975 ; « Le projet de quatrième loi de finances rectificative pour 1975 », ministère des Finances, nov. 1975 ; « La situation de l'économie française et le projet de lois de finances pour 1976 », ministère des Finances, 21 nov. 1975.

5 autres milliards de francs. Enfin, le programme prévoit un ensemble de mesures destinées à favoriser la relance des investissements. Des aides fiscales (2,8 milliards de francs) ainsi que des reports d'échéance d'impôts directs pour les entreprises (10 milliards de francs) sont destinés à restaurer la situation financière des entreprises, fortement dégradée durant la dépression[1]. Dès le mois de septembre 1975, l'insistance est mise sur la nécessité de continuer à lutter contre l'inflation et sur celle de veiller au maintien de l'équilibre extérieur retrouvé. Des mesures particulières concernant les exportations de biens d'équipement (notamment l'assurance-crédit)[2] et facilitant l'accès aux marchés étrangers de nouvelles entreprises (couverture des risques de change à moins d'un an par la COFACE) sont prises. Mais c'est une fois encore la lutte contre l'inflation qui reste « l'objectif prioritaire ». Les moyens prévus ne sont pas nouveaux : essentiellement le contrôle des prix industriels (autorisations limitées et forfaitaires de hausse) et des prix à la consommation (blocage en valeur relative des marges commerciales). La nécessité de veiller au respect de ces deux contraintes est réaffirmée tout au long des derniers mois de l'année. Au mois de novembre 1975 apparaît, pour la première fois, de façon officielle (discours de J.-P. Fourcade devant le Sénat), l'affirmation selon laquelle « les transformations de l'économie française seront facilitées par le retour à une croissance modérée » sans que soit précisé le taux de croissance jugé « modéré ». Mais la lutte anti-inflationniste inspire des mesures nouvelles, soit la présentation du budget de 1976 en équilibre, le maintien d'une politique monétaire dite vigilante (le taux de croissance de la masse monétaire étant limité à celui de la PIB en valeur nominale), l'appel à l'emprunt pour financer le déficit du troisième trimestre 1975, le contrôle des prix (encore) et l'affirmation (fort ancienne mais reprise comme un leitmotiv permanent) que la politique des revenus (?) serait, en 1976, la nouvelle première priorité (discours à l'Assemblée nationale du 21 octobre 1975). La politique économique du second « GO » était indiscutablement moins timide que ne l'avait été celle du premier « STOP » et l'on peut effec-

---

1. Pour plus de détails, cf. « Programme de développement de l'économie française », ministère des Finances, 9 septembre 1975.
2. La garantie est étendue aux risques de change dont le délai d'indemnisation est réduit de huit à deux mois. De plus la CFCE (Centre français du Commerce extérieur) lance une opération « nouveaux exportateurs », crée un régime simplifié assurances-prospections pour les nouveaux exportateurs et met ses conseillers commerciaux à la disposition des PME.

tivement en enregistrer les effets dès le trimestre suivant (1975-4). La reprise de l'expansion devait durer près d'un an, mais aussi se révéler aussi peu praticable, de façon durable, que l'avait été la première, celle des neuf premiers mois de 1974. La production intérieure brute croît, en effet, de 7,4 % entre 1976/2 et 1975/3. Cette expansion se poursuit un trimestre de plus (1976/3) et le taux de croissance de l'année 1976 sera à peu près égal à celui prévu dès septembre 1975, soit 4,8 % environ. L'évolution de l'indice de la production industrielle, disponible jusqu'à fin 1976, confirme que l'expansion dure jusqu'en 1976/3 puisqu'en un an (1975/3-1976/3) la hausse aura été de 14,5 % environ.

Des disparités existent cependant qui révèlent la nature particulière de cette expansion. En effet, la production des biens d'équipement croît de 7,2 %, celle des biens de consommation de 12,6 %, celle des produits intermédiaires de 17,8 %, celle de l'énergie de 13 % et celle du bâtiment est étale (0 %). Les données définitives de 1976 devraient confirmer la reconstitution des stocks après la phase de déstockage de 1975, la décélération sans doute durable de l'activité du bâtiment et, surtout, la chute du taux de FBCF impliquée par une hausse des biens de consommation deux fois plus forte que celle des biens d'équipements.

Le retour, au bout de quelque douze mois, au taux de croissance « historique » de 5 % ne pouvait qu'être, aussi, celui des difficultés qui avaient provoqué le premier Stop. Assez rapidement, en effet, dès le quatrième trimestre de 1975, la confirmation définitive était apportée que l'élasticité de l'emploi (dans les industries manufacturières soit 50 % environ de l'emploi total) à la hausse de la PIB était nulle. Alors que la PIB augmentait de 3 % environ durant le seul trimestre 1975/4 l'emploi diminuait de 1 %. Et la poursuite de l'expansion le laissait inchangé, ce qui, compte tenu de la situation démographique particulière à la France, devait se révéler compatible avec une hausse du chômage (de 900 000 à 1.10^6 chômeurs environ). On retrouvait alors les effets de l'existence du chômage partiel et du chômage déguisé qui s'était développé durant la dépression.

Tout aussi rapidement se révélait que l'élasticité de l'inflation à l'expansion était, elle, positive.

Certes, la reprise de l'inflation n'apparaît pas particulièrement forte et peut donc étonner beaucoup moins que la faiblesse de sa décélération durant la dépression précédente. De plus la hausse des matières premières importées (27 % environ entre 1976/3 et 1975/2) a continué à jouer un rôle conséquent sur celle des prix à la consommation (+ 9,5 %). Mais certains pays réussissaient mieux leur politique de stabilisation des prix (Allemagne et Etats-Unis) et voyaient ainsi leur monnaie s'apprécier par rapport au franc. Or la dévaluation du franc ne pouvait qu'être préjudiciable à l'équilibre extérieur en cas d'effet pervers, hypothèse qu'il convient de retenir pour la France. De plus certaines évolutions internes à l'économie française avaient repris leur cours. Les crédits à l'économie s'élevaient, en un an, de 18 % environ et la masse monétaire de 13 %. Le taux de salaire horaire de près de 14 %. La France s'installait définitivement dans une inflation à 10 %, taux intermédiaire entre ceux des pays à monnaie forte et ceux des pays à monnaie faible.

Cette persistance dans une inflation endémique à deux chiffres n'était cependant pas le plus mauvais aspect de la reprise de l'expansion mais bien, comme il fallait s'y attendre, la réapparition d'un déficit extérieur massif qui devait atteindre 27,5 milliards de francs.

Il a suffi, en effet, que la tendance se renverse et que l'expansion reprenne (1975/4) pour que les importations augmentent de 10 %. De même la croissance soutenue de 1976/3 a-t-elle provoqué leur hausse de 12,4 %. On observera aussi que l'évolution des exportations, en dépit des efforts dont elles sont l'objet, bien que favorable reste limitée — nettement moins favorable que celle d'autres pays (Allemagne par exemple). Si l'on compare l'expansion de 1974 à celle de 1976, la similitude est à la fois frappante et inquiétante. Pour 1974 les importations s'élèvent à 253 et les exportations à 220 ; en 1976 les importations à 307 et les exportations à 265. Le taux de couverture (exportations FOB et importations CAF) est de 87 % environ en 1974 et de 86 % en 1976. Il est resté constant, ce qui établit l'inexistence de tout transfert réel depuis 1973 ou, plutôt, que la croissance française se trouvait à la fin de 1976 très exactement dans la même situation qu'à la fin de 1973 ; dans l'incapacité de croître sans avoir recours à un endettement extérieur dont le volume et le coût accrus depuis trois ans ajoutèrent aux difficultés présentes et à venir.

On ne doit donc pas s'étonner qu'une fois encore, le « GO » se révélant tout aussi impossible qu'il l'avait été deux ans auparavant, la politique économique dut s'engager à nouveau dans la voie d'un

« STOP ». Le retour des vacances (aucun homme politique ne songerait à les gâcher...) est désormais le moment habituel de ce genre de coup de barre.

4) Une quatrième phase de la conjoncture française commence à la fin du troisième trimestre de 1976, avec ce qu'il convient d'appeler (comme d'habitude) le plan Barre, annoncé le 22 octobre 1976[1]. Le titre même de ce « plan » révèle, une fois encore, l'objectif qui reste — au moins officiellement — prioritaire puisqu'il s'intitule « Programme de lutte contre l'inflation ». Le déroulement de l'expansion qui le précède n'interdit cependant plus de penser que la « lutte contre l'inflation puisse être la justification à usage public d'une politique de stabilisation dont les objectifs complémentaires ou non sont multiples et même fort différents comme, par exemple, la réduction du déficit extérieur ou celle du taux de croissance. L'objectif affirmé n'en reste pas moins unique : réduire le taux d'inflation — sans d'ailleurs que soit clairement fixé le taux à atteindre.

Les mesures sont de même nature que celles prises en juillet 1974 avec, sans doute, moins de timidité. D'abord des mesures fiscales : accroissement des impôts sur le revenu des particuliers destiné notamment à compenser les pertes subies par les agriculteurs du fait de la sécheresse exceptionnelle, ainsi que de ceux des sociétés. Ensuite des mesures d'ordre budgétaire : réaffirmation de la nécessité de l'équilibre budgétaire en 1977 par diminution du rythme de hausse des dépenses et par accroissement des recettes fiscales (taxes sur les automobiles, taxes sur l'essence, les timbres...). Les mesures monétaires, d'ordre interne, consistaient à limiter l'accroissement de la masse monétaire à 12,5 %, c'est-à-dire à un niveau inférieur à celui des années précédentes (15 % en 1973 ; 18,1 % en 1974 et 15 % en 1975). Elles ne faisaient que s'ajouter aux mesures destinées directement à freiner l'inflation. Dans ce but le plan Barre comprenait essentiellement : *i)* le blocage des prix pendant une durée de trois mois — le dernier trimestre 1976 ; *ii)* une baisse de l'impôt indirect (TVA)

---

1. Sur le contenu détaillé de ce plan, cf. « Programme de lutte contre l'inflation », conférence de presse de R. BARRE, ministère de l'Economie et des Finances, octobre 1976 ; « Le gel des prix », ministère de l'Economie et des Finances, 1er octobre 1976 ; « Présentation de la loi des finances devant l'Assemblée nationale », ministère de l'Economie et des Finances, 20 octobre 1976.

de 2,4 % au 1er janvier 1977 et *iii)* la fixation d'une « norme »[1] de 6,5 % en matière de progression des salaires publics et privés pour toute l'année 1977. C'est sans doute cette dernière mesure qui était la plus neuve et sans doute aussi la plus prometteuse. Bien que réaffirmant la libre négociation des salaires dans le secteur privé, le gouvernement avertissait les entreprises que toute augmentation supérieure à la norme aurait comme conséquences défavorables des mesures de rétorsion de la part des pouvoirs publics (refus de crédit et diminution éventuelle des commandes publiques). Il s'agissait, en fait, faute de voir naître une véritable politique des revenus, de l'imposer et, surtout, de reporter sur les entrepreneurs les difficultés des négociations salariales.

Enfin, un ensemble de mesures étaient prises pour limiter l'intensité d'une éventuelle récession et empêcher toute dépression analogue à celle de 1975 tout en veillant à l'aménagement du déficit extérieur. Parmi celles-ci, il faut citer la limitation des importations d'énergie à 55 milliards de francs, le soutien des investissements, l'encouragement de l'épargne et des exportations. Il faut, surtout, évoquer ici les mesures d'ordre monétaire externes destinées à maintenir la parité du franc à 1 \$ = 5 F par le maintien volontaire d'un écart substantiel entre le taux d'intérêt français et le taux d'intérêt des autres marchés financiers, allemand et américain notamment. Cette politique du change est, d'ailleurs, l'une des plus permanentes de la politique économique de la France depuis dix-huit mois.

On peut désormais apprécier les résultats d'ensemble de la politique de Raymond Barre. D'abord une récession limitée puisque le taux de croissance du produit national est passé de quelque 5 % aux alentours de 3 % avec l'annonce d'un début de transfert, les revenus réels ayant augmenté un peu moins que le produit national. Une fois encore apparaissent singulièrement homogènes dans la durée les trois conséquences essentielles de cette récession limitée.

D'abord une résistance de l'inflation qui n'aura guère cédé

---

1. R. Barre a précisé à plusieurs reprises que ce taux de 6,5 % ne pouvait pas être considéré comme un objectif en matière d'inflation pour 1977 mais seulement comme une norme, c'est-à-dire une augmentation conseillée des revenus. Par ailleurs, le Plan entendait que le pouvoir d'achat soit seulement maintenu. Si, donc, ses conseils étaient suivis de tous les partenaires sociaux cette norme devrait être le taux d'inflation. Mais comme pareille hypothèse est fortement improbable, les prévisions du taux d'inflation se situent — officieusement — entre les 10 % de 1976 et les 6,5 % de la norme, soit 8 % environ.

au-dessous du palier de 10 %. Il faut d'ailleurs noter qu'il n'existe guère, à l'heure actuelle, d'explications satisfaisantes à la force avec laquelle s'affirme ce taux d'inflation inéliminable de 10 %.

Ensuite la traditionnelle amélioration de notre situation extérieure puisque le déficit de la balance courante aura atteint 20 milliards de francs environ. Mais cette réduction affirme une fois encore que, même à ce taux de croissance pourtant réduit par rapport à nos habitudes passées, un déficit d'une ampleur considérable demeure.

Enfin la légère montée du chômage durant le premier semestre de l'année 1977 continue de révéler la vulnérabilité de l'emploi à la récession. Mais il est, à cet égard, nécessaire de rappeler que l'évaluation du chômage devient particulièrement délicate et que l'amélioration de la situation au cours du second semestre paraît désormais certaine.

A vrai dire, des deux succès indiscutables du plan Barre : la tenue du franc (par rapport au dollar) et la tempérance des augmentations des salaires nominaux, le second est, de loin, le plus significatif. La tenue du franc doit à de multiples raisons, dont certaines sont plutôt inquiétantes. L'endettement extérieur en est une et, de toutes, la moins favorable. La dépréciation n'est que différée aux jours des remboursements. L'entente des Banques centrales en est une autre, d'autant plus heureuse qu'elle s'inscrit dans un contexte mondial ; mais elle en reste dépendante et, comme telle, peut être remise en cause.

Par contre, la réduction des taux de croissance des revenus nominaux et, donc, réels, puisque l'inflation poursuit son rythme de croissance, est la première manifestation du début du transfert, de la réduction du taux de croissance et de celle de la consommation qui, on s'en est suffisamment expliqué, est une nécessité. L'interrogation est alors de savoir si cette première tentative réelle d'effectuer le transfert ou, plutôt, si l'établissement des conditions préalables à cette réalisation n'avait pas mis en péril l'existence même des autorités politiques actuelles. Elle est aujourd'hui plus spécifique : l'économie française pourra-t-elle éviter aisément le cercle vicieux du non-transfert ?

2 / LE CERCLE VICIEUX DU NON-TRANSFERT

Les temps sont, on le sait, difficiles pour tous les pouvoirs politiques. Mais il serait curieux que ce fût à cause de leur moindre compétence ou de leur incompétence croissante. Les alternances récentes de notre politique économique ne sont pas plus le fruit du hasard que l'expression d'une hésitation congénitale de nos gouvernants. Certes, les exigences du transfert sont telles que chacun est tenté par le jeu du mistigri. Mais, à force d'essayer de le « passer » on ne saurait aussi choisir indéfiniment les mains à le recevoir. En fait, les gouvernants des nombreux pays rêvent tous d'être nés Allemand ou Japonais sinon Américain, c'est-à-dire de diriger des pays où le transfert fût à la fois rapide et socialement possible. La conjoncture française récente révèle les tentatives différentes d'y parvenir en même temps que leur insuccès. De nombreux indices laissent penser qu'il existe une raison essentielle à cet échec : l'installation de l'économie française depuis 1973 dans ce que l'on a appelé le cercle vicieux du non-transfert.

Bien que déjà décrite, il n'est pas inutile d'énoncer à nouveau quelle est la nature profonde d'une telle situation. Tout transfert implique une redistribution des ressources nationales à l'avantage des autres nations. Ces ressources, lorsque leur volume ne peut être accru, doivent être prises sur la consommation et/ou l'investissement interne. Cette prise implique une baisse de l'activité qui doit en être la condition essentielle, mais non suffisante. Si la hausse des exportations ne suit pas ou si, pour être plus précis, toute chute des importations, née de la récession, est suivie d'une chute correspondante des exportations, le transfert ne peut même pas se faire en récession. En ce cas, quel que soit le niveau d'activité, le transfert reste à faire et demeure donc égal à un certain pourcentage du produit national (4 % dans le cas français). Il est simplement d'autant plus faible, sans disparaître jamais, que l'est le produit national. Le travail interne ne peut jamais s'offrir le travail des autres dont il a partiellement besoin.

Si l'on examine sur l'ensemble de la période 1973-1977 le jeu simultané des variations de notre rythme de croissance et de celles de notre balance commerciale (ou de notre balance courante), le doute n'est plus permis sur notre situation actuelle : elle est très voisine de celle du non-transfert systématique.

Si l'on observe les trois évolutions trimestrielles (croissance, balance commerciale et balance courante).

Il n'est guère besoin du secours des corrélations pour voir ce qui se passe depuis trois ans : notre balance courante est à peu près équilibrée comme elle l'était en 1973 à la condition expresse que la croissance soit nulle (année 1975, par exemple). Dès que celle-ci s'accroît, le déficit suit de façon quasi automatique et semble-t-il assez proportionnelle, encore que l'on puisse noter une aggravation de cette fâcheuse relation. Ainsi, durant le troisième trimestre 1976 où une croissance modeste (2 %) entraîne un déficit « exceptionnel » de 12 milliards de francs. Les données disponibles et les fluctuations saisonnières inévitables du commerce extérieur sont cependant telles que l'on ne saurait réellement justifier le sentiment de l'existence durable de cette aggravation. Au demeurant, les décalages peuvent avoir ici un rôle disturbant. Mais, il n'y a sûrement pas amélioration : à toute reprise, même passagère et faible, de la croissance succède immédiatement un déficit considérable de la balance courante. Très approximativement et compte tenu d'un déficit fixé, non lié à la croissance et dû à nos obligations internationales (brevets, ambassades travail immigré, coût de l'endettement) que l'on peut chiffrer aux alentours de 10 milliards de francs ou 2 milliards de dollars, tout point de croissance implique désormais un déficit de 1 milliard de dollars (5 milliards de francs)[1].

Les conséquences d'une telle situation sont nombreuses et tout à fait déterminantes de notre futur immédiat. Indiquons les principales.

La première est que toute croissance même faible implique un endettement extérieur. Pour une croissance « passée » de 6 %, il faudrait quelque 40 milliards de francs, soit précisément l'évaluation du coût pétrolier. Mais, à croissance ralentie (3 %), il faudrait encore près de 25 milliards soit 5 milliards de dollars. Cette exigence traduit tout simplement le fait que le « travail des autres » implique une dépendance financière croissante qui s'ajoute à la dépendance économique. A terme, la poursuite de notre croissance, même ralentie, implique donc l'une des trois occurrences suivantes : ou bien les

---

1. La situation n'est guère éloignée de celle impliquée par une relation du genre (en France) : $D = 5.i + 10$ (D = déficit balance courante et i au taux de croissance) qui doit s'améliorer lorsque le taux de croissance devient proche de 0.

prêteurs continuent à être, pendant longtemps encore, valeureux. En ce cas, les coûts d'intérêt iront croissant. Ils atteignent à l'heure actuelle, à peu près (personne ne le sait avec précision...) 10 milliards de francs puisque notre endettement doit avoisiner les 100 milliards et que le taux d'intérêt est autour de 10 %. Certes, on est encore loin de la situation d'autres pays comme la Grande-Bretagne par exemple. Mais on ne dispose pas de cette espérance, devenue d'ailleurs réalité, qu'est le pétrole de la mer du Nord. Ou bien, ce qui est plus vraisemblable, les prêteurs se feront plus réticents lorsqu'ils jugeront que le montant atteint par notre endettement fait de nous un débiteur à risques. Et ils arrêteront de prêter, c'est-à-dire nous forceront à la récession non sans avoir, en passant, fait usage de leur pouvoir de créancier et montré ce qu'implique économiquement et politiquement d'être endettés (cf. scénario bipolaire). Ou bien, à l'occasion d'une demande de remboursement pressante, on essaiera de ne pas payer, en ayant, auparavant, réuni — ce qui n'est jamais difficile — un collège de débiteurs très complaisants mais impuissants. Aucune de ces occurrences n'est très attirante, bien qu'elle soit pour demain et, comme telle, souffre de la possibilité indéfinie d'oubli. On ne voit guère cependant la France accepter de jouer un pareil scénario qui sera, sans doute, le vrai scénario méditerranéen...

La seconde, beaucoup plus grave encore, concerne le chômage. La France occupe ici une place des moins privilégiées à cause de sa démographie particulière (excédentaire jusqu'en 1985 au moins) et de son refus historique d'un chômage qui fut toujours le lot, permanent ou cyclique, de toutes les autres économies occidentales. Le chômage n'est d'ailleurs pas un « problème » difficile : on sait désormais comment le supprimer ou le diminuer. Il suffit d'un déficit budgétaire plus ou moins massif, ce dont ne se sont pas privées récemment, comme on l'a vu, les économies pourtant réputées libérales orthodoxes. Mais, précisément, de tels remèdes ne sont possibles que dans la mesure où tout accroissement de revenus ne conduit pas automatiquement à un déficit supplémentaire de la balance des paiements — ce qui est justement notre cas. La suppression du chômage et la relance par la consommation sont associées, mais ne sont pas, aujourd'hui, possibles si des mesures supplémentaires et, à vrai dire, essentielles ne sont pas prises pour que le transfert soit opéré à des niveaux de croissance plus élevés. L'aménagement de la contrainte des échanges extérieurs est le préalable à toute diminution du chômage. Ne pas définir, d'abord, les moyens de cet aménagement tient de l'incompétence ou d'une habileté politique qui est trop grande pour ne pas être préjudiciable, à terme, à ceux qui en font usage.

La troisième concerne l'inflation et s'établit sur les relations évidentes qui existent entre la hausse des prix internes et le transfert. En effet, ou bien rien n'est fait — ce qui fut le cas depuis trois ans — pour effectuer un transfert et alors l'obligation de la récession réduit la croissance sans diminuer l'inflation ou bien quelque chose est tenté et, alors, la politique anti-inflationniste est, en fait, le prétexte à abaisser la croissance des revenus réels pour, précisément, réaliser le transfert. Ainsi, avons-nous vu effectivement se stabiliser l'inflation autour de 10 %, à l'occasion de la récession de 1975 et le combat pour, au moins, maintenir ce rythme être, depuis l'arrivée de R. Barre, l'occasion de s'attaquer, sans le dire, au problème de la balance des paiements. Mais, en ce second cas, le problème demeure de savoir si le prétexte de l'inflation est suffisant pour parvenir à résoudre le problème oh combien plus fondamental du transfert. A voir les différents pays et le nôtre en particulier, rien n'est moins sûr. Le Japon a effectué son transfert en inflation rapide. Et il n'est pas dit que ce simple prétexte, même si le combat avait été gagné avant mars 1978, n'aurait pas suffi à nous inciter à croire que nous pourrions ne pas effectuer le transfert en nous donnant à d'autres responsables politiques. Aussi longtemps que l'exigence du transfert sera occultée le rêve sera possible et le réveil n'en sera que plus troublé.

Les conséquences de la situation présente sont suffisamment graves pour que l'on s'interroge sur son origine : celle-ci est, heureusement pour le diagnostic, fort nette. Il s'agit d'un phénomène déjà incriminé et qu'il importe de préciser : depuis 1973, l'élasticité de nos importations au produit national est systématiquement supérieure (et de loin) à celle de nos exportations.

Dès les années 1972 et 1973, la hausse des importations, pour une même variation du produit national, avait été supérieure à celle des exportations et rendait déjà notre situation d'alors fragile. Depuis 1973, qu'il s'agisse du volume ou des valeurs, la sensibilité de nos importations, à la hausse comme à la baisse de notre produit national, est beaucoup plus élevée. Et, à cet égard, les signes d'une aggravation sont réels. En 1976, pour une croissance d'environ 4 à 5 %, les importations auront augmenté en volume près de quatre fois plus que le PIB tandis que les exportations ne l'auront fait que deux fois plus. En valeur la disparité est du même ordre (2 et 1 respectivement). Cette disparité est considérablement plus élevée qu'en 1973, dernière « bonne année ». Dans la mesure où notre balance des paiements est obérée d'une somme fixe d'à peu près 10 milliards de francs indépendante de nos échanges de marchandises, il faudrait que la disparité fût de sens contraire pour que nous puissions retrouver une croissance qui ne soit pas menacée de l'extérieur.

Les politiques de stabilisation qui tentent depuis trois ans de permettre à l'économie française de poursuivre une croissance ininterrompue depuis près de trente ans sont loin d'avoir atteint leurs objectifs. Elles se succèdent désormais d'année en année soumettant cette économie à des phases d'expansion et de contraction de plus en plus rapprochées qui ont fait perdre à la croissance française son double caractère historique de régularité et de forte intensité.

L'ampleur de notre contrainte extérieure passe donc, avec évidence, par la déficience depuis près de quinze ans de notre politique industrielle.

B / LES DIFFICULTÉS DU TRANSFERT OU LES INSUFFISANCES DE NOTRE POLITIQUE INDUSTRIELLE

Il n'est pas toujours aisé, comme on l'a déjà signalé, de s'y retrouver dans des comptes extérieurs pour lesquels la France a, d'ailleurs, adopté un classement et une terminologie un peu spéciaux. La situation de 1973 reste néanmoins un exemple bien choisi des conditions nécessaires pour que notre balance des paiements soit à peu près en équilibre. Cette année-là en effet, comme nous le reverrons, le solde de la balance commerciale fut excédentaire d'environ 10 milliards de francs, soit un peu moins de 1 % du PNB. Cet excédent fut compensé par ce que nous avons appelé le déficit inéliminable inhérent aux autres opérations qui atteint, lui aussi, à peu près cette somme de 10 milliards de francs. La condition nécessaire à l'équilibre de nos paiements extérieurs reste, aujourd'hui, et pour les années qui viennent, la même : il faut que nos échanges commerciaux soient excédentaires à concurrence d'à peu près 1 % de notre PNB, ce qui, quatre ans après, équivaut à environ 15 milliards de francs[1].

La réalisation de cette condition tient, en fait, à l'évolution de notre industrie. Les échanges commerciaux étant, en effet, pour leur plus grande partie, industriels, la réalisation du transfert par l'économie française tient à notre capacité à nouer avec le monde des relations industrielles et commerciales telles que nous puissions exporter plus que nous n'en importons. Cette condition, on vient de le voir, n'est plus remplie depuis 1973. Et avant même que d'essayer de proposer une politique pour qu'elle le soit, il faut s'interroger sur les raisons pour lesquelles nos performances ont été si insuffisantes depuis lors.

La réponse à cette interrogation paraît simple tant sont nombreuses les preuves et les manifestations de la déficience de notre politique industrielle passée dans le domaine particulier de l'internationalisation de notre économie. Il convient, une fois encore, de bien préciser que la croissance industrielle de la France depuis 1958 fut à la fois exceptionnelle, dans l'absolu et le relatif historique, et qu'elle doit être considérée comme l'origine première de notre croissance tout court. Il n'en demeure pas moins que de tous les critères selon lesquels cette croissance industrielle peut être jugée (inflation, emploi, rentabilité) c'est celui des échanges extérieurs qui lui est le moins favorable et même franchement défavorable.

1 / LA NATURE DE LA CROISSANCE INDUSTRIELLE FRANÇAISE DEPUIS 1950

En notre pays, et à la différence d'autres à même niveau de développement, la croissance industrielle naît dans son rythme et

---

1. Le produit intérieur brut marchand a atteint 1 454 milliards en 1976 et devrait atteindre 1 634 milliards en 1977. Le solde des opérations de répartition a atteint 12 milliards en 1974, 11 en 1975 et devrait continuer à avoisiner 10 milliards en 1976.

ses modalités d'un ensemble de décisions mêlées d'origines publiques et privées. Même dans le cas français le terme de stratégie est d'une utilisation sans doute erronée. Les choix de l'ensemble des pouvoirs de décision ne furent jamais suffisamment coordonnés (quel qu'ait pu être la volonté du Commissariat général au Plan) pour que l'on puisse réellement parler de stratégie. Mais l'on peut après coup caractériser assez nettement les choix faits de façon plus ou moins consciente et cohérente par nos pouvoirs industriels en se référant à la distinction entre des politiques industrielles horizontales et verticales (pouvant, elles-mêmes, être de branches, de projets ou structurelles)[1].

Notre choix, de 1958 jusqu'aux troubles de 1973, ne fait aucun doute. Il s'est agi, non pas exclusivement mais de façon très nette néanmoins, d'une politique horizontale associée à un certain nombre de projets. Le tableau suivant fait la part entre les différents types d'actions industrielles depuis 1950.

De 1945 à 1958 notre croissance industrielle obéit d'abord aux impératifs généraux d'une politique horizontale tout en faisant une large place à la sélectivité. La nature comme les raisons des choix sectoriels étaient d'ailleurs fort clairs : il s'agissait de favoriser la croissance des secteurs primaires dont la reconstitution était la condition permissive de la croissance de l'économie tout entière. L'ensemble des agents coordonnaient alors leurs moyens pour atteindre un objectif commun. Les entreprises privées mirent longtemps à devenir conscientes qu'une nouvelle époque était née. Mais la conscience prise, tous leurs efforts à la fois matériels et humains furent réunis et utilisés pour bâtir cette infrastructure qui allait permettre l'accélération future de la croissance. Les entreprises publiques nouvellement créées ou restructurées eurent à cœur de montrer qu'elles pouvaient faire aussi bien sinon mieux que leurs homologues privés et manifestèrent ainsi le succès du seul contenu structurel de notre politique industrielle. L'Etat enfin par ses dotations budgétaires et par son encouragement indistinct à l'industrie apportait à cette évolution un concours indispensable.

A partir de 1958, la croissance industrielle change de visage en

---

1. Pour un développement explicite de cette typologie dont nous ferons d'ailleurs plusieurs usages jusqu'à la fin de l'ouvrage, cf. A. COTTA, Réflexions sur la politique industrielle de la France, chap. 1, p. 21-27, in *Le redéploiement industriel*, Etudes de politiques industrielles, La Documentation française, septembre 1977.

accentuant les modifications déterminées par les succès de la croissance antérieure. Il est fort difficile de faire la part des différentes causes à l'infléchissement de 1958. Et, notamment, de savoir ce que celui-ci dut à l'économique et au politique. Mais il est indiscutable que la modification la plus déterminante fut celle de la politique des pouvoirs publics.

Les entreprises privées, en effet, ne pouvaient que s'engouffrer de façon définitive dans l'ensemble des brèches ouvertes à leur marché par la poursuite et l'accélération de la croissance globale. Comment n'eussent-elles pas participé à un impératif industriel qui allait assurer un développement plus intense encore qu'elles ne pouvaient le rêver. La hausse du taux d'investissement fut effectivement continue depuis 1958 et passa de quelque 22 à 28 % en dix ans.

Les entreprises publiques ne purent, elles aussi, faire mieux que favoriser et suivre ce développement. Mais la constance de leur nombre, sinon de leur attribution, témoigne que le seul contenu structurel de notre politique industrielle s'était évanoui.

Les pouvoirs publics, eux, modifiaient totalement leur politique passée. A partir de 1958, l'orientation de notre politique industrielle devait se modifier de façon très nette. Certes, la politique d'actions sectorielles ne disparut pas totalement. Mais, outre qu'elle devint beaucoup plus limitée dans son domaine, elle changea complètement de nature : au lieu d'encourager la croissance de certains secteurs industriels, elle tenta plutôt d'empêcher que certains ne connaissent trop de difficultés (sidérurgie et construction navale). Et son contenu vraiment actif se déplaça du domaine des actions sectorielles vers des actions que l'on a appelées des « projets ». Sous des prétextes différents dont le prédominant fut néanmoins l'indépendance nationale et l'affirmation de la présence française dans des domaines de technologie avancée, les pouvoirs publics firent plus que participer au développement d'un certain nombre de projets dont on connaît au moins les plus spectaculaires : le Concorde, le programme espace, le programme nucléaire et les différents plans calcul. On se rend mal compte en effet, tellement ces différents projets ont mobilisé d'efforts humains et d'efforts financiers, à quel point ils ont constitué ces quinze dernières années l'essentiel des préoccupations des pouvoirs publics. Le programme Concorde a

Les politiques industrielles de la France depuis 1950

	Mesures de politique horizontale		Mesures de politique verticale	
	Indirecte	Directe	De branche (B₁)	De projet (B₂)
1950 *Objectif :* La reconstruction *Moyens :* Intervention de l'Etat Secteurs prioritaires Rétablir les possibilités d'investissement, et l'autofinancement		*Mesures fiscales :* Modification de la réglementation des amortissements Instauration de la TVA (1954) Conditions favorables aux investissements étrangers rs à 50 % au lieu de 47 %	*Investissements prioritaires jusqu'en 1952 :* 1. Electricité 2. Charbon 3. Acier 4. Ciment 5. Transports 6. Machines agricoles	
1951	Pool Charbon-Acier	*Contrôle des prix :* Blé, électricité, transports Stabilisation Pinay, baisse des prix du charbon et de l'acier	**1951 :** Loi Defferre Aide à la Construction navale	
1953	CECA	**1953 :** blocage des prix *Politique budgétaire :* Débudgétisation des investissements : 1953-1954 **1955 :** Primes à l'investissement **1955 :** Création des SDR		
1958	TRAITÉ DE ROME	**1958 :** Blocage des prix Dévaluation — 17,5 % **1960 :** En faveur des biens d'équipement quasi-contrat		

merce mondial
Indépendance nationale

Contrainte :
Equipement
Compétitivité

Moyens :
Conversion
Restructuration
Concentration

Aide à la recherche

1963 : Plan de stabilisation
Blocage des prix industriels

1964 : Incitation à la conversion

Subventions
– Prime de développement
– Prime d'adaptation (5 à 20 % de l'investissement)

Politique fiscale
– Allégement des droits de mutation
– Suppression de la patente pendant cinq ans
– Amortissement exceptionnel de 25 % du prix de revient de la construction

Prêts du FDES, Crédit national, hôtelier
Bonification d'intérêts
Intervention des SDR

1965 : Loi sur les fusions
Prix, contrats de stabilité

1966 :
Allégement fiscal
– 10 % pour investissements
– TVA déductible pour les biens d'équipements
CREDIMO
Emprunts « équipements »
Avoir fiscal

1964 : Restructuration du secteur pétrolier
Création de l'ERAP

PROGRAMMES D'ACTIONS CONCERTÉES
Modernisation ou réorganisation de certains secteurs
Plan professionnel

1966-1970 :
Convention Etat-sidérurgie

Contrat de programme automobile

Les politiques industrielles de la France depuis 1950 (suite)

Mesures de politique horizontale		Mesures de politique verticale	
Indirecte	Directe	De branche (B₁)	De projet (B₂)
	1967 : CIE	**1967** : Plan de la Chimie	**1967-1971** : Plan calcul n° 1
1963 : Suppression des barrières douanières pour les produits industriels	**1968** : Baisse puis suppression de la taxe sur les salaires. Politique budgétaire injection de crédits par le FDES	**1968** : Contrat professionnel de la Construction navale	Programmes aéronautiques Mercure, Concorde Airbus Programme Espace
	1969 : Création de l'IDI. Dévaluation de 12 %	PAC Mécanique, électronique professionnelle, jouet, ameublement	**1969** : Programme nucléaire Abandon de la filière française au profit de la filière américaine
1970 : Prix agricoles communs	**1970** : CONTRATS DE PROGRAMME Politique de prix industriels Les syndicats professionnels s'engagent à limiter l'augmentation de leurs prix de production (concerne les quatre cinquièmes de la production)		**1970-1973** : Contrat SNCF **1970-1975** : Contrat EDF **1971-1975** Plan calcul n° 2.
	1972 : Encadrement du crédit		

commencé en 1961 et n'a cessé d'être modifié jusqu'en 1972 en même temps que ses coûts financiers décuplaient environ par rapport aux prévisions initiales[1].

Notre projet nucléaire est sans doute celui qui, pour d'évidentes raisons, est à la fois le plus lointain dans le temps et demeure le plus important dans le présent. L'étude détaillée de son développement suffit d'ailleurs à faire percevoir clairement toutes les conséquences en même temps que toutes les difficultés (industrielles, économiques et politiques) d'un grand projet. Il suffira ici de caractériser les cinq étapes que l'on peut distinguer dans son développement.

A l'origine, de 1950 à 1955, alors que l'objectif affirmé était d'assurer la liberté des approvisionnements énergétiques français, le CEA met au point la filière électronucléaire française dite uranium naturel graphite gaz.

Puis de 1955 à 1970 le développement de la filière française s'opère en même temps que s'expérimentent d'autres filières et, d'abord, celles d'origine américaine (PWR et BWR) et qu'apparaît le surgénérateur Phoenix (utilisation du plutonium). La troisième phase (aux alentours des années 1968-1970) est celle de l'abandon définitif de la filière française pour de nombreuses raisons dont la plus forte résidait dans notre incapacité à triompher, au plan mondial, de la concurrence américaine. Commence alors une quatrième phase tout entière déterminée par le souci d'assurer notre production d'uranium enrichi, donc par celui de choisir entre les différentes techniques d'enrichissement. Depuis 1973, comme on le reverra, nos préoccupations, dans ce domaine, sont encore plus grandes.

Dans le domaine de l'informatique, l'objectif était du même ordre : refuser la domination américaine et, notamment, le monopole IBM. Le premier plan calcul emporte la création de la CII à laquelle devaient participer un certain nombre de firmes privées (CSF, CGE, Schneider) et que, surtout, devait assurer l'aide massive

---

1. On ne saurait, ici, être plus précis dans l'évaluation du coût de ces différents projets. Même si celle-ci n'est pas confidentielle elle est rendue suffisamment délicate par toute une série de règles administratives et comptables pour qu'on se garde bien d'alimenter une controverse. Il suffit selon le bon sens populaire d'affirmer que tous ces projets coûtèrent et coûtent encore très cher.

de l'Etat. Le second plan calcul (1971-1975) avait pour objectif de rendre concurrent le matériel créé durant le plan précédent et, pour ce faire, de rechercher un certain nombre de points d'appui internationaux. Les efforts financiers consacrés à ces plans calcul sont d'autant plus considérables que les résultats atteints paraissent des plus limités.

Ces projets manifestèrent l'empreinte gaulliste sur un tissu industriel en extension isotrope. Les événements de 1973 allaient faire percevoir toutes les conséquences de tels choix.

2 / LES CONSÉQUENCES DE LA CROISSANCE INDUSTRIELLE FRANÇAISE DEPUIS 1958

Avant même d'aborder le point essentiel qui est de juger notre croissance industrielle du point de vue de l'internationalisation de notre économie il importe, même brièvement, d'en envisager les autres aspects. Pour la France comme pour toutes les autres économies occidentales, il est nécessaire d'examiner successivement les effets de cette croissance sur l'inflation : l'emploi et la rentabilité de nos entreprises.

Du point de vue de l'inflation le diagnostic est difficile car le développement très rapide de notre industrie a eu des effets contrariés. Si l'on tient compte uniquement de ce que l'on peut appeler les effets directs de l'industrialisation il faut reconnaître que les prix industriels ont augmenté beaucoup moins que les autres. De 1962 à 1972 le taux d'inflation des biens de l'industrie n'est que de 1,56 % par an alors que celui des services est de 7,2 % et que le taux moyen est de 5 % environ. La baisse des prix relatifs des biens industriels est donc fort élevée : 6 % environ, ce qui implique leur diminution de moitié en douze ans et du quart en une génération. Mais on doit aussi introduire dans ce diagnostic les effets indirects à commencer par ceux d'une épargne qui fut indiscutablement forcée pour que les objectifs de croissance soient atteints. On reste en effet persuadé de la relation intime existant entre l'accélération de la hausse des prix entre 1968 et 1973, d'une part, et, d'autre part, le refus de plus en plus conscient des salariés de supporter les conséquences inhérentes au niveau exceptionnellement élevé d'un taux de FBCF de 28 %. Comme cette hausse est entièrement imputable à celle des investissements industriels passés, eux, de quelque 14 à 18 % de 1955 à 1968, il est difficile de ne pas reconnaître dans l'accélération de l'inflation l'une des conséquences de l'accélération du développement industriel. Mais il eût été fort difficile d'avoir l'un sans l'autre.

En matière d'emploi il faut noter le faible impact du développement industriel sur l'évolution de l'emploi total. Depuis plus de dix ans l'emploi industriel ne s'est guère accru de plus de 350 000 personnes auxquelles on peut ajouter 300 000 individus dans le secteur du bâtiment et des TP. On doit constater que cet accroissement est devenu de plus en plus faible à mesure que l'on se rapproche d'aujourd'hui, pour être nul à partir de 1972. En valeur relative l'emploi industriel aura baissé de 1963 à 1973 de 1 % environ (de 30,3 à 29,1 % de la population active totale). Mais on ne saurait pour autant incriminer notre développement industriel. Par définition, l'industrie a pour vocation de diminuer la quantité de travail nécessaire à la satisfaction de nos besoins et devrait être jugée en fait à la rapidité avec laquelle, à production constante, l'emploi industriel diminue. Il est déjà remarquable et peut-être même inquiétant qu'en dépit de sa croissance l'industrie française ait conservé un volume d'emploi constant.

L'évolution de la rentabilité de nos entreprises vaut une dernière remarque liminaire. Bien qu'il soit fort délicat d'agiter, en ce domaine, des chiffres disparates dont les comparaisons peuvent être biaisées à souhait, il demeure cependant vraisemblable que, depuis 1968, la rentabilité d'un certain nombre de nos entreprises a diminué[1]. Mais cette diminution, outre qu'elle est fort inégale, selon les secteurs notamment, peut avoir des raisons purement circonstancielles comme, par exemple, la force des incitations d'une politique horizontale qui, associée aux efforts financiers massifs accordés aux projets, a pu déterminer un comportement plus laxiste des entreprises privées et publiques en matière d'investissement. Mais la persis-

---

1. Voir notamment C. SAUTTER, *Investissement et rentabilité des entreprises*, INSEE ; MISTRAL, in Formation de capital, prix relatifs, inflation, *Economie et statistique*, avril 1976 ; BOYER et MISTRAL, *L'inflation durant l'année 1975* ; *Inflation et récession en 1975*, *Déflation et récession en France et aux Etats-Unis*, CEPREMAP, notes ronéotypées, 1976.

tance d'un taux d'investissement élevé, bien qu'ayant décru ces dernières années, implique la permanence d'une rentabilité moyenne honorable.

Ainsi envisagé du point de vue de l'inflation, de l'emploi et de la rentabilité, le développement industriel de la France depuis la seconde guerre mondiale peut prêter à d'abondantes discussions mais ne saurait être considéré comme déficient.

Si l'on se place maintenant du point de vue des échanges extérieurs, il n'en est pas de même. Certes, il est dans ce domaine aussi quelques résultats très positifs et, surtout, deux qui sont liés. Le premier est celui de l'ouverture définitive de l'économie française aux échanges mondiaux. On ne redira jamais assez que notre taux d'exportations est passé de 14 à 22 % en dix ans et que nous avons accompli en moins d'une génération ce que d'autres nations avaient fait en un siècle. L'économie française appartient désormais à l'économie mondiale ; la Grande-Bretagne est définitivement dépassée ; comme le Japon, nous exportons 40 % de notre production industrielle. Ce premier résultat, positif, est sans doute le plus déterminant de tous car, s'il rend la France au monde, il la fait dépendante du monde. Ce succès ne peut pas ne pas être répété.

Le second résultat positif, qui explique d'ailleurs le premier, est dans l'extraordinaire développement de nos industries de transformation du secteur secondaire. Celles-ci ont pris, depuis 1958, le relais de nos industries de base. Cette substitution de nos préférences industrielles définissait et permettait les modalités de notre intégration aux échanges mondiaux : l'acceptation (d'ailleurs discrète) d'une dépendance en matières premières — qu'il nous eût été d'ailleurs difficile de refuser — contrebalancée par des productions industrielles croissantes devenues compétitives dans le cadre de certains marchés protégés (la CEE) et même dans celui d'un marché mondial en formation. Mais ce développement, pour explicatif qu'il soit de la croissance passée de nos exportations, n'en avait pas moins un contenu hélas favorable à notre long passé de repliement. Ces productions secondaires furent, en effet, d'abord le moyen de l'équipement, à prix régulièrement décroissant, de presque tous les ménages français en biens durables (voiture, télévision et appareils ménagers) qui étaient, pour eux, la contrepartie de l'effort de croissance. Le marché intérieur était donc ici au moins aussi important que les marchés extérieurs. Mais, au moins jusqu'en 1973, la preuve était apportée qu'un tel développement était compatible avec l'évolution de l'intégration mondiale. L'existence du transfert allait faire éclater la fragilité de nos choix industriels.

Avant même que l'économie française ne dût réagir aux exigences du transfert, il était déjà légitime d'avoir quelques doutes sur notre aptitude à suivre le rythme et, surtout, les modalités de l'intégration mondiale. Certes, comme on l'a dit, notre balance commerciale était, pour l'année 1973, excédentaire. Mais pour l'observateur attentif, l'évolution simultanée de la croissance de nos différents secteurs industriels et de la modification du solde de leurs échanges avec le monde justifiait, en dépit d'un succès apparent, une certaine inquiétude[1]. Au moins deux phénomènes défavorables se dégageaient de l'évolution qui avait eu lieu de 1963 à 1973. Le premier est que sur les 29 grands secteurs de l'économie française il n'en était que cinq pour lesquels le solde extérieur s'était amélioré[2]. Il s'agissait de l'agriculture dont les performances liées au Marché commun étaient remarquables et de quatre secteurs industriels seulement : les combustibles minéraux solides, la mécanique, les métaux non ferreux et les industries agricoles et alimentaires. Pour tous les autres, le solde s'était détérioré bien que certains d'entre eux continuassent à présenter un solde positif. Ainsi, même si tous les secteurs de l'économie française s'étaient, à l'époque, intégrés à l'économie mondiale, très peu avaient pu le faire en améliorant significativement leur situation relative.

Un second phénomène était plus inquiétant encore : il n'existait aucune corrélation entre la croissance des investissements par secteurs et l'amélioration de leur balance commerciale. On pouvait même observer une absence totale de relations entre l'effort d'investissement et les performances à l'exportation[3]. Mieux, on pouvait constater facilement que les onze secteurs arrivant en tête en matière d'investissement étaient au contraire ceux pour lesquels l'évolution

---

1. Sur ce point on consultera *op. cit.*, ministère de l'Industrie, 1977.
2. Et non point était positif. L'amélioration implique que les soldes déficitaires le soient devenus moins (ou transformés en soldes positifs) et que les soldes déjà positifs le soient devenus plus.
3. Cf. A. COTTA, Investissements et exportations, *Le Figaro*.

des exportations était la moins favorable, et que les secteurs ayant réussi leur intégration mondiale étaient aussi ceux pour lesquels l'investissement s'était le moins accru (l'agriculture, la construction mécanique et la construction électrique notamment). Ainsi se confirmait, d'une part, qu'il n'avait pas suffi d'investir pour exporter et, qu'à l'inverse, on pouvait exporter sans un effort d'investissement particulier. Il est d'ailleurs toujours plus facile, à taux de profit ou à taux de subvention publique égal, d'investir que d'exporter. Dès 1973 il était, selon nous, évident que la France ne cessait pas d'être soutenue, dans son développement ouvert, par l'agriculture. L'épi n'arrêtait pas de soutenir le franc. Et notre développement industriel restait très fortement tourné vers le marché interne sans avoir réussi, à la différence de l'Allemagne, à être devenu indispensable à celui de l'économie mondiale.

Ces trois dernières années (1973-1976) témoignent précisément des faiblesses que l'on aurait pu déceler si tous les pouvoirs, privés et publics, n'avaient pas été seulement préoccupés de « tisonner » une croissance qui n'en demandait même pas tant.

Il est en effet devenu évident, aujourd'hui, d'une part, que l'économie française peine, depuis trois ans, pour effectuer le transfert qui lui a été demandé et, d'autre part, que ses projets d'autonomie, pour ne pas dire d'indépendance, paraissent des plus oniriques.

Considérons d'abord l'évolution de la balance commerciale française de 1973 à 1976 à partir de la modification des importations et des exportations de chaque secteur, comme il l'a été fait pour la période 1962-1973 (tableau page suivante). Apparemment la situation semble favorable dans la mesure où ce ne sont plus, comme précédemment, cinq mais bien douze secteurs qui ont, depuis trois ans, amélioré leur taux de couverture. Mais l'on peut avoir quelques doutes sur l'étendue des conséquences favorables d'un tel phénomène en constatant le très grand nombre de secteurs qui, outre le pétrole, ont vu se détériorer leur situation extérieure.

Si l'on compare, de façon plus précise, les soldes des échanges extérieurs des 29 grands secteurs de l'économie française en 1973 et en 1976, il est alors possible de distinguer deux catégories de secteurs selon que ce solde s'est amélioré ou détérioré. Si l'on classe les secteurs à l'intérieur de ces deux catégories dans l'ordre des soldes décroissants on obtient le tableau suivant qui, lui, justifie toutes nos inquiétudes.

Le premier motif de notre inquiétude, qui serait à lui seul suffisant si d'autres, hélas, ne venaient encore l'accroître, est la confirmation que, durant ces trois dernières années, l'économie française n'a effectué qu'un tiers à peu près du transfert qui lui était demandé. Le déficit de la balance commerciale était de quelque 19 milliards en 1976 alors qu'en 1973, il s'agissait d'un excédent de 6 milliards. La détérioration est donc de 25 milliards environ soit les deux tiers du transfert pétrolier.

Mais, l'on est réellement surpris en constatant que la situation d'un certain nombre de secteurs se détériore gravement depuis cette date. Onze secteurs, en effet, ont vu leur solde se dégrader de 22 milliards de francs environ, si bien que la détérioration totale de notre balance due aux secteurs que l'on peut appeler déficitaires est de plus de 62 milliards de francs. Cette somme n'est que très imparfaitement compensée par les performances des douze secteurs ayant, eux, amélioré leur situation extérieure. Cette amélioration cumulée ne compte, en effet, que pour 37 milliards environ, ce qui explique bien la situation actuelle : la plus grande partie du transfert est encore à faire en dépit de l'intense redéploiement sectoriel opéré depuis lors.

A cette constatation majeure, on peut néanmoins apporter quelques nuances, plutôt optimistes. L'ampleur du déficit encore à couvrir tient en effet pour partie à un comportement de l'agriculture que l'on peut espérer purement conjoncturel. Il suffirait que celle-ci retrouve ses performances passées pour que le transfert à réaliser encore paraisse moindre. Si l'on tient compte aussi de l'accroissement du produit intérieur brut entre ces deux dates, il semble justifié d'admettre qu'en valeur relative le transfert qui reste à opérer est passé de 4 à, à peu près, 2,5 % du PIB. Il n'en demeure pas moins que l'ampleur des modifications dans les balances sectorielles est une source d'inquiétude supplémentaire. Il suffit en effet d'examiner la nature du secteur déficitaire ainsi que celle des secteurs excédentaires pour se rendre compte que l'évolution des dernières années ne peut pas se poursuivre.

Parmi ces secteurs déficitaires, on en trouve en effet un très grand nombre de producteurs de biens de consommation[1]. Certes,

---

1. Ce qui confirme l'impossibilité d'une relance durable pour la consommation.

Secteurs ayant détérioré leur situation extérieure				Secteurs ayant amélioré leur situation extérieure			
	1973	1976	Différence		1973	1976	Différence
Pétrole	— 15 804	— 56 743	— 40 939	Mécanique	— 885	6 768	7 653
Textile habillement	4 250	183	— 4 067	Automobiles	9 781	17 425	7 644
Agriculture	583	— 3 028	— 3 611	Services	13 105	20 248	7 145
Combustible. Matériaux solides	— 2 040	— 4 911	— 2 871	Construction navale. Aéronautique	2 244	8 572	6 328
Bois ameublement	— 1 336	— 3 594	— 2 258	Matériel électrique	150	3 130	2 980
Papiers. Cartons	— 2 139	— 4 353	— 2 214	Travail des métaux	— 76	1 754	1 830
Equipement ménager	— 1 701	— 3 728	— 2 027	Viande. Lait	— 345	840	1 185
Métaux non ferreux	— 5 113	— 6 527	— 1 414	Parachimie	2 343	3 247	904
Cuir. Chaussure	— 845	— 560	— 1 405	Chimie	— 542	272	814
Matériaux de construction	— 945	— 1 902	— 927	Matières plastiques	934	1 288	354
Produits alimentaires	2 273	— 1 760	— 513	Transformation de l'acier	155	494	339
Electricité	— 178	— 149	— 327	Verre	685	924	239
				Edition	— 185	0	185
Ensemble			— 62 579	Ensemble			37 600

Balance commerciale 1973 :   6 391.
Balance commerciale 1976 : — 18 588.
Différence : — 24 979.

le comportement du secteur chimique paraît à lui tout seul bien mauvais. De fortement excédentaire en 1973, il est devenu, aujourd'hui, simplement équilibré. Cependant, comme pour l'agriculture, on peut penser qu'une évolution plus favorable pourrait survenir. Mais le grand nombre de secteurs producteurs de biens de consommation qui voient leur déficit s'accroître sont une source d'inquiétude absolue. Il s'agit, en effet, du textile, de l'ameublement, de l'électroménager, de la chaussure. Pour ces quatre secteurs le déficit devient considérable puisqu'il atteint près de 10 milliards de francs. La pénétration du marché intérieur des biens de consommation s'est donc considérablement accélérée ces trois dernières années et risque de priver nos entreprises industrielles de cette base préalable à toute exportation que constituent les débouchés internes. On pourrait penser qu'il s'agit là de la conséquence à la fois inévitable, et somme toute heureuse pour le consommateur, de la concurrence triomphante des pays du Tiers Monde auxquels auraient été définitivement laissées les productions de moindre qualité (dites « bas de gamme »), notre industrie se spécialisant dans les productions à forte valeur ajoutée (dites « haut de gamme »). Malheureusement ce diagnostic résiste mal à l'examen de l'origine géographique de nos déficits dans ce domaine. On constate, en effet, que ce déficit de 10 milliards concerne, à concurrence de 75 % environ, les pays du Marché commun et, pour le reste, les pays de l'OCDE. Avec les pays dits du « reste du monde » la situation est demeurée presque inchangée[1]. Certes ces chiffres doivent être considérés avec précaution tant sont élevés les détournements de trafic. On ne sait plus guère, en effet, ce qui désormais est réellement produit à Macao, à Hong-Kong, à Francfort ou à Rome. Mais cette difficulté d'appréciation ne change rien à la généralisation d'un phénomène lourd de conséquences : dans un très grand nombre de ces secteurs producteurs de biens de consommation, l'activité d'entreprise a modifié de façon discontinue et massive ses moyens et ses procédures. Un grand nombre d'entrepreneurs individuels, de producteurs sont devenus négociants. Et, dans la mesure où le profit est au moins un de leurs objectifs, on ne voit guère comment ils pourraient en être

---

1. Cf. la note préparée pour la Commission de l'Industrie par Pierre ROUX-VAILLARD, *Analyse du commerce extérieur industriel*, 15 avril 1977.

dissuadés : on fait désormais fortune plus facilement dans le négoce que dans la production. Il est même difficile de faire fortune sinon par le négoce. Au demeurant, une telle évolution a déjà eu lieu en d'autres pays comme l'Allemagne, et se révèle indiscutablement conforme à une spécialisation internationale, au moins pour certains produits. Cependant, l'évolution dans le domaine de l'électroménager présente un aspect particulier dans la mesure où elle ne met en cause que les pays industriels voisins et notamment l'Allemagne. Comment se fait-il donc que nous soyons de moins en moins compétitifs sur des produits qui impliquent cependant beaucoup moins de capacités industrielles que sur d'autres où nous le sommes de plus en plus.

La considération de l'évolution des secteurs excédentaires aboutit, elle aussi, à un jugement plutôt pessimiste. Certes leur participation au règlement de la facture pétrolière a été considérable. Et leurs performances eussent suffi à nous rendre capable d'opérer en trois ans, à l'exemple de l'Allemagne et du Japon, la totalité du transfert (plus de 40 milliards de francs) si, précisément, d'autres secteurs n'avaient pas présenté une évolution si fortement déficitaire. Parmi ces différents secteurs excédentaires, outre les services et l'automobile, on peut remarquer ceux produisant des biens d'équipement (mécanique, construction aéronautique et matériel électrique). Nos performances dans ce domaine ont été indiscutablement remarquables en valeur absolue. Mais une fois encore, la considération de l'évolution des soldes de ces secteurs selon leur origine géographique ne peut que tempérer notre optimisme. Si l'on s'en tient au solde des échanges des biens d'équipement professionnels, on obtient, en effet, les chiffres suivants : de 1973 à 1976 ce solde s'est amélioré de quelque 14 milliards mais à la suite d'une compensation d'importance entre un accroissement de 21 milliards à l'égard du reste du monde et un accroissement du déficit (au moins 7 milliards) à l'égard des pays de l'OCDE. Cette compensation est lourde de signification. Elle implique, d'abord, que nous continuions à devoir importer un grand nombre de nos biens d'équipement des économies développées qui sont précisément nos concurrents directs dans nos relations avec ces pays du reste du monde. En d'autres termes notre redéploiement ne s'est pas fait vers l'amont des biens d'équipement et a simplement consisté à produire davantage les biens que nous étions déjà en mesure de fabriquer. Bien que l'on ne puisse pas porter un jugement propre à l'ensemble des biens d'équipement, il semble néanmoins qu'une telle évolution implique notre installation en une situation de producteur intermédiaire de biens d'équipement assez conforme (si l'on excepte l'aréronautique et le matériel militaire) à celle de pays de second rang dans le cadre du scénario bipolaire. A cet égard la place obtenue dans certains secteurs de haute technologie (matériel de précision, parachimie, mécanique de précision) n'est pas suffisante pour n'être pas d'autant plus vulnérable que la concurrence internationale irait en s'intensifiant.

Cette évolution implique, ensuite, l'adoption d'une stratégie implicite de règlement à terme du transfert, qui consisterait à intensifier avec des économies en voie de développement l'importance d'un troc entre biens de consommation et biens énergétiques d'une part, et biens d'équipement de début d'industrialisation d'autre part. Or, une telle stratégie présente, comme on peut s'en douter, de sérieux inconvénients qui incitent à s'interroger sur son opportunité. Elle nous est en effet assez particulière ou, du moins, n'est pas, sous une forme systématique, propre à l'ensemble des pays développés. Le danger est évidemment qu'une fois équipés les pays en voie de développement puissent exporter de plus en plus de biens concurrents de nos propres productions sans que nous puissions continuer à rester compétitifs des autres pays développés pour les biens d'équipement de plus en plus sophistiqués dont ils auraient alors besoin[1].

Ainsi, l'analyse de l'évolution de nos balances extérieures sectorielles depuis 1973 n'incline à aucun optimisme mais justifie plutôt un pessimisme prudent. Notre réponse au défi mondial semble avoir été limitée par l'usage trop systématique d'une politique industrielle horizontale. Dans un monde en mutation très rapide, il ne suffit plus, avec évidence, de favoriser indistinctement l'activité industrielle pour réussir notre intégration, pas plus qu'il ne suffit d'avoir des « projets » pour être « indépendant ».

Nous n'avons pas manqué, on l'a vu, de projets, mis en œuvre au

---

1. Ce point de vue est exprimé avec une vigueur particulière dans le rapport d'une Commission du CNPF alors présidée par J. Bidegain.

nom de l'indépendance. Ces trois dernières années devraient nous avoir définitivement persuadés que le rêve n'est pas l'instrument essentiel de la réussite industrielle. Il est désormais devenu tout à fait clair que la plupart d'entre eux ont échoué. « Notre Concorde » est arrêté et nous avons eu quelques soucis à trouver, pour les seize qui existent, des lieux où les faire atterrir. « Notre » sidérurgie n'arrête pas d'avoir besoin, pour ne pas régresser, de plans successifs, d'énormes paris et surtout de moyens financiers sans cesse croissants (près de 40 milliards de francs encore pour les quatre prochaines années, soit environ 0,8 % du PIB par an), et l'on ne voit guère comment elle pourra éviter, en dépit de ce nouvel appel aux contribuables, d'être totalement intégrée à un cartel européen à hégémonie allemande. Notre informatique n'arrête pas elle aussi de devoir être sauvée. Peu à peu cependant l'évidence se fait jour qu'elle ne peut plus l'être qu'à la condition de trouver des alliances internationales. Mais il n'est pas dit que le choix récemment fait en faveur d'un associé américain plutôt qu'européen soit le bon. Quelques indices laissent au contraire supposer qu'il fut à la fois bien rapide et malencontreux. Il n'est que le domaine nucléaire où le futur reste ouvert et pour une raison qu'il convient de souligner : la détention d'un monopole technologique indiscutable, la surgénération. Encore faut-il se demander pourquoi l'industrie américaine n'a pas contesté, jusqu'ici, ce monopole ; il n'est pas interdit de penser qu'elle préfère peut-être laisser à d'autres le soin de développer des productions dont les risques de pollution sont considérables.

Ces échecs sont d'autant plus significatifs que ces projets ont depuis vingt ans environ mobilisé une fraction considérable de notre PIB (sans doute aux alentours de 2 %). S'il est à la fois vain et injuste d'incriminer aujourd'hui ceux qui les ont décidés, il est, par contre, indispensable de s'interroger sur les raisons profondes de leur insuccès. Celles-ci sont essentiellement, croyons-nous, au nombre de trois. La première réside dans une absence de réflexion sur les conséquences inéluctables de subventions publiques massives à un ensemble d'entreprises privées ou publiques. Lorsque la cassette du prince s'ouvre ainsi au nom de l'intérêt national, on voit mal qui ne s'y précipiterait et, ce, d'autant plus que les justifications à des prélèvements successifs sont à la fois faciles et fondées. Il aura fallu on ne sait trop quel quantième plan sidérurgique pour que le contrôle direct de la puissance publique devienne personnalisé et, au moins, plus effectif qu'il ne l'avait été auparavant. La seconde tient à la négligence presque totale du point de vue commercial dans les opérations qui furent engagées et, donc, à l'oubli des conditions d'une intégration mondiale réussie. On perçoit fort bien le ressort profond d'une telle attitude qui tient fort à notre histoire et à nos modes de formation qui en sont la condition. Il s'agit d'un privilège total accordé à la technologie ou, si l'on préfère, à un point de vue purement industriel. Que le produit soit « bien fait » et, si possible, élégant et à coûts de production compétitifs, et les marchés viendront de surcroît. Cette stratégie a quelques points faibles même lorsqu'il s'agit de marchés purement locaux ou nationaux. Lorsque le marché souhaité est de dimension mondiale, elle est, de la part d'un pays de moyenne importance, quasi suicidaire. Outre qu'on ne peut négliger une politique commerciale (canaux de distribution, service après vente, respect des délais et des normes...) devenue déterminante, elle suppose, en fait, résolu le problème essentiel qui est justement de s'assurer la collaboration d'autres Etats en obtenant au moins leur neutralité politique à défaut de leur neutralité commerciale. Il n'est plus douteux que, dans l'état actuel de l'économie mondiale, il faut d'abord définir et trouver le marché. Et l'on a vu combien la structuration des marchés mondiaux en oligopoles relativement stables rend difficile toute nouvelle entrée. L'accord des Etats étrangers doit garantir une part de marché non négligeable, nécessaire pour que l'entrée soit définitive. Ensuite, seulement, doit-on s'assurer que la production suivra.

La troisième raison se déduit aisément des considérations qui précèdent. Il y a une distinction fondamentale entre l'indépendance et le monopole industriel. L'échec de presque tous nos projets procède d'une erreur d'estimation sur la part du marché mondial qu'il faut désormais détenir pour survivre et, donc, sur les conditions nécessaires pour y parvenir. Toute entreprise ou groupe d'entreprises s'estime aujourd'hui à l'abri des difficultés lorsqu'elle assure 10 % de ce marché. Et pour acquérir une telle dimension dans toutes les productions et notamment dans celles que nous avions choisies, la France seule n'y suffit pas, sauf cas exceptionnel. La preuve en est bien qu'à mesure de l'affirmation de leurs échecs, les politiques de projets ont tenté de se sauver dans la recherche d'alliances bien trop tardives pour n'être souvent conclues que par des associés de dernière heure, attirés par une dot publique conséquente.

L'échec de la politique publique des projets n'est d'ailleurs pas la seule origine d'une indépendance manquée. Des comportements purement privés mettaient simultanément en cause notre capacité à nous intégrer mondialement dans la compensation des influences industrielles reçues et exercées. L'évolution comparée des investissements français à l'étranger et des investissements étrangers en France comme celle des brevets en est le témoignage.

L'examen de l'évolution des investissements français à l'étranger inciterait à un certain optimisme si la situation de départ et notre position relative n'étaient pas ce qu'elles sont. Ces investissements ont en effet augmenté de façon à la fois vive et régulière depuis une dizaine d'années. Depuis 1972 leur taux de croissance moyen se situe aux alentours de 25 %.

En 1975 ces investissements ont représenté environ 8 milliards de francs[1]. L'analyse de leur répartition géographique et sectorielle est certes intéressante. Les pays de la Communauté économique européenne représentaient 29 % du total ; les Etats-Unis 18 %, les pays de l'OCDE 20 % et le reste du monde 25 %.

La modification de leur répartition, depuis 1968, a été considérable, à l'avantage, précisément, de ce reste du monde et des Etats-Unis et au détriment des pays de la zone franc qui représentaient encore en 1968 29 % et ne représentent plus que 7 % en 1975. Leur répartition sectorielle fut en faveur des productions énergétiques puisque celles-ci absorbent 42,1 % de nos investissements alors que l'industrie arrive en seconde position avec 27,5 % et les services avec 25,5 %[2].

Il n'est guère douteux qu'aussi bien dans son évolution que dans sa répartition géographique et sectorielle, l'investissement français à l'extérieur a manifesté, ces dernières années, notre souci d'assurer des sources d'approvisionnement à long terme et celui de nous voir installer çà et là des têtes de ponts pouvant garantir nos exportations

---

1. L'ensemble des données dont nous faisons usage ici ont été obtenues au ministère de l'Economie et des Finances.
2. Plus précisément encore l'investissement dans le secteur du pétrole arrive en tête : 40 %, puis le secteur des métaux : 15 %, puis l'investissement dans le secteur financier : 9 % ; le commerce : 8 % et la chimie avec 4 %. Là encore, on note une très rapide modification de cette répartition à l'avantage très net depuis 1970 des deux premiers secteurs qui viennent d'être indiqués, c'est-à-dire le pétrole et les métaux.

dans le futur. Mais cet effort reste singulièrement limité comparé à celui de nos concurrents et même à nos propres ressources. L'investissement français à l'étranger ne représente toujours que 5 % de l'investissement des Etats-Unis, 40 % de l'investissement allemand ou japonais et 20 % du britannique.

On conçoit donc qu'en de nombreuses circonstances nous pourrions manquer de moyens indispensables au développement de nos projets. Bien que ces toutes dernières années nos habitudes aient commencé à changer et que les stratégies d'un certain nombre de grands groupes français aient désormais fait une place de choix au rachat d'entreprises à l'étranger ou aux opérations dites de *venture capital*, l'investissement français ne représente toujours que 0,5 % environ de notre produit intérieur et 2 % de notre formation brute de capital fixe. L'extraversion de notre investissement est restée très faible alors même que nous nous internationalisions rapidement par nos flux d'échanges. Comment, dans ces conditions, pourrions-nous ne pas subir de l'extérieur plus d'influence que nous n'y avons exercé. Telle est bien, en effet, la conséquence de l'évolution des investissements étrangers en France depuis une quinzaine d'années : le contrôle des entreprises étrangères s'est considérablement accru depuis la fin de 1974[1].

Ce contrôle s'élevait à 52 % pour le secteur pétrolier ; 32 % pour l'électronique ; 24 % pour la chimie : 28 % pour les métaux non ferreux, 17 % pour le fer et la sidérurgie ; 52 % pour l'industrie navale ; 18 % pour le caoutchouc ; 46 % pour la biscuiterie. On peut ainsi estimer aujourd'hui que 12 % de la production industrielle française est sous contrôle effectif (à plus de 50 %) de l'étranger. Cet investissement étranger semble de plus avoir été effectué selon des choix précis imposés certes par la rentabilité différentielle mais aussi par les perspectives de croissance du marché national et du marché mondial.

Ainsi, sous l'instigation des Etats-Unis et de l'Allemagne, les entreprises multinationales ne cessaient d'affirmer leurs positions dans les branches à développement rapide. Et il est hors de doute qu'une dissymétrie à notre désavantage s'établissait. Les entreprises françaises contrôlent un pourcentage plus que réduit de la production

---

1. Cf. Rapport sur la vulnérabilité de l'industrie française au développement national, CGP, janvier 1974, ainsi qu'un document de l'INSEE resté assez confidentiel : *Forces et faiblesses de l'économie française*, novembre 1974.

industrielle de leurs partenaires alors que ceux-ci peuvent désormais déterminer nos choix industriels de façon très notable.

Encore faut-il ajouter ici une considération fondamentale pour l'avenir : l'évolution de la balance technologique. De 1962 à aujourd'hui notre balance de brevet a présenté un déficit croissant de 350 millions de francs environ en 1963 à plus d'un milliard en 1973. Certes là encore il faut se garder de conclusions hâtives ; on connaît mal en effet l'importance exacte des productions sous licence ; de plus, l'évolution des différentes redevances est déterminée par celle des différents systèmes de prix d'imputation pratiqués par les multinationales dont il est difficile de connaître le contenu exact et encore plus les modifications futures. Mais le sens du mouvement est net : le nombre de brevets français ne cesse pas d'être, en valeur relative, inférieur à celui de nos concurrents (35 brevets par 10 000 habitants, 62 en RFA et au Japon ; 93 en Suisse) ; le déficit à l'égard des Etats-Unis et de la Suisse représente désormais plus de la moitié du déficit total et n'est plus compensé que par des excédents restant limités — un peu comme c'est le cas pour les exportations de biens d'équipements — aux pays du reste du monde, c'est-à-dire essentiellement aux pays méditerranéens et aux économies de l'Est.

Ainsi le diagnostic est-il relativement facile. Notre vulnérabilité directe reste grande. Notre fameuse indépendance n'a cessé de se réduire. Et l'on voit très mal comment cette évolution pourrait être arrêtée tant nos moyens sont inférieurs à ceux d'autres pays.

Le bilan des conséquences du développement industriel et de la politique, dont celui-ci fut l'expression depuis 1958, est en définitive assez clair. Il est celui d'une croissance rapide qui a emporté avec elle toute la société française sans parvenir à nous intégrer à l'économie mondiale de façon définitive. La politique industrielle suivie depuis 1962 a, certes, été déterminante de la croissance connue jusqu'en 1973 mais elle aura été trop globale pour ne pas nous rendre très difficile l'adaptation à un marché mondial fortement perturbé. En fait, cette politique horizontale a provoqué une dépendance croissante et profonde de notre économie à l'égard des autres économies développées que traduit la précarité de l'équilibre de nos échanges extérieurs avant 1973 et du déséquilibre durable et massif depuis lors. La politique de projet n'aura pas réussi à réduire cette dépendance, se révélant incapable de garantir l'existence de monopole technologique, condition nécessaire d'un développement ultérieur plus tranquille au sens où l'avantage supérieur du monopole est justement cette tranquillité. Avant même que de s'interroger sur l'avenir, il est, croyons-nous, nécessaire de se demander pourquoi nous sommes plus de quatre ans après les événements de 1973 dans cette situation alors que, nous l'avons vu, d'autres pays ont réussi à effectuer le transfert. Il existe à cela plusieurs raisons :

La première est dans une incontestable dissymétrie entre les politiques de « STOP » et celles de « GO ». Les premières ont toujours été beaucoup plus timides que les secondes. Les ponctions fiscales opérées par le premier Plan Fourcade (juillet 1974) et par le Plan Barre (septembre 1976) sont sans commune mesure avec l'importance des déflations provisoires qui eussent pu permettre de réaliser le transfert de 4 % de la PIB auquel fut et reste tenue l'économie française. Dans les deux cas, ce prélèvement reste inférieur à 1 % de la PIB, et l'on doit rester perplexe sur l'intensité de la campagne qui fut jugée nécessaire en septembre 1976 pour faire accepter un accroissement des impôts directs qui ne représenta pas plus de 0,4 % de la PIB, fut d'ailleurs redistribué aussitôt aux agriculteurs et alimenta la croissance de l'épargne privée la plus traditionnelle.

L'intensité de la dépression de 1975 qui suivit les mesures de 1974 ne saurait leur être imputée. La France fut bien davantage victime de la conjoncture internationale que de ses propres mesures d'assainissement. On voit aujourd'hui avec le plan Barre qu'il suffit à cette conjoncture d'être tout simplement « normale » pour que la France ne connaisse qu'une récession limitée — c'est-à-dire continue à devoir enregistrer un déficit extérieur qui lui posera à nouveau problème sans que l'inflation diminue de façon significative et sans que l'emploi cesse de se détériorer. Au contraire les politiques de « GO », soit qu'elles aient été implicites (1974) soit qu'elles aient été opérées par la voie budgétaire ont toujours été franches et décidées. Avec évidence le taux de croissance passé reste dans tous les esprits comme un objectif à atteindre pour que, notamment (ce qui d'ailleurs nous paraît totalement erroné), la situation sociale et politique puisse en être améliorée. Aussi le second plan Fourcade a-t-il provoqué un déficit budgétaire de 4 % de la PIB dont il ne faut pas s'étonner qu'il soit quasiment égal au montant du transfert. Depuis 1973 ces 40 milliards de francs se retrouvent alternativement soit comme déficit de la balance courante soit comme déficit budgétaire soit comme la somme des deux. Ainsi en sera-t-il pour l'année 1977.

Mais cette dissymétrie s'explique elle-même par ce qui est la seconde raison plus profonde des atermoiements de la politique de stabilisation française depuis cette date : l'inadéquation entre les objectifs poursuivis et les moyens mis en œuvre pour y parvenir. L'objectif poursuivi, devenu officiel, est bien de parvenir à la situation qui est celle de l'économie allemande (c'est-à-dire effectuer le transfert par la hausse des exportations et l'intégration économique internationale croissante) et d'éviter celle des économies qui n'y parviennent pas et doivent ou régresser ou s'endetter ou faire les deux simultanément. Les moyens pour y parvenir restent certainement insuffisants. Certes ils ne se limitent pas à ceux qui ont défini les différentes politiques de stabilisation successives. Dans le domaine de la politique industrielle, notamment, l'intervention publique aura continué à être présente et sans doute mieux orientée que par le passé où les échecs avaient été, eux aussi, la conséquence d'ambitions démesurées. Mais il demeure que les politiques de stabilisation, notamment celles des « STOP », sont restées trop limitées à une politique fiscale presque inexistante, une politique monétaire peu suivie d'effets et un contrôle des prix dont toute l'histoire récente montre l'inefficacité. Or cette limitation a elle-même deux explications. La première, d'ordre historique, tient à ce que, depuis 1962, l'économie française a connu, sans en souffrir, une lente mais constante diminution de l'intervention publique, notamment celle qui s'effectuait par l'intermédiaire d'une planification à moyen terme. Sous la pression des succès (croissance forte sans trouble majeur hormis une accélération de l'inflation acceptée et même souhaitée par la plupart des groupes sociaux) l'habitude avait été prise de réduire les politiques de stabilisation à leur plus simple expression et à en confier le peu qui en restait au seul ministère des Finances. La fin de cette époque heureuse (1973) pouvait difficilement conduire à une immédiate révision des dispositifs d'intervention, d'autant plus que celle-ci n'était pas, au fond, désirée. Et l'on voit bien pourquoi l'explication devient politique : la très faible marge avec laquelle fut acquise l'élection du Président de la République (Valéry Giscard d'Estaing) qui avait précisément été le ministre des Finances de ces temps heureux où il suffisait d'annoncer son intention de lutter contre l'inflation et de réaliser l'équilibre budgétaire pour être assuré d'un succès puisque cette inflation poursuivie réalisait automatiquement l'équilibre, voire l'excédent budgétaire. Cette victoire très limitée explique, sans aucun doute, que les politiques de stabilisation aient été si timides depuis lors ; donc que la France n'ait toujours pas commencé à s'adapter, de façon définitive, aux nouvelles conditions de l'économie internationale et qu'elle ne sache toujours pas comment elle y parviendra.

Mais ne faut-il pas aller plus loin encore car il est trop facile d'incriminer un pouvoir politique, au demeurant toujours assez intelligent pour s'être imposé et se maintenir à l'intérieur d'une nation inutilement divisée. N'y a-t-il pas, en effet, dans la conjoncture française récente, matière à constater la continuité des réactions de ce pays aux contraintes extérieures auxquelles toute économie est, aujourd'hui, plus ou moins exposée. Bien qu'il faille se défendre de toute tentation à l'analogie facile et bien que le précédent de la crise de 1929 ne puisse pas être comparé aux événements de 1973, il est difficile de ne pas constater une certaine similitude entre l'évolution de l'économie française des années 1930 et celle connue depuis maintenant près de quatre ans. D'une part, en effet, comme en 1929 la crise aura touché la France après d'autres pays. D'autre part et surtout, un même phénomène de refus individuel et collectif se sera manifesté qui donne à la conjoncture des trois années qui viennent de s'écouler sa morphologie et son enchaînement. Les quatre années qui suivent 1973 (1974, 1975, 1976, 1977) présentent, en effet, des visages tout à fait différents, chacun d'entre eux étant l'affirmation de tentatives, également avortées parce que sans espoir, pour effectuer ce transfert massif dont l'existence est ou refusée ou ignorée — sauf de quelques rares responsables, privés et publics. Il faudra bien pourtant y parvenir.

2

Les voies de l'intégration de l'économie française à l'économie mondiale

Pour consciente qu'elle soit aujourd'hui, à un tout petit nombre d'individus seulement, la nécessité de réaliser le transfert définit, en effet, la nature et le contenu des projets destinés à modeler notre futur à moyen terme. Et par-delà le transfert lui-même, il devient évident que la diversité de ces programmes emporte directement celle des relations de la France avec le reste du monde. Le déficit de nos échanges extérieurs n'est jamais qu'un indice, qu'une manifestation de la difficulté que nous avons, aujourd'hui, comme toujours, à nous adapter à l'évolution mondiale. Y parvenir, ce n'est pas seulement équilibrer la balance de nos échanges extérieurs, c'est surtout modifier dans leur intimité quelques-uns des ressorts les plus profonds de notre société.

Encore doit-on indiquer aussitôt qu'il n'y a pas, comme toujours lorsqu'il s'agit de choix fondamentaux, une seule façon d'y parvenir mais bien plusieurs. Et l'interrogation essentielle est bien celle des raisons de notre choix et, d'abord, celle de l'étendue de notre liberté. Quel est le domaine, quelles sont les stratégies d'intégration à l'économie mondiale entre lesquelles il est réellement loisible de choisir ? La réponse est d'autant moins simple que certaines des stratégies qui nous sont, aujourd'hui, proposées sont inspirées beaucoup plus par certaines idéologies que par le souci de réalisme. Ainsi en est-il, avec évidence, des deux stratégies extrêmes : celle d'une intégration forcée « tout azimut » et celle d'un repliement tout aussi contraint et systématique. La stratégie de l'intégration forcée « tout azimut » inspire très directement notre « VIIe Plan » et constitue même sa faiblesse la plus intime et, à notre sens, dirimante. Les attendus du VIIe Plan relèvent du catalogue des vœux pieux dont on perçoit l'utilité essentielle : accréditer l'idée selon laquelle l'économie française doit pouvoir s'intégrer à l'économie mondiale par la croissance privilégiée de ses exportations, impliquant elle-même une croissance future analogue à celle du passé. Le VIIe Plan choisit en effet, comme l'un de ses objectifs prioritaires, le rééquilibre de nos échanges extérieurs et toute son articulation découle des moyens pour y parvenir, laquelle inspire son premier chapitre : « Produire pour exporter ». C'est par la croissance prioritaire des exportations que l'économie française s'intègre au monde en conservant la rapidité de sa croissance passée. Les « prévisions » sont même, à cet égard, des plus débridées puisque au terme des simples mesures d'accompagnement de l'exportation[1], nous serons censés obtenir en 1980 un excédent de nos échanges de produits industriels de l'ordre de 40 milliards de francs et un excédent de produits agricoles de l'ordre de 20 milliards de francs.

Ce beau programme tenait, pour certains, tient toujours, du rêve à l'état pur. Nous croyons avoir montré que notre évolution économique et industrielle passée était précisément telle qu'elle légitimait davantage les inquiétudes que les optimismes. Et l'on peut donc se demander comment tant de spécialistes ont pu cautionner un tel plan. La réponse est cependant aisée : il y a deux ans encore, il n'existait qu'un consensus à peu près général — contre lequel nous nous élevions déjà (sans aucun succès à l'intérieur des commissions du Plan) : une croissance forte de 6 % était la condition à la fois nécessaire et suffisante à la fin de nos maux les plus permanents : inflation, emploi et balance. Qui n'a point vu, à l'occasion d'un tel programme, les syndicats ouvriers et patronaux s'étreindre avec une force qu'égalait seulement l'ambiguïté, ne saurait apprécier toutes les raisons de ce faux accord social. Mais à qui avait simplement observé l'évolution passée de l'économie française et celle de l'économie mondiale, il était, voici trois ans déjà, absolument clair qu'une telle croissance était impossible beaucoup plus encore qu'explosive.

Une seconde stratégie, tout aussi extrême, anime l'espoir d'autres pouvoirs économiques sociaux : celle d'un repliement tout aussi systématique et utopique que ne l'est l'espoir du Plan. Bien qu'il ne

---

1. VIIe Plan, A. P., n° 9, p. 104.

s'agisse pas d'un document aussi officiel et public que le Plan, cette seconde stratégie a néanmoins fait l'objet d'une publication officielle à l'occasion des recherches effectuées par un certain nombre de laboratoires d'inspiration politique reconnue[1].

Sous sa forme la plus extrême, la stratégie de repliement a été présentée et développée dans le cadre du scénario dit « Compter sur ses propres forces ». La justification d'une fermeture progressive de l'économie et de la société française aux influences extérieures réside essentiellement dans le refus d'appartenance à un monde capitaliste de plus en plus dirigé par les Etats-Unis. Ainsi voit-on apparaître le souci de diminuer la dépendance (amont et aval) de notre économie à celle du monde[2]. Plus intéressant est de savoir jusqu'où et surtout comment revenir ainsi à une autarcie relative qui fut la caractéristique essentielle de notre économie jusqu'en 1945.

A entendre les auteurs de cet autre Plan, ce pourrait être très loin et, bien évidemment, sans grandes contraintes ou si peu. Très loin dans la mesure où la substitution de notre propre production à nos importations actuelles nous rendrait indépendants en matière alimentaire et réduirait considérablement notre taux de dépendance en matière d'énergie, de métaux non ferreux[3]. Mais très loin, aussi et surtout, dans la mesure où nos exportations seraient elles aussi considérablement diminuées. C'est ainsi que l'on peut lire (phrase extrême d'un scénario extrême ces morceaux d'anthologie d'un programme industriel, sans aucun doute, séduisant) :

— « pour les vêtements : reconversion pour en laisser la fourniture aux pays neufs » ;
— « automobiles » *idem !* ;
— « exportations de (vins, champagne, parfumerie), poursuivre et

---

1. Restructuration de l'appareil productif français, in *Travaux et recherche de prospective*, La Documentation française, 2 t., juillet 1976.
2. P. 180 et s. *op. cit.* (on ne peut, à cet égard, s'empêcher de citer une des phrases qui donne à cette recherche son ton et sa saveur selon laquelle « il n'est pas bon de désespérer totalement de l'avènement d'une coopération économique mondiale à échanges réellement complémentaires et égaux et où le développement du commerce international, devient effectivement synonyme de prospérité »).
3. Notre dépendance devait, selon ce scénario, diminuer de 70 à 20 % pour tous ces produits en même temps que serait assuré, avec chaque pays, l'équilibre de la balance des produits manufacturés (électronique inclus !).

planifier des reconversions immédiates en cas de crise protectionniste pour empêcher la disparition des emplois »[1].

Mais c'est encore le comment qui présente ici le plus d'intérêt. On y trouve en effet la même volonté démagogique que dans le Plan. Il y a même, en certaines phrases, des rencontres remarquables[2]. Ce repliement, bien entendu, n'est ni protectionniste ni xénophobe ! Il implique surtout une volonté publique collective d'indépendance et une modification d'un mode de vie qui est surtout limitée à une réduction de gaspillage (?)[3] garantie par une politique industrielle appelée « stratégie de restructuration de la production ». C'est peut-être dans ce dernier domaine, celui des modalités, que l'on trouve le plus de points communs entre ces deux projets de société. Dans les deux cas, en effet, il suffit de mesures psychologiques, éventuellement de quelques aménagements de notre politique industrielle interne pour parvenir à des fins, d'ailleurs, opposées. Dans les deux cas, la croissance forte est, bien entendu, maintenue tant sont négligées et peut-être tout simplement incomprises les nécessités du transfert. Dans les deux cas, il n'est point besoin de réduire la consommation, d'intervenir directement au niveau de la balance des échanges extérieurs, ni même de revenir à des formes atténuées de protectionnisme.

Pour opposées qu'elles soient, ces deux stratégies ont, à l'évidence, un même objectif : exprimer les souhaits d'un certain nombre de pouvoirs économiques et sociaux dont le clivage, ainsi réalisé, est loin d'avoir la simplicité du clivage politique actuel. Mais elles ont, surtout, hélas, comme ressemblance profonde, d'être toutes deux irréalisables. Ces trois années ont, comme nous croyons l'avoir montré, révélé de façon définitive que la stratégie de croissance explosive était impossible. Mais il suffirait aussi de moins de quelques mois pour que les Français dans leur immense majorité expriment

---

1. Pour cette dernière mesure, il manque de façon indiscutable une recommandation supplémentaire : ce qu'il conviendrait de faire à la place du vignoble champenois.
2. Par exemple celle faisant de la large campagne d'explication publique un élément essentiel de sa volonté collective qui est censée, à elle toute seule, assurer le succès des politiques pourtant profondément différentes.
3. Les historiens noteront sans doute l'utilisation massive faite ces derniers mois de la notion de gaspillage dont les réductions sont désormais censées permettre toutes les acrobaties.

leur refus à l'ensemble des mesures nécessaires à un repliement que l'on ne pourrait même pas justifier au nom de l'indépendance.

Le champ de nos possibles se situe quelque part entre ces deux rêves. Il nous paraît encore ouvert mais, sans doute, beaucoup moins qu'on ne le croit : les voies de l'intégration de l'économie française à l'économie mondiale sont fort étroites et passent par l'adoption de trois politiques absolument imbriquées :

— une nouvelle politique industrielle ;
— une nouvelle politique économique ;
— une nouvelle politique internationale.

A / LA NÉCESSITÉ D'UNE NOUVELLE POLITIQUE INDUSTRIELLE

Comme on l'a déjà souligné, le terme de politique industrielle est trop ambigu pour ne pas valoir précision. Il concerne, en effet, toutes les actions privées et publiques qui ont pour but l'évolution de notre production industrielle. On n'envisagera cependant, ici, que les actions désormais souhaitables des pouvoirs publics. Celles-ci ne peuvent s'envisager que par rapport à celles des agents privés qui restent, en ce domaine, les plus déterminantes — sous réserve des nationalisations prévues et réalisées par un feu Programme commun. Deux constatations s'imposent ici. D'abord que les entreprises françaises ont déjà commencé à prendre conscience de l'impératif mondial. Ensuite que la poursuite et les résultats de leur effort impliquent une action publique autrement orientée que dans le passé.

Ce sentiment, pour sommaire et dépendant qu'il soit des nombreuses précisions qui peuvent être apportées aux modalités de la politique industrielle, doit néanmoins être considéré comme le guide le plus sûr à la définition du contenu des actions publiques. Celles-ci doivent, en effet, emprunter désormais un nouveau visage inspiré par les échecs du passé en même temps que par les forces et les faiblesses apparues durant ces deux dernières années. Ainsi, une politique verticale doit se substituer à la politique horizontale, une politique structurelle à la politique de projet et un certain nombre de mesures d'accompagnement des actions industrielles doivent-elles être prises.

1 / LA NÉCESSITÉ D'UNE POLITIQUE VERTICALE

La constatation des échecs d'une politique horizontale est suffisamment forte pour en justifier la limitation. L'industrie reste, cependant, l'outil majeur de notre mondialisation. On ne doit donc pas la laisser sans encouragements et aides. Celles-ci doivent simplement devenir spécifiques.

Quatre directions essentielles de cette politique verticale paraissent souhaitables :

— *La première* concerne l'existence et les moyens d'une politique spécialement consacrée à la réduction des importations. Celle-ci est à la fois nécessaire et sous contraintes. Absolument nécessaire dans la mesure où il est plus urgent encore d'annuler et peut-être d'inverser notre inégalité historique entre l'élasticité des importations et celle des exportations qu'il ne l'est encore de « casser l'inflation »... La réduction des importations ou plus précisément de la propension à importer ne pourra jamais avoir lieu sans faire l'objet de volontés délibérées, assorties de moyens importants. On peut, certes, faire l'inventaire de toutes les petites mesures (achats publics et privés préférentiels des produits français, jeux des clauses de sauvegarde, protectionnisme administratif à l'américaine) qui peuvent y concourir.

On peut même convenir d'en prendre quelques-unes. Mais il faut être conscient que toutes les mesures de cette nature seront considérées comme autant d'appels et de justifications à un protectionnisme systématique dont l'industrie française a connu jusqu'en 1945 tous les inconvénients. Et aussi qu'elles ne sauraient suffire tant sont élevés les contenus en importations d'un certain nombre de biens d'investissement et de consommation[1].

---

1. Sur le contenu en importations, voir le document de la Direction de la Prévision. Ce document rend, malheureusement, mal compte du contenu en importations des biens d'investissement.

Trois secteurs doivent, cependant, faire l'objet d'attention particulière :

Le premier est, bien entendu, celui de l'énergie. On n'insistera guère ici sur les seules modalités possibles d'une amélioration réelle, rapide et durable de notre balance énergétique : ceci passe avec évidence par la substitution de l'énergie atomique à l'énergie pétrolière. Il ne convient qu'à peine de signaler une contrainte écologique, au demeurant souhaitable, ne fût-ce que pour empêcher des précipitations et des imprudences qu'aurait sans aucun doute facilitées une adhésion unanime et inconsciente au « tout atomique » et tout de suite. Comme chacun sait, ce ne sont point ceux qui décideront la construction des centrales qui iront installer à proximité leur résidence secondaire et encore moins principale.

Mais la contribution des autres sources d'énergie n'en apparaît pas moins devoir rester longtemps encore secondaire, voire d'appoint. Il convient surtout d'insister sur les conséquences d'un tel choix en termes d'investissement.

C'est aux alentours de 2 % du produit national qu'il convient de chiffrer l'importance de l'effort à accomplir et, ce, pendant de nombreuses années.

Il est un second secteur à considérer ici : celui de la mécanique qui est, on l'a vu, celui dont l'amélioration de la balance commerciale a été la plus vive et qui s'est en même temps internationalisé. Ce secteur doit être encouragé de façon désormais systématique dans la mesure précisément où ses performances récentes indiquent bien que l'on pourrait encore réduire son déficit toujours considérable, soit près de 18 milliards de francs[1]. Les importations de mécanique représentent, en effet, près de 9 % de nos importations totales, ce qui place ce secteur en seconde position après celui du pétrole brut. A cette situation, au moins deux raisons essentielles. Il n'est pas d'entreprises françaises qui participent activement à l'oligopole mondial, ce qui limite nos capacités d'exportation. Mais plus encore, semble-t-il, il faut mettre en cause la valeur très élevée du contenu en importations de nos exportations. A ce titre, toute internatio-

---

1. Telle est, en effet, la situation de ce secteur qui a amélioré en trois ans ses performances commerciales de près de 8 milliards de francs mais qui reste néanmoins aujourd'hui déficitaire de 18, ce qui représente plus de 1 % du produit national.

nalisation du secteur mécanique est plus la conséquence d'une contrainte technologique que l'expression d'un choix délibéré. Chacun connaît le nombre et la nature de ces machines à faire les machines qui ne se trouvent qu'en Suisse ou en Allemagne. Notre industrie mécanique doit, pour s'internationaliser de façon positive, s'étendre en son amont.

L'ouverture récente du marché mondial à certains produits de la mécanique française doit permettre de jeter les bases d'une politique qui la mette en mesure de réduire son déficit considérable. Pour un très grand nombre de raisons, il apparaît que celle-ci ne saurait être, comme elle le fut en d'autres secteurs depuis vingt ans, limitée à des mesures de concentration. Il est même vraisemblable que celles-ci devraient être des plus réduites. C'est sans doute en favorisant des stratégies de diversification « amont » soit sur le territoire national, soit par achat d'entreprises étrangères, que la plus grande efficacité pourrait être trouvée.

Mais les exigences en matière d'investissement s'imposeront quelles que soient ces modalités. On ne voit guère comment modifier sérieusement notre secteur de la mécanique sans y consacrer un effort massif de l'ordre de 0,5 % du produit national. Nul doute qu'avec les sommes consacrées au Concorde on aurait déjà pu fabriquer un certain nombre de machines dont la vie utile n'eût pas dépendu de l'obtention d'un droit d'atterrissage, lui-même soumis aux belles simplicités de la procédure civile et publique américaine.

Il existe enfin un troisième secteur pour lequel une action au moins aussi urgente, mais à notre sens beaucoup plus facile, s'impose. C'est celui des biens d'équipements ménagers dont le déficit atteint pour l'année 1976, 4 milliards de francs soit près de 0,3 % du produit national. Quelles que soient les excellentes explications proposées par les industriels français, on persistera longtemps à ne pas très bien comprendre pourquoi il nous est loisible d'avoir une industrie aéronautique française d'un pays développé, de résister à la concurrence internationale dans le domaine des équipements électroniques professionnels sans pour autant être capables de produire des frigidaires, des machines à laver et autres biens démocratiques aussi bien que la plupart de nos partenaires européens. Le goût de la sophistication et du marché public a joué dans ce domaine un rôle essentiel qu'il convient désormais de réduire définitivement. Les moyens techniques existent pour qu'il en soit ainsi à brefs délais. Quant aux « mentalités » il suffira d'adopter d'autres critères à un certain nombre de subventions pour les modifier brutalement. Et il paraît tout aussi facile de faire comprendre aux grands distributeurs qu'on ne peut franchir un certain seuil d'indifférence aux problèmes d'intérêt national.

La seconde concerne les efforts consacrés à l'accroissement de nos exportations. L'opportunité de nos actions doit être, ici, gouvernée par la considération de nos dotations en facteur et de nos performances passées. Deux types d'activités méritent une attention particulière.

D'abord, toutes celles qui dérivent de l'agriculture. On doit, à cet égard, noter que désormais l'apport de notre agriculture à l'équilibre de notre balance des paiements dépend totalement de nos accords internationaux et qu'il ne nous appartient plus guère de l'accroître à partir des décisions purement nationales. Il est même à peu près certain qu'il s'agit là d'une activité qui limite de façon considérable nos éventuelles tentations protectionnistes. Mais il n'en est pas de même dans le domaine des industries agro-alimentaires au sens large du terme qui porte le témoignage de nos négligences passées. On ne saurait entrer ici dans l'analyse détaillée de ces industries. On doit cependant insister sur le fait qu'elles sont composées d'industries anciennes (sucre, industries meunières, industries laitières) et d'industries modernes (industries alimentaires, du bétail, industries des volailles, industries de transformation de la viande, plats cuisinés et produits diététiques).

Or, il est clair que nos performances sont bonnes en ce qui concerne les industries anciennes, depuis longtemps excédentaires, mais restent invraisemblablement mauvaises en ce qui concerne les industries modernes. Depuis beaucoup trop longtemps, la France vit sur son industrie agro-alimentaire ancienne et néglige, complètement ou à peu près, ses industries modernes qui n'ont été développées sur notre sol que par les sociétés multinationales.

Quelques anomalies valent le rappel :

— La France dispose du plus grand potentiel de production fourragère d'Europe mais enregistre un déficit en viande dû essentiellement aux importations de porc.

— Nos taux de dépendance pour le riz, le soja, les légumes courants n'ont cessé de s'accroître ces dernières années.

— Le solde négatif de tous les produits de la pêche avoisine les 200 000 t ; les Pays-Bas accusent un excédent de plus de 100 000 t.

— 40 % de nos exportations agro-alimentaires sont constitués de produits à valeur ajoutée faible ou nulle, etc.

Cette situation a, d'ailleurs, une explication assez proche de celle qui s'impose pour les biens électroménagers. Notre politique agricole est depuis près de deux siècles à la fois horizontale et orientée, pour des raisons sociologiques diverses, au privilège des industries anciennes. Les inconvénients d'une telle politique vont d'ailleurs, désormais, au-delà de la seule évolution défavorable de notre balance extérieure des IAA. Elle est, en effet, intimement liée à celle de la mécanique dans la mesure où nos taux de dépendance, pour la plupart des biens d'équipements nécessaires aux industries agro-alimentaires, sont des plus élevés, atteignant 90 % pour l'ensemble des matériels spécialisés et près de 60 % pour les matériels de conditionnement.

La situation est tellement défavorable, compte tenu de nos atouts naturels, qu'une politique en ce domaine ne dépend que de notre volonté. A vrai dire, il suffirait que l'industrie agro-alimentaire cesse d'être traitée comme un sous-ensemble de l'agriculture (on pourrait dire, en forçant un petit peu le propos, comme un sous-ensemble de la meunerie) pour être enfin considérée comme un partenaire de la production agricole dans la valorisation de notre agro-économie. La situation alimentaire mondiale actuelle devait d'ailleurs inciter à ce qu'une telle politique soit rapidement adoptée.

Ensuite, toutes les activités nouvelles dont on perçoit déjà le développement préférentiel dans le commerce mondial de la fin du siècle. Il s'agit, essentiellement, de la parachimie, de la para-informatique, des matériels électriques spécialisés où l'industrie française vient d'affirmer sa vocation naissante mais concurrentielle. La politique verticale doit, ici, se faire des plus précises et trouver les critères de choix dans les prévisions de la demande mondiale et dans la considération des filières spécifiques où elle pourrait se spécialiser.

Une troisième direction d'une politique sélective de branche doit concerner les secteurs qui ont toujours contribué à satisfaire à nos quatre contraintes (emploi...). Parmi ceux-ci, le verre, l'automobile, les bâtiments et travaux publics, les transports et télécommunications. La part déjà prise dans la FBCF par ces secteurs interdit que l'on songe à en augmenter encore l'importance. Mais précisément à cause de cette importance, ils ne devraient pas être spécialement encouragés mais non plus découragés. Sous réserve des actions dites structurelles, cette surveillance est, à vrai dire, compatible avec une politique faiblement sélective.

Il en va sans doute autrement pour les secteurs relevant de *la quatrième direction* : ceux qui, tels le textile, l'habillement, l'aéronavale, les combustibles minéraux solides, présentent des évolutions défavorables du point de vue des différents critères retenus, tout en occupant, du point de vue de l'emploi, une place de choix. Qu'on le veuille ou non, des procédures d'intervention sélectives devront être prises, plus ou moins intenses et privilégiées selon le moment où elles deviendront absolument nécessaires. Il s'agit là d'industries à restructurer et l'urgence de cette restructuration traduit une fois encore la faiblesse de nos actions horizontales passées.

Définir ainsi les voies essentielles d'une politique verticale n'implique pas pour autant que l'on attribue à la verticalité les vertus totales qui furent jusqu'ici accordées à l'horizontalité. L'invocation au secteur ne suffit en définitive pas plus que celle à l'activité industrielle tout entière. Chaque secteur, surtout lorsque la dissociation est aussi sommaire que celle utilisée ici, abrite en fait une multitude de produits différents et, aussi, un ensemble fort hétérogène d'entreprises aux capacités très inégales. Il convient donc de ne pas négliger, à l'occasion de la politique verticale, la diversité des actions et surtout celle de leur point d'application. Les directions précédemment définies ne doivent servir en fait qu'à déterminer un certain nombre de champs d'action souhaitables qui, une fois repérés, devraient être exploités pour :

— rechercher les sous-branches et, plus précisément, les ensembles de produits pour lesquels des résultats favorables pourraient devoir être atteints au moindre coût ;

— repérer soigneusement les entreprises les plus capables d'atteindre ces objectifs ;
— plus précisément encore, localiser avec soin ce que nous appelons des actions nodales, c'est-à-dire celles qui concerneraient simultanément des secteurs différents et auraient, de ce fait, des conséquences démultipliées. Ainsi en est-il, par exemple, du développement des entreprises mécaniques fabriquant les biens d'équipement pour les industries agro-alimentaires ou, autre exemple, celles de ces industries fabriquant les biens nécessaires à la production des équipements électroménagers.

Enfin, à un stade de développement plus avancé de la politique verticale, examiner dans quelle mesure la France ne pourrait pas se spécialiser plus nettement dans la production d'un ensemble de biens liés le long d'une chaîne industrielle, c'est-à-dire dans un certain nombre de filières.

Ces précisions ne sauraient cependant masquer le fait essentiel qui, à la fois, définit et justifie la politique verticale : opérer une modification sensible dans la répartition de notre formation brute de capital fixe à l'avantage des activités à encourager et — ce qu'on dit moins souvent — au détriment de celles pour lesquelles il convient simplement d'organiser la récession absolue ou relative.

En dépit de ces précautions on doit, néanmoins, craindre que les difficultés de notre intégration mondiale ne soient telles qu'il ne faille envisager des interventions plus précises encore.

2 / LA NÉCESSITÉ D'UNE POLITIQUE STRUCTURELLE

Les interventions industrielles relevant d'une politique structurelle ne sont pas nouvelles. Le développement de notre appareil de production s'est opéré depuis l'origine de la révolution industrielle sous l'effet de décisions qui, pour les plus lourdes de conséquences, ont presque toujours impliqué la connivence ou, au moins, la complicité des autorités administratives et des entrepreneurs, privés ou publics. Bien qu'une telle collaboration ait été un des traits caractéristiques de l'économie française et qu'elle ait été beaucoup moins marquée en d'autres pays (l'Allemagne par exemple), elle est devenue la règle, même dans les économies qui passent pour les plus capitalistes (les Etats-Unis) où elle se fait intimité, notamment dans cette partie essentielle de nos structures industrielles que constituent les industries d'armement. L'imbrication des décisions publiques et privées est un fait qui permet, à certains, de présenter aujourd'hui une vision manichéenne du capitalisme d'Etat où les responsables politiques ne feraient que gérer, par la voie administrative, les intérêts des entreprises privées et, par là, ceux du « bloc au pouvoir ». Cette vision est, bien entendu, simpliste. L'intérêt collectif — en fait, l'ensemble des intérêts individuels — se fraye la voie au travers des décisions publiques.

Mais l'est autant la défense d'un capitalisme libéral excluant les interventions publiques, défense à usage idéologique incompatible dans les faits avec les cours que sont devenus, depuis longtemps, les cabinets ministériels.

Cette imbrication des pouvoirs publics et privés, jusque-là limitée aux macrodécisions et à la politique horizontale, ne saurait que devenir aujourd'hui plus nécessaire et plus intense dans la mesure où les décisions industrielles d'importance mettent déjà et mettront toujours davantage en cause le marché mondial qui se constitue sous nos yeux sous l'influence conjuguée des Etats et des firmes multinationales. Il devient évident que les deux grands centres de pouvoir légués par les deux siècles précédents que sont les Etats-Nations et les grandes entreprises oligopolistiques devraient parvenir à structurer l'espace industriel mondial dans les décennies qui viennent. Et il n'est pas de scénario de ce développement qui ne fasse implicitement ou explicitement leur place relative à ces deux agents[1].

L'interrogation centrale de ce temps est peut-être beaucoup plus organisationnelle » que sociale ou morale. Il s'agit moins de savoir quelle place faire aux décisions individuelles ou quelle évolution des classes sociales considérer comme prévisible ou souhaitable que de définir le rôle relatif des firmes et des Etats dans les grands choix industriels et économiques. Les évolutions passées ainsi que l'état actuel des forces en présence permettent de penser que le rôle des grandes entreprises devrait être essentiel. Les Etats-Nations

---

1. Le scénario bipolaire du GRESI est d'abord celui où s'exerce en priorité, sinon de façon exclusive, le pouvoir des grandes entreprises tandis que le scénario opposé, le scénario méditerranéen, ne peut se réaliser sans la prééminence des décisions des Etats-Nations.

sont désormais le siège de forces centripètes (les communautés primaires : régions, villes...) et centrifuges (les grands ensembles : Europe) qui devraient occuper une part notable de leur énergie. De plus le développement du multilinguisme et la raréfaction des guerres leur oteront deux des raisons les plus fortes de leur cohérence. A l'inverse, les grandes entreprises sont des organisations jeunes dont le pouvoir n'a commencé à devenir visible qu'après la seconde guerre mondiale. Elles n'ont point de frontières naturelles et peuvent se répandre sans devoir, pour cela, engager les coûts imposés aux nations. Elles constituent les agents privilégiés du développement de l'espace mondial encore non industriel, ayant, qu'elles soient socialistes ou non, le monopole de la réalisation des grands projets technologiques. Elles sont, enfin, animées d'une cohérence interne qui en fait l'incarnation actuelle des Templiers[1].

Quel que soit l'Etat-Nation, « socialiste » ou « capitaliste », le développement des grandes entreprises se confondra partiellement avec le devenir national et ne pourra donc pas être laissé sans aides, incitations, orientations et surveillance publiques. Le moment actuel de notre politique industrielle devrait illustrer ce phénomène et, plus, conduire à une réflexion, pratique et théorique, sur les modalités préférables du concours du pouvoir des Etats et des entreprises nationales pour asseoir durablement le développement national dans celui de l'espace mondial. On peut déjà en distinguer les contours, différents d'ailleurs selon que l'on considère les actions orientées principalement vers la structuration de l'espace national ou celles dont les objectifs sont franchement internationaux.

Si l'on s'attache, d'abord, à la politique structurelle à objectifs essentiellement nationaux[2] deux types d'action vaudraient d'être développés et systématisés.

Le premier est celui de la mise en œuvre structurelle de certaines politiques de branches. Comme on vient de le souligner à propos des politiques de branches en général et de certaines en particulier

---

1. Cf. A. Cotta, *Le pouvoir des firmes multinationales*, Colloque du CNRS, Rennes, 1974, ainsi que Les grandes entreprises seront les agents du futur, *Le Figaro*, 29 mai 1976.
2. Cette distinction est partiellement artificielle : l'aménagement des conditions de fonctionnement de l'industrie emporte évidemment des effets internationaux et réciproquement. Mais la distinction vaut néanmoins.

L'intégration de l'économie française 195

(la mécanique), l'état actuel du développement mondial interdit que l'on puisse songer à développer certaines branches ou sous-branches par l'intermédiaire de politiques de branches « générales » qui garderaient les faiblesses de la politique horizontale. Le développement retardé de nos industries mécaniques ne pourra être corrigé que par des actions ayant pour objectif précis de susciter l'avènement de quelques monopoles technologiques qui, s'ils restent durables, constituent la seule voie à une intégration internationale réussie (pour les branches et, en l'occurrence, pour l'économie tout entière) et devraient rendre possible, en un second temps, l'entrée des firmes françaises dans les oligopoles internationaux qui gèrent la propagation des techniques spécifiques dans l'espace mondial. Or ces objectifs ne peuvent être atteints sans intervention publique (ils l'eussent déjà été dans le cas contraire). Mais cette intervention publique doit nécessairement s'effectuer au niveau des entreprises (ou plutôt de l'entreprise) soit qu'elle conduise à la création d'une firme publique, soit qu'elle sélectionne la firme privée autour de laquelle bâtir et développer une stratégie de développement réductrice d'importations ou promotrice d'exportations, soit, enfin, qu'elle favorise la constitution de réseaux de sous-traitance stables, comme l'Allemagne en est le modèle[1]. On ne peut exclure du champ de ces actions l'éventuelle incitation à un investissement étranger destiné à susciter la compétence et la spécialisation à partir desquelles bâtir une stratégie de développement durable.

Le second est celui de l'examen systématique des chances portées par les stratégies commerciales des entreprises qui sont le siège d'une intervention industrielle. L'échec, au moins partiel, de nombreuses politiques de projet s'explique, on l'a dit, par l'absence de considération sérieuse de la réalité des débouchés et par le monopole dont fait l'objet l'attention portée aux performances industrielles. Bien qu'un tel état d'esprit ait de nombreuses racines, plus profondes qu'on ne croit, il importe que l'intervention publique au niveau des entreprises fasse désormais une place privilégiée aux inci-

---

1. Et aussi les Etats-Unis qui, en bonne économie libérale, possèdent en la Small Business Administration une organisation qui compte près de 50 000 fonctionnaires, à côté de laquelle notre organisme similaire, de création récente, fait pour l'instant pâle figure. Mais le nourrira-t-on assez pour que sa pâleur diminue ?

tations données au développement des moyens de la stratégie commerciale. Les grandes entreprises, notamment, devraient pouvoir bénéficier d'une infrastructure collective à adapter aux réalités des échanges contemporains, et surtout être aidées dans leurs plans commerciaux au même titre qu'elles peuvent l'être pour leurs projets industriels. Plus l'entreprise est grande, plus la concurrence commerciale commande la politique générale. Il y a de moins en moins de concurrence industrielle pure. Les relations existantes entre les comportements commerciaux déterminent désormais l'issue des combats industriels en même temps que les coûts de fabrication décroissants en valeur relative par rapport au coût total et par rapport aux coûts commerciaux (différenciation du produit, publicité, canaux de distribution...).

Mais c'est dans le domaine des actions à objectif international que la politique structurelle a un rôle majeur à tenir en poursuivant trois objectifs, d'ailleurs complémentaires : installer des grandes entreprises françaises dans des oligopoles mondiaux, systématiser son aide à la négociation, organiser l'accès des entreprises françaises au profit commercial.

L'installation de firmes françaises dans des oligopoles mondiaux est, sans doute, le premier objectif à poursuivre. Celui-ci est fort différent de la simple création d'une sous-branche autonome (ou moins dépendante) qui avait animé nos politiques de projet. C'est un objectif d'extraversion et non d'introversion. Il est aussi beaucoup plus difficile à atteindre dans la mesure où il doit composer avec des contraintes que des subventions, même massives, ne suffisent pas à aménager. Pour un très grand nombre de produits le marché mondial est désormais en situation d'oligopole, à peu près stable, animant une vaste sous-traitance. Il est même des branches pour lesquelles il s'agit d'un triopole, les concentrations officielles et officieuses opérées dans les trois espaces privilégiés que sont l'Europe occidentale, les Etats Unis et le Japon ayant déjà opéré l'avènement d'une situation où les centres de décision sont uniques dans les zones respectives. L'état actuel de ces oligopoles est tel que toute politique de projet est vouée à l'échec mais aussi que toute politique structurelle reste bien délicate puisqu'elle affirme la prétention de déstabiliser les relations existantes au profit des entreprises françaises. Et l'on courrait au même insuccès si l'on se lançait dans des politiques d'autant plus irréalisables qu'ambitieuses. Trois modalités d'action sont possibles :

1) le raffermissement des positions déjà occupées par les entreprises françaises dans les oligopoles mondiaux ou « régionaux » ;
2) l'entrée d'entreprises existantes ou à constituer dans ces oligopoles ;
3) l'installation de ces entreprises dans une clientèle de sous-traitance stable des firmes leaders étrangères.

Entre ces trois modalités le choix n'est pas libre. Il est bien évident que la seconde serait préférable ; mais elle est rarement possible. La troisième, pour n'être pas palpitante dans sa motivation, n'en est pas moins souvent la seule qui soit possible et qui, aménagée avec l'aide des pouvoirs publics, devrait avoir, en fait, plus d'avantages qu'il ne paraît. Quant à la première, il n'est guère d'efforts nouveaux à faire pour la mettre en œuvre sinon systématiser les relations permanentes des pouvoirs publics et des états-majors de ces entreprises.

Ce qui apparaît plus urgent est de recenser de manière systématique les chances à saisir dans ces trois directions de façon à installer nos sous-traitances le plus rapidement possible dans les branches croissantes (ou sous-traiter d'autant moins que l'on est plus rapidement indispensable au développement mondial de la demande de certains produits), pénétrer dans des oligopoles pendant qu'il en est encore temps. Les fausses querelles (indépendance ou sous-traitance) n'ont plus grand contenu au rythme où l'espace mondial se structure avec, mais aussi par-dessus, les nations.

Il reste enfin à insister sur la nécessité d'engager la politique industrielle dans des modalités qui lui permettent d'intervenir sur les caractéristiques purement commerciales des échanges internationaux. Cette nécessité a des origines diverses mais finalement convergentes. D'abord la diminution, commencée depuis déjà assez longtemps, des coûts « industriels » dans le coût total et, donc, du profit industriel dans le profit total. Cette diminution ne fait que traduire l'augmentation des coûts commerciaux et celle du profit commercial qui représente une part croissante de la valeur ajoutée. Cette part peut être telle que certains pays, par l'intermédiaire de leurs entreprises, peuvent avoir intérêt à cesser toute production industrielle à condition de garder un monopole de la distribution, à la fois interne et international, des biens faisant auparavant l'objet d'une fabrication interne. Une telle stratégie n'est autre que la substitution du profit commercial au profit industriel. Elle n'en possède pas moins des conséquences secondaires comme celle d'une modification des qualifications de la population active. Elle ne fait qu'illustrer les voies selon lesquelles le processus de tertiarisation, après s'être imposé à l'intérieur de chaque nation, s'étend désormais à l'économie mondiale.

Ensuite, le rôle désormais déterminant des intermédiaires commerciaux dans les grands contrats internationaux. Cette évolution, étendant aux échanges internationaux et aux grands projets industriels les pratiques en usage dans chacune des nations, implique une telle centralisation des pouvoirs de décision qu'elle favorise la généralisation de commissions[1] dont le volume n'est pas étranger à la tenue du franc suisse. Mais indépendamment de cet aspect très individuel, il devient patent que l'industrialisation à venir s'opérera par l'intermédiaire d'entreprises de services dont le rôle sera précisément d'opérer des arbitrages sur des gammes de produits liés, de proposer aux co-contractants des compensations fructueuses mettant en cause l'intervention publique directement ou non.

La politique structurelle devrait donc : 1) favoriser la création d'entreprises privées commerciales (de branches ou interbranches) spécialement engagées dans la conclusion d'accords commerciaux internationaux ; 2) favoriser la création ou aider au développement d'entreprises financières spécialisées dans l'assurance de ces contrats et/ou dans le placement des profits commerciaux qui en naissent ; 3) favoriser la reconversion commerciale partielle de branches menacées par l'évolution de la DIT (textiles, chaussures...).

Ainsi, la modification de la politique industrielle nécessaire à la réalisation définitive d'un transfert important de nos ressources tout comme à la solution durable de nos problèmes d'emploi (volume et

---

1. Ces commissions paraissent aujourd'hui fixées aux alentours de 6 % du montant des contrats. Pour les seuls achats des pays pétroliers, leur volume a dû atteindre environ 2 à 3 milliards de dollars pour la seule année 1976.

niveau de qualification) nous ferait devoir favoriser la politique structurelle et la politique sélective, au détriment des politiques de projet et de la politique horizontale. Il faut ici souligner qu'il s'agit d'un infléchissement et non d'une rupture qui serait, en l'état actuel de notre conjoncture, quasiment impossible. Mais précisément parce que notre industrie ne saurait toujours se passer d'une politique horizontale, il faut désormais engager des actions qui lui permettent un jour d'en être indépendante. Encore faut-il ajouter quelques observations sur les préalables ou les mesures d'accompagnement d'une politique de redéploiement ainsi précisée.

3 / LES MESURES D'ACCOMPAGNEMENT

Toute proposition de changement, *a fortiori* lorsqu'il s'agit d'une politique aussi importante que celle qui fut toujours associée à notre industrie, ne saurait négliger les difficultés de son adoption. En fait ce n'est pas par hasard que notre politique industrielle fut horizontale depuis près de trente ans et qu'une politique de projet est venue s'y ajouter depuis vingt ans. Tant d'intérêts sont en jeu et tant de carrières en cause qu'il paraît difficile sinon exclu qu'un tel changement puisse s'opérer sans un certain nombre de mesures d'accompagnement. On se bornera ici à en indiquer deux qui nous paraissent indispensables[1].

La première concerne notre appareil de formation. Peut-on dire ici que la négligence à la fois affichée et historique des « entrepreneurs agissant » à l'égard de nos modes de formation et, notamment de l'effort universitaire, est d'une parfaite ambiguïté. On ne sait, en effet, s'il faut vraiment dissocier l'indifférence à l'égard de l'Université de la force de l'attachement aux grandes écoles et aux grands corps qui en émanent. Mais il est évident que notre politique industrielle passée doit beaucoup à l'organisation napoléonienne de notre appareil de formation, c'est-à-dire à cette séparation qui commence à l'adolescence entre les individus pour lesquels l'enseignement supérieur se fait à l'Université et ceux pour lesquels il se fait dans les grandes écoles.

---

1. Pour plus de précision, consulter notre contribution dans le *Redéploiement industriel*, Document. française, coll. « Etudes de politique industrielle », n° 17 (septembre 1977).

Notre enseignement universitaire fait de sa vocation à la culture générale l'élément essentiel de sa légitimité. Et on ne saurait l'en blâmer. Telles sont à la fois sa finalité et sa fonction sociale la plus haute. Qui d'autre pourrait ainsi maintenir, de génération en génération, ce qui assure à certains peuples la sauvegarde de leur identité dans un monde envahi par les scories d'une industrialisation qui, par ailleurs, la libère et assure sa relative démocratisation. Mais à se suffire de cette seule attitude le danger fait plus que menacer de voir l'enseignement universitaire reproduire... la situation qui était la sienne sous l'Ancien Régime : celle d'une organisation à l'écart du monde professionnel, dont le rôle, presque unique, est moins de former des enseignants que de démocratiser une culture dite humaniste, en fait, conservatrice et aristocratique, se détachant elle-même du monde qui l'entoure en valorisant les *artes possessivae* et en dépréciant les *artes pecuniativae*.

Quant aux grandes écoles, fondées essentiellement sur une sélection drastique, créant de plus en plus d'amertume et d'exclusion par l'échec, continuant à se vouloir et à être ce fameux vivier des hommes ayant pour le reste de leur âge le soin de faire des choses sérieuses, elles ne sauraient suffire à résoudre les problèmes aussi complexes que ceux posés par l'adaptation de notre société mi-latine à une évolution de plus en plus commandée par le culte de l'action.

Il n'est pas de notre propos de porter un jugement sur l'opportunité sociale d'un tel clivage mais il l'est de penser que la modification de nos habitudes industrielles implique sans doute comme préalable celle de notre appareil de formation qui devrait :

— accorder une priorité à l'enseignement technique en développant ses voies longues et en valorisant ses diplômes ;
— réduire peu à peu la cassure actuelle de nos deux modes d'enseignement en introduisant entre les grandes écoles et l'Université autant d'établissements spécialisés qu'il y a d'actions industrielles à engager sur longue période ;
— organiser et développer les actions de recherche en les obligeant, notamment, à devenir de plus en plus franchement internationales.

La seconde mesure d'accompagnement concerne l'organisation de l'aide publique elle-même. Notre capitalisme est, à l'évidence, un capitalisme d'Etat sans doute beaucoup moins que le japonais mais

L'intégration de l'économie française

bien davantage que l'allemand. Or, ce mode d'organisation et ses procédures n'ont, en définitive, guère changé depuis Colbert.

Bornons-nous à mentionner quelques-unes des déficiences de la situation actuelle :

— un ensemble de ministères non seulement spécialisés mais cloisonnés (industrie, Agriculture, Armement) qui, sinon interdit, du moins rend fort difficiles toutes les actions de type nodal ;
— un ministre des Finances de qui tout dépend toujours, et d'abord l'argent, et qui entretient avec les autres ministères des relations aléatoires trop souvent personnelles et épisodiques, ce qui accroît d'autant le pouvoir des échelons intermédiaires (ceux juste en dessous des sommets), assurés, quels que soient leur compétence et leur sérieux, d'une irresponsabilité de fait ;
— une formation initiale de grands décideurs de l'action publique qui fait peu de place aux considérations commerciales qui, pour être mercantiles, n'en ont pas toujours plus d'importance ;
— enfin, un statut de la fonction publique qui fait dépendre l'effort public de la seule bonne volonté alors que la force des principes moraux a, presque partout, régressé.

Sans pour autant préconiser de changement brutal mettant en cause les « valeurs traditionnelles de notre civilisation », il serait sans aucun doute nécessaire, si on désire réellement installer l'économie française dans le monde actuel, en utilisant, comme toujours, les décisions mêlées des responsables publics et privés de :

1) instituer un vrai ministère de l'Industrie, c'est-à-dire lui rattacher tous les services industriels des autres ministères (Armées, Agriculture, Transports et Télécommunications) ;
2) sinon réduire, du moins arrêter l'expansion indéfinie des compétences d'un ministère des Finances dont les attributions sont, aujourd'hui, beaucoup trop nombreuses pour ne pas nuire à son « efficacité » ;
3) créer, selon des modalités appropriées à nos institutions et à nos traditions publiques, des organismes spécialisés dont les missions et les règles de fonctionnement seraient assez proches de celles des agences du gouvernement fédéral américain, en les mettant notamment sous le contrôle direct d'une présidence qui, de toute façon, restera directement concernée par toutes les décisions stratégiques.

B / LA NÉCESSITÉ D'UNE NOUVELLE POLITIQUE DE CROISSANCE

La modification souhaitable de notre politique industrielle implique celle d'un grand nombre de nos comportements et, surtout, celle de l'affectation de nos ressources. Entendue au sens large, une nouvelle politique industrielle a, en effet, pour condition nécessaire la modification de la répartition de notre investissement ou, si l'on préfère, de notre formation brute de capital fixe. Or, il paraît désormais exclu que cette modification puisse s'opérer aisément, c'est-à-dire en croissance au moins stable sinon accélérée. Il paraît même, au contraire, que l'une des conditions de la réussite d'une politique d'intégration de la France à l'économie mondiale passe par une rupture du mode de croissance connu depuis 1945. Il paraît à la fois inévitable et beaucoup plus souhaitable qu'on se plaît aujourd'hui à l'envisager que notre croissance soit franchement ralentie et réorientée.

1 / LA NÉCESSITÉ DU RALENTISSEMENT DE LA CROISSANCE

La nécessité du ralentissement de notre croissance procède directement, ainsi que l'on croit l'avoir démontré précédemment, des exigences du transfert. Parmi l'ensemble des pays développés, la France est celui pour lequel l'importance absolue et surtout relative de ce transfert est la plus élevée. C'est aussi celui qui avait connu un taux de croissance particulièrement rapide avant 1973. C'est enfin celui où les possibilités de substitution rapide des marchés intérieurs aux marchés extérieurs, sans être nulles, restaient cependant inférieures à celles d'autres nations (Japon ou Allemagne par exemple).

Il n'y a donc, en ce qui nous concerne, aucune adaptation possible aux événements de 1973 et, au-delà, à ce que nous sentons être l'évolution durable de l'économie mondiale, qui ne passe pas par un ralentissement très sensible du rythme de notre croissance. Il ne s'agit pas ici d'une quelconque préférence pour la croissance ralentie, encore que, comme on va s'en expliquer, une telle situation paraisse beaucoup moins grave que certains le pensent réellement. Il s'agit d'une nécessité dont on peut masquer l'existence pendant quelque temps mais qui, de toute façon, finira bien par s'imposer.

Parler de ralentissement n'est pas simplement vouloir indiquer que le rythme de 6 % ne saurait plus être atteint en longue période. Pour être plus précis, il nous paraît désormais exclu que l'économie française puisse s'intégrer à l'économie mondiale et réaliser une croissance à long terme qui excède la moitié du taux connu depuis 1945, c'est-à-dire 3 %. Sans que l'on puisse ici développer l'ensemble des raisons pour lesquelles ce taux paraît être désormais une limite supérieure à nos efforts, il apparaît cependant possible d'en donner les principales :

La première est que nous ne saurions attendre de diminution rapide et significative de notre propension à importer. Quels que soient son ampleur et les moyens à elle consacrés, une nouvelle politique industrielle demande toujours beaucoup de temps pour faire sentir ses effets. Entre le moment où les nouveaux investissements sont envisagés et celui où de nouvelles productions commencent à se substituer aux importations, s'écoulent toujours au moins trois années, plus souvent cinq ou six. Comme tout dans ce domaine reste à faire, on ne peut donc, jusqu'à l'horizon 1985, que réaliser un retour à l'équilibre de notre balance des paiements ou plutôt limiter notre déficit, sans une réduction des importations qu'il nous faudra pour une part appréciable obtenir de la baisse de notre taux de croissance. Quels que soient nos efforts en matière d'exportations eux aussi liés à notre politique de redéploiement, ce taux de croissance de 3 % paraît être celui au-delà duquel le déficit de notre balance des paiements nous condamnerait à ce qu'on a appelé « le cercle vicieux du non-transfert ».

Une seconde justification existe d'ailleurs, pour retenir un tel chiffre : il paraît bien être désormais voisin du taux de croissance moyen des principaux pays développés. On sait, en effet, que la réduction du taux de croissance a été d'autant plus rapide que les différents pays ont précisément accepté d'effectuer le transfert. Et l'on sait aussi que quelles que soient les faveurs de leur situation (celle de l'Allemagne et du Japon en particulier), ils ne peuvent désormais s'offrir ces relances qui, précisément parce qu'elles impliqueraient une détérioration de leur balance des paiements, feraient le bonheur ou, au moins, atténueraient le malheur des autres pays. Le taux de croissance moyen pondéré des pays de l'OCDE fut négatif en 1975, année, on le sait, exceptionnelle. En 1976 il devrait se situer aux alentours de 3 %, nouveau taux auquel il devrait demeurer dans les années qui viennent.

La réduction du rythme absolu de la croissance des pays développés ne fait jamais que témoigner profondément de ce que l'intégration de l'économie mondiale désormais est une réalité qui s'impose à toutes les nations, même aux plus riches. Les effets d'intégration inhérents à la modification du prix relatif des matières premières et des biens industriels auraient été bien vite réduits si, précisément, ils ne s'étaient pas manifestés dans la réduction durable des inégalités de développement entre les pays développés et, sinon tout le Tiers Monde, du moins l'une de ses fractions. Pour particulière qu'elle soit, l'évolution actuelle des pays comme l'Allemagne et le Japon ne fait jamais que traduire cette exigence et livre un exemple que beaucoup d'autres ne pourront pas ne pas suivre. La cohérence de l'espace économique mondial est en cause et désormais prime toutes autres considérations. Pour la préserver, la plupart des nations sont désormais prêtes sinon à régresser, du moins à stagner.

Compte tenu des vociférations politiques, électoralistes même, dont la croissance à 6 % a fait l'objet depuis maintenant trois ans, il n'est pas inutile de rappeler qu'une croissance à 3 % est la plus rapide qu'ait pu connaître, en longue période, le pays sans doute le plus favorisé en ressources naturelles et humaines et désormais le plus puissant de tous : les Etats-Unis. Il faut aussi rappeler qu'en dehors de la période exceptionnelle que nous avons vécue depuis 1945, le taux de croissance français ne fut guère supérieur à 1,5 % au XIXe siècle et fut quasiment nul durant l'entre-deux-guerres.

Si, donc, de 1945 à 1973, en croissant de 6 % nous avons en vingt-cinq ans fait ce que les générations précédentes avaient mis cent cinquante ans à faire, le retour à une croissance qui resterait à long terme à un rythme voisin de 3 % devrait être considéré comme un objectif néanmoins désirable, peut-être moins facile à atteindre qu'on ne pense.

Un tel ralentissement de la croissance définit de lui-même les conditions dans lesquelles commencerait à s'opérer l'infléchissement de nos politiques industrielles. En effet, le ralentissement de la croissance implique et permet à la fois que l'importance relative de la FBCF dans le produit national diminue. On ne saurait dans ce domaine apporter beaucoup plus qu'un ordre de grandeur probable d'une diminution qui a d'ailleurs déjà commencé depuis 1975. Il reste cependant très vraisemblable qu'une réduction de moitié du rythme de notre croissance ou, si l'on préfère, qu'une diminution de trois points de ce rythme doit permettre, en moyenne, de diminuer de près de 4 points le taux de FBCF par rapport à son niveau de 1973.

Si l'on estime que ce taux était voisin de 26 % (selon les nouveaux modes de calcul de la Comptabilité nationale)[1], il devrait descendre aux alentours de 22 %, ce qui le ferait d'ailleurs revenir à son niveau de la période 1948-1958. La question essentielle qui se pose est, bien entendu, celle de la comptabilité existant entre les exigences de notre redéploiement industriel, d'une part, et, d'autre part, la chute de notre taux de FBCF. Il n'y a cependant aucune incompatibilité entre ces deux évolutions à condition de préciser les modifications nécessaires dans la nature même des ressources composant la FBCF.

Considérons l'année 1976 par exemple où ce taux aura atteint 23 % du produit intérieur brut (variation des stocks exclue). La décomposition de la FBCF est la suivante :

Investissements des entreprises	12,1 %	de la PIB
Administration publique	3,7	−
Administration privée	0,1	−
Institutions de crédits et d'assurance	1,1	−
Ménages	6,2	−

Les investissements *stricto sensu* représentent donc désormais, avec 12 % de la PIB, un peu plus de la moitié de la FBCF. Or il n'est aucun doute que les exigences d'une intégration réussie à l'économie mondiale demandent davantage qu'une simple stagnation de notre effort à ce niveau.

---

1. L'évolution des statistiques dans ce domaine a été particulièrement rapide puisque la modification des comptes de la nation a été profonde ces dernières années. On ne saurait donc comparer sans de sérieuses précautions le chiffre actuel à ceux dont nous disposons voici cinq ou dix ans. Les raccordements de séries faits par l'INSEE restent pour longtemps en nombre limité. En ce qui concerne le taux de FBCF (stocks inclus), le niveau atteint en 1968 (et maintenu jusqu'en 1973) est voisin de 26 % du PNB.

Les besoins conjugués du secteur nucléaire, du secteur de la mécanique, du secteur agro-alimentaire et d'un certain nombre d'activités de pointe peuvent être chiffrés à environ 2 % de la PIB. Il faudrait que le taux de l'investissement industriel se situe désormais aux alentours de 14 %.

Dans la mesure où le taux de FBCF doit diminuer et se situer aux alentours de 22 %, l'évolution du taux d'investissement industriel n'est possible qu'à la condition que d'autres éléments de la FBCF diminuent. Les victimes sont toutes trouvées et l'on voit déjà le début de cette évolution depuis 1975 : il s'agit des services du logement dont la régression est constante depuis trois ans puisqu'en 1975 ceux-ci ont atteint 16 % et, sans doute, 15 % ces dernières années.

La condition nécessaire à un redéploiement industriel s'opérant dans la réduction du taux de FBCF réside donc essentiellement dans l'arrêt de la croissance de l'investissement dans le bâtiment et activités annexes. C'est là une évolution désormais possible à un pays qui a mis trente ans à résoudre le problème qui lui fut posé par le blocage des loyers. Il n'est d'ailleurs pas interdit de penser qu'un infléchissement du rythme de la construction pourrait être favorable à l'amélioration de notre balance des paiements dans la mesure où serait réduit le poids du travail immigré dans notre balance extérieure des services. Il convient, de plus, de noter que le ralentissement de l'effort immobilier est désormais la règle dans la plupart des pays développés où il atteint un régime de croisière devenu assez stable et défini par une démographie plus sage et la durée moyenne des habitations. C'est ce régime que le secteur des bâtiments et travaux publics français doit désormais connaître avec un certain retard par rapport à la plupart des économies qui nous entourent.

Ainsi la réduction du taux du FBCF, la croissance poursuivie, peut-être accélérée et sûrement réorientée de notre appareil industriel apparaissent à la fois possibles et nécessaires à l'adaptation de notre économie à l'économie mondiale.

Mais cette adaptation ne peut être considérée comme le critère unique qui puisse fonder la politique industrielle et plus encore une politique de croissance au sens large du terme. Et c'est bien, en effet, en invoquant les autres critères que sont l'emploi et l'inflation que certains (des groupes de pression purs ou plus convaincus) attirent l'attention sur les dangers, voire l'impossibilité de la croissance ralentie. Il nous paraît, au contraire, même en considérant ces autres critères, que la croissance ralentie est non seulement nécessaire mais encore favorable ou quelquefois indifférente à ces autres critères.

2 / LE RALENTISSEMENT DE LA CROISSANCE L'EMPLOI ET L'INFLATION

La défense souvent inconsidérée de la croissance rapide se fonde sur un certain nombre de justifications parmi lesquelles l'emploi tient une place privilégiée. L'emploi constitue, en effet, l'argument premier de la défense de la croissance rapide. On ne saurait s'en étonner puisque l'un des problèmes majeurs de la société française est bien de traiter un chômage aux caractéristiques d'ailleurs nouvelles et, pour partie, inconnues[1].

Notre politique en ce domaine est, à l'heure actuelle, claire : indemniser les chômeurs de façon à limiter toutes les conséquences sociales de cet état.

Deux interrogations majeures se posent alors qui mettent en cause, à des degrés divers, notre politique de croissance dans les années à venir et d'abord son taux.

La première est celle de savoir si cette politique du chômage indemnisé qui est désormais le lot commun des pays développés peut être poursuivie longtemps et, en particulier, en France. Sous réserve, une fois encore, d'une meilleure connaissance économique et surtout sociologique du chômage actuel, la question ne saurait appeler une réponse objective définitive. De nombreuses raisons existent qui justifient une réponse affirmative parmi lesquelles, d'abord, le niveau de développement et surtout, la quantité d'actifs collectifs à usage à peu près gratuit, désormais présente dans nos sociétés. Aussi longtemps que le taux de chômage reste aux alentours de 5 %, on peut en effet penser que les transferts nécessaires à son

---

1. On ne s'étendra pas ici sur l'ensemble des problèmes à la fois statistiques et sociologiques du chômage à l'heure actuelle. On rappellera cependant la diversité des définitions statistiques de ce phénomène et l'amélioration des procédures qui permettent désormais de l'évaluer. Les spécialistes pensent en effet qu'une partie de sa croissance est précisément due à l'amélioration de nos techniques statistiques. Quelle que soit la part de vérité d'une telle affirmation le seul phénomène qui paraît hors de doute est la composition de ce chômage fait pour la presque totalité de jeunes entrants et de femmes.

indemnisation seront suffisamment faibles pour être supportés par la collectivité. On doit aussi tenir compte de ce que le chômage actuel est plus volontaire qu'on le croit dans la mesure où les individus désirent retarder le plus longtemps possible leur entrée effective dans la vie active. Mais les arguments non moins forts en sens opposé ne sauraient être sous-estimés. On peut se demander, en effet, s'il est possible de laisser des sociétés vivre dans un état où elles excluent de leur sein des individus qui veulent y appartenir par leur travail, surtout lorsqu'il s'agit de jeunes entrants et de femmes dont l'activité assure l'équilibre financier de la famille et affirme une indépendance de plus en plus souhaitée. De plus, le niveau actuel de l'indemnisation crée des incitations indiscutables à développer un travail noir, à temps plein et surtout partiel, qui a d'autant plus d'avantages que la pression fiscale doit augmenter pour, précisément, financer un chômage lui-même croissant. Enfin, il paraît inévitable qu'il soit de plus en plus difficile de justifier que des nations « riches » soient incapables de donner du travail à ceux qui le demandent. Le débat idéologique qui s'était posé jusqu'ici sur le terrain de la croissance ne pourrait alors que se déplacer et se poser en termes de statut du travail. Et les plus riches auraient les plus grandes difficultés à légitimer une situation de chômage redevenu élevé et endémique.

Par-delà ces arguments opposés, il est néanmoins très probable que la situation actuelle des économies développées ne sera pas modifiée de façon significative dans les années qui viennent. A l'exemple de la France, la plupart des économies méditerranéennes et scandinaves devront, comme on l'a montré, effectuer leur transfert en réduisant le rythme de leur croissance. Or, leur évolution démographique fut telle ces vingt dernières années, que la réduction du taux de croissance de la population active[1] n'est, en général, pas suffisante pour compenser celle de la croissance. La réduction du chômage actuel ne pourra donc qu'être limitée et longue à se manifester — si tel est le cas.

Une seconde question se pose alors : celle de savoir si la croissance rapide n'a pas précisément pour justification de limiter les

---

1. Au demeurant certains indices laissent penser que la diminution du taux de natalité touche à sa fin et même que le mouvement s'inverse dans certains pays.

problèmes du chômage et surtout si elle le peut. Dans le cas français la réponse est négative : la montée du chômage commence dès 1964 si bien qu'à la fin de l'année 1974, celui-ci avait déjà doublé par rapport à son niveau d'alors. De plus, il était devenu absolument patent que l'on ne pouvait attendre d'une croissance rapide de la production nationale, et plus encore de la production industrielle, de solution à nos problèmes d'emploi. L'emploi industriel restait en effet constant en valeur absolue et donc décroissant en valeur relative. Les vœux du VIIe Plan à cet égard étaient parmi les plus pieux : il était non moins évident aux spécialistes qu'il ne fallait attendre aucun accroissement à venir de ce type d'emploi. L'exemple allemand aurait dû être médité de façon plus sérieuse dans la mesure où les performances industrielles de cette économie étaient accompagnées d'une régression absolue de l'emploi industriel et plus encore, bien évidemment, de sa régression relative. Au demeurant il n'est point de circonstances qui puissent faire oublier que le rôle social de l'industrie est bien de diminuer le temps de travail nécessaire à la production de nos biens et, à production constante, de diminuer l'emploi. Il est, à cet égard, étonnant que resurgissent de temps en temps des versions à peine modifiées des controverses résolues pourtant depuis longtemps sur les relations entre l'homme et la machine.

Dans la mesure où la croissance rapide est devenue impossible, l'évolution à moyen terme de l'emploi et du chômage doit se réaliser dans tous les pays développés selon un processus déterminé par les conditions nouvelles de la demande et de l'offre d'emploi.

La demande dépend à la fois des considérations démographiques connues, donc prévisibles (à vingt ans), des considérations sociologiques plus fluctuantes parmi lesquelles l'émancipation de la femme et son désir d'indépendance, au moins relative, par le travail jouera un rôle privilégié qui peut être tenu pour durable.

C'est bien au niveau de l'offre que se situe en fait l'intime relation de la croissance ralentie et des solutions nouvelles à apporter à l'emploi. Quelles que soient son importance et ses modalités il ne faut pas en effet attendre des emplois industriels la moindre croissance ; sans doute même faut-il en escompter la régression.

C'est donc essentiellement sur l'emploi tertiaire qu'il faut compter et en certaines économies comme la nôtre, où la démographie conduit à l'augmentation de la population active potentielle, sur la réduction de la durée du travail. Une telle évolution combinant à la fois le maintien d'un certain chômage, la croissance de la population tertiaire et la réduction de la durée du travail paraît certaine.

Alors apparaissent les deux véritables problèmes posés par la conjugaison de la croissance ralentie et de l'évolution de l'emploi (en quantité et en composition).

Le premier est précisément celui de notre intégration à l'économie mondiale qui n'est, comme on l'a souligné, que le reflet de notre capacité à échanger notre travail contre celui d'autrui en d'autres nations à niveau de développement fort inégal.

Or rien n'est plus divers que le travail tertiaire qui va du chercheur le plus aigu jusqu'à l'intendant administratif. Si l'exportation des compétences peut être au moins envisagée bien qu'elle soit moins facile qu'on ne peut le penser — compte tenu notamment des conditions de la concurrence —, celle du travailleur tertiaire non ou faiblement qualifié apparaît bien des plus aléatoires sinon impossible. On ne sait pas, en effet, comment pourrait s'échanger, par exemple, et à quel taux, une heure de secrétariat contre l'heure de travail physiquement pénible du mineur bolivien. Cette impossibilité ne fait que traduire l'essence même de la contrainte de la balance des peiements et, donc, la raison profonde de notre incapacité à résoudre le « problème du chômage ». On sait, désormais, créer par un déficit budgétaire massif autant d'emplois tertiaires (administratifs ou autres) que l'on désire. Mais une telle politique conduit à un accroissement des revenus nominaux, débouche immédiatement sur le déficit de notre balance des paiements et se trouve rapidement limitée. Il faut donc que notre politique de croissance accorde une attention particulière au type d'emploi tertiaire à favoriser et, dans le cas français, que la réduction de la durée du travail joue un rôle suffisant pour limiter cette tertiarisation.

Le second problème, réel, naît justement des caractéristiques mêmes des emplois tertiaires qui, pour certains d'entre eux, relèvent avec évidence de l'initiative publique puisqu'ils ne peuvent s'échanger facilement, même à profit nul, contre d'autres formes de travail, aussi bien à l'étranger que sur le territoire national.

Autrement dit, la solution des problèmes de l'emploi des pays développés passe inévitablement par le développement du secteur public. Aucune des distinctions actuelles (production marchande et non marchande, activités publiques et activités privées, activités tertiaires et non tertiaires), n'est absolument convaincante mais il est indiscutable qu'existe un recoupement entre ce qui est public, ce qui est tertiaire et ce qui est non marchand.

L'évolution récente de l'économie allemande est, en ce domaine, instructive. Depuis près de dix ans, c'est en effet la part de la consommation publique qui s'est considérablement accrue ($+$ 4,2 %) et qui s'est substituée à la FBCF ($-$ 6 %). L'économie allemande montre donc clairement depuis dix ans qu'il est possible de faire le transfert en s'intégrant toujours plus avant à l'économie mondiale tout en diminuant de façon considérable l'importance de l'investissement interne (au sens large) à condition de résoudre les problèmes de l'emploi en favorisant l'accroissement d'un nombre d'emplois qu'il vaut mieux appeler non privés que publics[1]. Certes, il est illusoire de croire notre pays capable d'adopter sans difficultés des solutions allemandes ou américaines. Mais il le serait aussi de penser que l'on pourra éviter d'accroître l'importance absolue et relative d'activités non privées très peu aptes à s'exporter. On devrait, en fait, voir apparaître un clivage sans doute fondamental entre un ensemble d'organisations échangeant avec le monde les produits de leurs activités et un ensemble d'organisations à vocation presque purement interne. A l'opposition secteur marchand - secteur non marchand qui détermine pour certains les règles du fonctionnement des économies européennes devrait s'ajouter celle de secteur interne et de secteur externe. Il ne s'agira pas simplement d'une extension de la distinction, déjà faite par le Ve Plan, entre secteur abrité et secteur non abrité mais bien de la manifestation la plus intime des modalités de notre intégration à l'économie mondiale. La France, comme d'autres pays, ne s'intégrera pas totalement ou également au monde ;

---

1. Le terme de public devient, en effet, de plus en plus imprécis. L'augmentation des fonctions de l'Etat a conduit en effet à l'éclatement de ses services dont certains deviennent partiellement autonomes ; la croissance des entreprises publiques conduit à la création d'une multitude de filiales dont les objectifs peuvent être de type privé ou de type public traditionnel au gré de leurs dirigeants ; plus encore les vingt années qui viennent de s'écouler ont vu apparaître une foule d'organisations qui ne sont en fait ni privées ni publiques mais obéissent à une logique propre qui est plutôt de nature corporatiste.

un peu comme nos régions gardent encore en leur sein des zones entières disjointes de l'espace national, nous confierons — sans le savoir clairement — à certaines de nos organisations productives le soin de réaliser l'essentiel de notre intégration mondiale.

Considérons ensuite les effets prévisibles de la croissance ralentie sur l'inflation. La nature même des relations entre l'inflation et la croissance continue de se modifier pour des raisons, on l'a vu, à la fois propres à chaque pays mais aussi indissociables de l'économie mondiale dans son ensemble. On a pu croire, ces deux à trois dernières années, que l'indépendance du rythme de l'inflation à l'égard du rythme de la croissance était devenue définitive et, même, que la vieille relation positive tendait à s'inverser durablement. Mais les politiques de stabilisation prises dans un certain nombre de pays (Etats-Unis, Allemagne, Japon... et même la Grande-Bretagne) montrent qu'au-delà des modifications purement conjoncturelles le sens profond et durable de cette relation reste de nature positive : la décélération de la croissance conduit à celle de l'inflation et inversement.

Dans le cas français, ayant attribué, il y a près de quatre ans, une part appréciable de responsabilité au taux de FBCF dans l'explication de l'inflation depuis 1968, il n'étonnera pas que l'on reste persuadé de ce qu'un retour de ce taux à des niveaux plus habituels (22 %) et plus conformes à nos préférences historiques sera de nature à tempérer notre rythme d'inflation. Il est même devenu clair que désormais « le contrôle de l'inflation » est devenu le moyen de réaliser le transfert en ralentissant la croissance. On ne saurait en effet se faire de grandes illusions sur la possibilité d'une politique économique qui, en France, puisse aboutir, à court terme, à diminuer de façon significative le rythme de la hausse des prix. Il n'y a que dans le Plan (enfin le VIIe...) que certains ont pu se croire des « casseurs d'inflation »[1] à peu de frais.

Pour les responsables politiques lucides, il s'agit là d'une stratégie sociopolitique, sans doute intelligente : dire que l'on lutte contre l'inflation de façon à pouvoir réduire la croissance qui, elle-même, permettra alors la diminution effective de l'inflation.

Il existe néanmoins un risque non négligeable de voir la crois-

---

1. Rapport du VIIe Plan.

sance ralentie ne pas conduire aussi vite et moins intensément qu'espéré à la réduction de l'inflation : le caractère inévitable d'un déficit budgétaire dont on a mal apprécié l'ampleur actuelle dans la plupart des économies toujours libérales... Ces déficits ont pu atteindre, dans des pays comme les Etats-Unis et l'Allemagne pour ne pas parler de la Grande-Bretagne, des niveaux qui eussent été impensables il y a dix ans : jusqu'à 7 % du PIB en 1975 en Allemagne et 5 % aux Etats-Unis. Ce phénomène est, bien entendu, indissociable des solutions apportées aux problèmes de l'emploi par la voie de la « tertiarisation publique ». Tout dépend ici des modes de financement et de distribution de ce déficit. L'inflation sera d'autant moins réduite par la croissance ralentie que le déficit sera financé par l'accroissement de la masse monétaire et qu'il sera distribué de façon centralisée, c'est-à-dire par l'Etat et non par les collectivités publiques.

3 / LA CROISSANCE RALENTIE ET LE CONSENSUS SOCIAL

L'un des arguments les plus favorables à la croissance rapide repose sur la croyance que les tensions sociales ne peuvent être résolues ou diminuées partiellement, qu'à la condition expresse d'un produit national en augmentation forte et continue. Une telle espérance a été, croyons-nous, sincère de la part d'un très grand nombre de responsables des organisations privées et publiques. Elle est aujourd'hui, à l'évidence, déçue. La croissance rapide aura provoqué la montée des affrontements sociaux simplement exploités par les différentes factions politiques. On peut avouer n'avoir jamais partagé cette foi pour plusieurs raisons dont une, en réalité, suffit : la croissance économique, pas simplement capitaliste, implique une inégalité de revenus qui tend spontanément, en particulier lorsqu'il existe la possibilité d'un profit, à s'accroître. Il était absolument inévitable que la croissance exceptionnelle que notre pays a connue depuis 1958 emporte la dissolution d'un grand nombre d'éléments de notre hiérarchie sociale et conduise à un affrontement dont les particularités françaises ne font que manifester notre tempérament à la fois nationaliste, proudhonien et fondamentalement conservateur.

Contrairement aux appréhensions qu'éprouvent, à l'heure actuelle, les tenants systématiques de la croissance rapide, il est permis de penser que la croissance ralentie est sans doute la première condition de l'atténuation de nos tensions sociales.

Au moins deux considérations justifient une telle assertion. D'abord le fait que la plupart des grands biens à usage démocratique (voiture, TV, électroménagers) qui ont constitué à la fois l'essentiel de la dynamique de l'appareil productif et de celle de la demande sociale sont désormais appropriés par le plus grand nombre, qu'il n'en paraît pas, à l'heure actuelle, de nouveaux qui puissent être comparés à ceux qui ont fait la croissance depuis 1945. Or, ces biens ont constitué, à n'en pas douter, la contrepartie essentielle de l'effort d'investissement, donc d'épargne et de travail, demandé à la population française dans son ensemble. Cette compensation venue à manquer, la réticence à l'effort lui-même, même si elle est inconsciente, n'a pu que devenir plus vive et la contestation s'accroître. Le ralentissement de la croissance, outre qu'il est inévitable pour des considérations de transferts extérieurs, outre qu'il suit nécessairement la saturation des marchés intérieurs, est finalement conforme aux conséquences mêmes de la croissance rapide qui l'a précédé. Ce succès passé n'a pas pu ne pas conduire à une modification de l'attitude des individus à l'égard du travail. Les hommes ont durant tout le XIXe siècle accepté le travail comme une contrainte inévitable ; puis, pendant la moitié du XXe siècle, comme une justification à leur vie, au surplus dotée d'avantages matériels.

Désormais, équipé de ces biens à usage individuel dont la détention a accru sa liberté d'action, l'individu devient conscient des termes du choix travail - non-travail, c'est-à-dire des possibilités d'affecter sa vie moins à l'activité sociale obligée et plus à l'activité libre, dite de loisir. Les choix actuels ne font aucun doute : l'arbitrage s'est fait massivement en faveur du « loisir ». La réduction du temps de travail est en train de se faire au niveau individuel avant même qu'on ne la planifie ni même qu'on ne l'organise juridiquement. Elle prend les formes les plus diverses. Elle se traduit, d'abord, par le prolongement systématique de la vie non active jeune. On en comprend fort bien les motifs : désir d'échapper par l'enseignement aux travaux les plus pénibles et les moins socialement considérés et, ce, à un âge où les activités de loisir sont plus agréablement concurrentes du travail qu'elles ne peuvent l'être plus tard. Il s'agit aussi de diminuer le temps de travail à l'intérieur même de la vie active soit en allongeant autant que possible le week-end (ce qui implique de pouvoir le faire et donc l'existence d'un statut social élevé) soit pour ceux qui le peuvent en réduisant la destinée du travail par unité de temps, ce qu'on appelle désormais le loisir « sur les lieux de travail ». C'est sans doute cette dernière stratégie qui est la plus fréquente puisqu'elle est pour certains la seule possible. Elle est d'ailleurs, implicitement, celle d'un grand nombre d'emplois publics administratifs dont on justifie toujours la rémunération inférieure à celle du secteur privé par un travail autrement moins actif. Aujourd'hui, cette dissociation de l'emploi et du travail se développe pour la plupart des titulaires d'emplois salariés du secteur tertiaire. Et il n'y a guère de « remèdes » à cette lente mais très démocratique évolution qui voit la présence justifier l'emploi autant que le travail.

L'espoir que certains ont mis en des idéologies éducatrices recréant de nouvelles normes sociales (le travail bien fait, le devoir de travailler, voire la réciprocité généralisée) paraît à la fois conservateur et voué à la déception. A l'économie traditionnelle où la satisfaction de besoins physiologiques fondamentaux (nourriture, abri...) justifiait la nécessité du travail s'est substituée une économie du désir légitime dont l'égalitarisme (devenir l'égal de son supérieur) est l'une des manifestations. Où la nature n'est plus exigeante, la légitimité du désir s'impose — qui devient la seule règle vécue. Ainsi, un autre et nouveau clivage social va s'imposer entre ceux pour lesquels le travail est une activité choisie et ceux pour lesquels il est subi. Et, à mesure qu'apparaîtra utopique la suppression de tous les emplois sans grand intérêt, s'accroîtra la lutte sociale pour les emplois à choisir et auxquels se consacrer. Cette lutte épuisée, le retrait des organisations du travail s'accompagnera pour le plus grand nombre d'un choix positif : celui des organisations qui socialisent autrement que par le travail et que l'on pourra alors choisir.

La réduction de la durée du travail devrait alors conduire à l'atténuation des tensions sociales.

Il reste néanmoins à opérer la transition entre « l'après-guerre » et l'avant-fin du siècle — ce que nous faisons précisément depuis maintenant plus de quatre ans. Or, il n'est pas de moments plus délicats pour toute société que ceux où elle est contrainte de modifier ses modes de développement et, surtout, d'en ralentir le rythme. Aménager une telle transition est l'une des fonctions les plus importantes du pouvoir politique et lui pose au moins deux choix stratégiques.

Le premier est celui de savoir s'il convient de rendre les Français conscients des nécessités et du contenu d'une transition (pas forcément socialiste...). Il ne saurait y avoir de réponse définitive à une telle interrogation tant il est évident que le choix des pouvoirs politiques, en ce domaine, est affaire de personne mais plus encore de traditions et de psychologie collective. Il en est de l'attitude des « médecins » en ce domaine comme en celui du cancer. Il est des peuples qui sollicitent la vérité et d'autres qui préfèrent se la voir imposer lentement dans l'illusion d'un demi-songe. Il est aujourd'hui patent que tous les pouvoirs politiques, ceux qui nous gouvernent comme ceux qui voudraient le faire, ont fait le même choix : ne rien dire qui puisse dévoiler l'intensité de nos changements de cap. Certes, bon nombre d'entre eux n'ont pas plus compris aujourd'hui qu'il y a quatre ans les implications du transfert pétrolier et du redéploiement mondial. Mais il en est, et au sommet, auxquels on ne peut prêter pareille incapacité. Et, ceux-là ont unanimement fait le pari politique de l'opportuniste brouillard que, seul, R. Barre a commencé de dissiper avec quelque retard et toujours beaucoup de précautions. Une telle unanimité oblige celui qui ne dépend pas de la contrainte du vote à accepter l'idée qu'il en fut bien ainsi et que notre pays n'a toujours pas atteint ce niveau de maturité et d'éducation où la lucidité ait quelque vertu.

Mais que le ralentissement de la croissance soit ou non reconnue comme une nécessité ne modifie en rien qu'il faille bien, un jour, qu'en soient réparties les charges entre les différents individus et catégories sous-économiques. Or, n'en point parler ou ne pas l'accepter — ce qui reste aujourd'hui le fait d'à peu près tous les pouvoirs économiques (patronats et syndicats compris) — dispense aussi d'un tel choix qui devient d'autant plus essentiel qu'il est différé. Si, en effet, on peut espérer la diminution des tensions sociales du retour à une croissance plus modérée, on doit, au contraire, attendre de la phase de transition qu'elle soit l'occasion de déchirements beaucoup plus marqués encore que ceux de la croissance rapide ou, « de toute façon », tout le monde ou à peu près peut avoir quelques miettes supplémentaires d'un gâteau aux dimensions confortables.

Mais, la voie d'un transfert réussi implique, on l'a vu, une rupture dans l'évolution des revenus réels qui, même si elle est équitablement répartie, ne peut qu'être difficilement acceptée. A supposer que le temps mis, depuis quatre ans, à ne pas faire grand-chose soit aussi celui où la nécessité de cette rupture pénètre lentement les esprits, l'équité dans la répartition des charges du transfert doit devenir le cœur même du débat social. On voit bien quelles pourraient en être une ou plusieurs définitions acceptables : que la baisse de la croissance du revenu réel soit identique pour tous et même qu'on utilise cette occasion pour réduire les inégalités sociales en paralysant les revenus d'autant plus qu'ils sont élevés. Mais, ce sont autant de propositions théoriques dans la mesure où cette répartition se fait au terme d'affrontements sociaux beaucoup plus qu'on ne peut la réaliser par accord préalable et surtout, en ce qui nous concerne plus spécialement, dans la mesure où, aujourd'hui, aucun groupe économique et social ne veut en assumer la moindre part et le fait connaître dans ses intentions et ses actes. Les syndicats français ont choisi la stratégie du refus du chômage et du maintien de la croissance du revenu réel des travailleurs. Le patronat, celle du refus de la réduction de la croissance, de la FBCF et des profits. Et tout un chacun celui de ses habitudes de consommation, avec une pointe de loisir supplémentaire. Certes, chacun des grands pouvoirs sociaux a conscience de mener un combat d'arrière-garde : le salaire réel a ralenti la croissance en dépit des syndicats comme la FBCF et la croissance ont chuté en dépit des porte-voix de la rue Pierre-Ier-de-Serbie. Mais l'on sent bien l'hostilité générale dont bénéficient ceux qui parlent du transfert ou font faire un début de transfert.

Il devient clair que seul l'arbitrage de l'Etat peut y parvenir, aidé de la conscience civile. Et qu'il nous faut pour cela des hommes politiques dont les qualités soient de courage, d'intégrité et de résistance plus encore que d'intelligence, d'astuce et d'habilité dans les compromis, pourtant nécessaires. Et il est fort à craindre que ces qualités aient du mal à s'imposer avant que le rêve se soit passé. Puisse l'état du réveil rester propice à des convalescences rapides et heureuses.

C / LA NÉCESSITÉ D'UNE POLITIQUE INTERNATIONALE

La réussite de notre intégration à l'économie mondiale rend tout aussi nécessaire que le redéploiement industriel et le ralentissement de la croissance l'existence d'une politique internationale qui oriente et soutienne nos efforts. Le concours des pouvoirs publics à la négociation internationale est l'une des modifications les plus importantes des courants d'échanges mondiaux depuis 1947.

L'affaire pétrolière et ses différentes suites ne font que rendre désormais visibles les jeux et les stratégies des contractants publics et privés. Ce sont les Etats-Nations et les grands oligopoles qui vont désormais constituer la demande et l'offre des grands projets industriels propageant à l'ensemble du monde le mode de production sinon le mode de vie des pays occidentaux. Peut-être plus encore que celui des multinationales, le rôle de l'Etat va se généraliser.

Il n'est plus, en effet, de transactions internationales importantes qui ne s'opèrent sous ce qu'il convient d'appeler un monopsone public contrarié. Etat « contrarié » par la présence d'un oligopole mondial stable. Etat « contrarié » lorsqu'un projet public ne peut être réalisé que par une seule firme internationale, Etat « contrarié » par l'un de ses homologues, enfin, lorsque deux chefs d'Etat se rencontrent pour parler « politique ». Le concours de l'Etat devient donc nécessaire, quelque grand courant d'échanges que l'on songe. Que l'entreprise française se tourne vers le marché américain, ceux des pays de l'Est ou ceux des pays en voie de développement, elle rencontre l'Etat étranger. Elle ne saurait donc agir longtemps sans s'être assurée, telle la fameuse trompe de l'éléphant, que le corps suit derrière. Et cette nécessité sera même d'autant plus intense que l'entreprise est grande. La petite et moyenne entreprise, pour peu qu'elle répartisse ses risques, et donc diversifie ses marchés, pourra continuer assez longtemps à opérer sur un marché international, sinon anonyme du moins restant privé. La grande ne pourra pas esquiver l'Etat étranger et, donc, se passer du sien. C'est pourquoi il deviendra assez rapidement impossible à l'Etat français, comme à tous les autres d'ailleurs, de n'intervenir qu'au coup par coup. Après 1973, certains purent croire qu'il suffirait de quelques voyages d'ambassade pour rééquilibrer notre balance des paiements. D'autres conditions deviennent désormais nécessaires.

La première est que l'Etat ne se contente pas de « représenter » ou de « soutenir » une stratégie mais qu'il y collabore réellement en indiquant les contraintes à moyen et à long terme qu'il consent à lever ainsi que les modalités durables de son aide éventuelle. D'ici à vingt ans, rares seront les stratégies des grandes entreprises qui pourront être établies sans qu'il soit tenu compte de ces engagements à moyen et long terme des différents Etats avec lesquels elles sont en relation permanente.

La seconde suppose l'existence d'un système d'alliance conforme aux évolutions privilégiées de l'économie mondiale. Il fut un temps où les alliances empêchaient et concernaient tout à la fois les guerres à venir. Que celles-ci soient devenues économiques est déjà un progrès ; les alliances politiques sont désormais, plus que jamais, l'expression des stratégies économiques en évolution. La politique internationale des grands Etats est aujourd'hui, une fois assuré l'ordre mondial sur le plan militaire, l'expression la plus directe de leur volonté de s'intégrer, au mieux de leurs intérêts, à l'économie mondiale. Et comme il n'en est plus que deux qui suffisent à assurer cet ordre, toutes les autres nations ont désormais des politiques internationales où la guerre militaire se sublime, heureusement, dans la guerre économique.

Les politiques industrielles, économiques, internes et internationales sont devenues les trois volets successifs et complémentaires d'une stratégie d'expansion nationale. Et ces trois politiques doivent être cohérentes. C'est pourquoi le problème se pose aujourd'hui à la France de savoir quelle politique internationale convient au redéploiement et au ralentissement de la croissance.

Cette politique est sûrement une modification de l'ancienne, de celle qui s'est terminée en 1974. L'inspiration gaulliste était cohérente avec la politique industrielle d'alors, faite de projets — encore que le général de Gaulle ait, sans doute, sous-estimé combien la croissance rapide nous intégrait au monde occidental sans espoir de retour. Mais la politique internationale, dite d'indépendance à l'égard des deux blocs, amenait à considérer la croissance rapide et les grands projets industriels comme les moyens mêmes de son succès. Et il n'est guère de doutes que la croissance interne, avec toutes ses modalités, doit bien avoir été considérée par le général de Gaulle, comme le moyen de son projet politique : « la fameuse place de la France dans le monde ».

Les changements qu'implique le rééquilibre durable de notre balance des paiements ne concerne donc pas simplement la nature même de la politique internationale mais aussi son rôle. D'objectif, celle-ci doit devenir moyen. Telle doit être en effet la conséquence de la lucidité qui doit être la nôtre sur la place de notre pays dans l'économie mondiale. Nous sommes, de façon définitive, un pays de moyenne importance avec le handicap très particulier que constitue du point de vue psychologique le fait d'avoir occupé pendant plus d'un siècle une des premières places. L'importance internationale de l'économie française reste cependant réduite, dans la mesure où il n'est plus guère de monopoles qui lui soient assurés de façon durable. Il suffirait que l'économie française cesse d'exister demain pour que le vide international ainsi créé se remplisse très vite. La France compte peu de vraies multinationales ; enfin elle ne peut songer à faire de sa culture et de sa langue ce type d'exportations privilégiées assurant que les autres échanges commerciaux suivent. Il fut un temps où cela suffisait : les échanges de biens suivant les migrations qui portaient avec elles la culture. Désormais c'est bien l'inverse : la culture suit lorsqu'elle le peut et selon des voies qui seront toujours moins aristocratiques que celles de nos élites. Le rêve de la grandeur ne peut être indéfiniment excusé par la grandeur du rêve.

Quelle peut donc être la politique internationale d'un pays comme le nôtre, obligé à ralentir sa croissance et à modifier, de toute façon, la hiérarchie de ses grandes activités. Si l'on situe notre pays face à ce qu'on a appelé les infructuosités majeures de l'économie mondiale, le choix conforme pour sa situation actuelle paraît assez clair. Si l'on considère d'abord un clivage Est-Ouest répondant à des nuances près, au scénario bipolaire, il ne fait guère de doute que la France ne renoncera jamais à son appartenance historique au monde occidental, c'est-à-dire à cette fraction de l'humanité à partir de laquelle la croissance de l'espèce tout entière s'opère aujourd'hui. Les rêves de finlandisation de ceux qui croient que le France est encore en mesure, comme sous Napoléon, d'exporter sa culture ou sa révolution — risquent fort d'être déçus. Mais le problème essentiel est ici de savoir jusqu'où aller dans cette appartenance et cette adhésion.

La réponse est déterminée par le contenu même du scénario bipolaire. Il n'est pas, en effet, d'alliances politiques assez fortes pour s'imposer aux réalités économiques. Ceux qui ont fait le Concorde en pensant que les alliances politiques suffiraient à ouvrir un marché intérieur américain à ce nouvel appareil, puisqu'il était beau et franco-anglais, ont commis une erreur bien française qui est de sous-estimer depuis longtemps que le monde est désormais devenu saxon à part presque entière. Autrement dit, il est à peu près inévitable qu'une politique internationale qui se confond avec l'adhésion à l'économie atlantique nous conduise rapidement à une situation de sous-traitance systématique et généralisée, analogue à celle des *civitates federatae* qui vivaient de et pour Rome. Il n'y a donc aucune raison que l'exemple allemand ne soit pas suivi et que, notamment, ne soient pas développées avec les pays de l'Est des relations politiques qui nous permettent d'être l'un des partenaires privilégiés de l'Europe de l'Est dans sa recherche d'un rythme de développement et d'un mode de vie de plus en plus proches des autres. C'est donc dans la considération des autres clivages et des possibilités par eux ouvertes qu'il convient de nuancer, de tempérer, et d'équilibrer ce choix d'appartenance au monde occidental développé.

Si l'on considère alors le partage Nord-Sud, la question se pose bien de savoir quelles alliances en tant que nations du Nord lier durablement avec les nations du Sud et lesquelles ? On ne saurait toutefois ne pas opérer de distinction entre le Sud riche et le Sud pauvre. Le premier est devenu un tel enjeu entre les deux puissances gouvernant le monde qu'il constitue désormais un des seuls risques réels de mise en cause de la dyarchie mondiale. Selon le camp auquel le Sud riche déciderait d'appartenir, selon la force de son adhésion, l'équilibre du monde risquerait d'en être réellement perturbé. Et l'on peut faire ici confiance, comme toujours, à ce Sud riche pour commencer surtout à appartenir à lui-même. L'enjeu est suffisamment important, la richesse suffisamment grande pour que nos alliances avec ces pays soient à la fois bienvenues mais, finalement, fondées sur des considérations surtout culturelles et de proximité géographique. Bien qu'on puisse y déceler la seule vertu d'un pari méditerranéen, on ne saurait en attendre autant de manifestations concrètes que d'espoirs, autant de réalités que de verbes. Quant au Sud pauvre, autrement dit le Tiers Monde, en voie plus ou moins rapide de développement, il s'agit de pays avec lesquels les alliances actuelles sont indissociables d'un passé historique qui s'estompe d'ailleurs assez vite. De plus, il n'est guère ici de complémentarités économiques sensibles et prometteuses. Notre industrie fait une place importante à ces secteurs des débuts du développement (textile, chaussures...) pour lesquels nous sommes, à l'heure actuelle, en position délicate au point de retourner à un certain protectionnisme. De plus, les marchés intérieurs de ces pays ne sont pas tels qu'ils puissent définir facilement les contreparties que nous serions en droit d'attendre de la stabilisation du prix des matières premières et de la régression organisée de certains de nos secteurs.

Reste enfin à savoir quelles forces consacrer aux projets européens. On sait bien, en effet, quel est le projet qui pourrait justifier une telle stratégie : la constitution de la seule entité qui, avec l'Etat chinois, pourrait dans un avenir plus ou moins proche, contester réellement la dyarchie mondiale. Mais l'on voit aussi qu'un tel projet pourrait être conçu comme un moyen non négligeable de notre intégration à ce cœur de l'industrialisation qu'est ce petit coin de l'Europe du Nord où coule le Rhin. Mais à savoir le nombre de raisons pour que l'enfant grandisse, à observer le nombre de fées autour de son berceau et le nombre divers d'éducations qu'il a déjà reçues, on peut s'étonner qu'il ne s'agisse toujours que d'un rejeton assez pâle. Dans la mesure où le sud de l'Europe est autant dans la main allemande que dans la main française, l'alliance franco-allemande demeurera sans doute assez longtemps l'un des éléments forts de notre politique internationale. Il deviendra chaque jour plus évident qu'une coordination des politiques industrielles allemandes et françaises s'impose et, même, qu'elle doive avoir un contenu sectoriel. Les exigences du redéploiement mondial exerceront, sur l'Europe à faire, des effets sans doute comparables à ceux de la seconde guerre mondiale. Il faudra bien que la paix se fasse.

Conclusion

Depuis le début de l'année 1974, la situation de l'économie française n'a pu cesser de nous apparaître comme beaucoup plus grave qu'il n'était de bon ton de l'admettre. Certes, tous les musiciens n'étaient pas et ne sont toujours pas convaincus par la partition. Il en est qui en savent les dissonances et en usent pour des raisons peut-être justifiées. Le moment n'est peut-être pas encore venu de reconnaître l'étendue des efforts à réaliser pour recommencer une croissance régulière. Mais il ne pourra pas ne pas venir. La modification de la situation actuelle est inévitable. Et à observer quelles sont les grandes orientations de l'évolution de l'économie mondiale, il n'y a guère que deux stratégies possibles pour y parvenir.

La première est de spécialisation. Elle implique un changement important de nos comportements et, d'abord, de ceux de nos entreprises pour lesquelles la satisfaction du marché mondial et non plus national doit devenir l'objectif prioritaire. Cette stratégie doit à la fois généraliser et spécifier l'évolution qui a commencé à la fin des années 1950 et s'est accéléré à partir de 1968. Le choix de ses procédures est, comme toujours, secondaire. Le monde offre une vaste panoplie des variétés possibles du capitalisme ou du socialisme d'Etat qui, à cet égard, auraient exactement les mêmes contraintes et les mêmes difficultés ; celles de trouver, à moindre coût social, les voies d'une intégration réussie dans un monde qui est déjà plus que naissant.

Les deux risques majeurs d'un tel choix sont clairs. Le premier est celui de voir s'exercer, avec force, le pouvoir des grands oligopoles mondiaux. Il est encore peu d'entreprises françaises qui en sont membres à part entière. Les difficultés de le devenir sont grandes tant la concurrence de leurs désirs est intense et tant sont délicates à mettre en œuvre les alliances d'État-entreprises (publiques et privées) qui puissent y conduire. On voit mal comment éviter que bon nombre de nos entreprises puissent espérer beaucoup mieux que le statut de sous-traitant plus ou moins stable des grandes multinationales — encore que, variété mise au point, cette situation, dans un marché mondial en expansion, ne soit pas des moins enviables. Le second risque, pour être d'origine purement interne, n'en est pas moins fort. Saurons-nous réaliser les conditions économiques et surtout sociales au développement d'une telle stratégie. Rien n'est moins sûr. La nécessité de notre effort n'est toujours pas claire pour un grand nombre de citoyens et de leurs représentants. Plus encore, le clivage politique actuel n'est pas propice à des choix clairs et, surtout, à la réunion des moyens pour les accomplir. Les deux camps sont, en fait, également partagés entre ceux qui feraient plutôt le pari de la spécialisation réussie et ceux qui se replieraient volontiers, sans trop savoir comment, dans un hexagone réduit désormais à la simplicité géométrique. Il n'est point de majorité politique qui ne compte quelques pinceurs de corde protectionniste. Ce sont là des airs qui chantent toujours agréablement à nos oreilles ; hélas d'autant plus séduisants qu'ils sont surannés.

La seconde stratégie est l'intervention directe sur la balance des paiements. Sans songer à une planification totale du commerce extérieur, elle consiste à engager toutes les actions qui peuvent mettre plus directement en cause l'ensemble des opérations qui déterminent le solde de notre balance des paiements. Là encore, les moyens sont nombreux d'une politique tarifaire, sélective et hiérarchisée auxquels peuvent s'ajouter le développement d'accords bilatéraux systématiques et à plus long terme. Et les termes peuvent fleurir pour la justifier où s'y opposer : du retour à un « protectionnisme malthusien » jusqu'à un « libéralisme des plus justement contrôlés ».

Une telle stratégie n'est pas non plus sans risques. Ceux-ci traduisent l'intensité de l'intégration mondiale désormais atteinte qui, même si elle régresse quelquefois sous la pression de politiques nationales convergentes, n'en demeure pas moins fort contraignante. Le monde peut fort bien se passer de la France mais la France ne le peut pas du monde. Une politique protectionniste serait intenable si elle provoquait des réactions immédiates de nos principaux partenaires commerciaux. Ou bien l'accord des grandes puissances (Etats-Unis, Allemagne, Japon notamment) est obtenu et l'on voit mal, en cette occurrence, comment l'on éviterait le danger d'une spécialisation définie par les volontés des grandes multinationales ; ou bien on n'échapperait guère à des mesures de rétorsion qui mettraient en cause le secteur le plus moderne, le plus compétitif, c'est-à-dire déjà intégré de l'économie française. Ce serait alors faire à nos partenaires un cadeau qu'ils ne sauraient espérer.

L'équilibre des forces économiques et, par là, politiques qui sauraient se mettre au service de chacune de ces deux stratégies n'est pas fortuit. Confusément chacun sent ce qu'il a à gagner, à perdre et plus encore d'adaptation à éprouver dans le quotidien si l'une de ces deux orientations devenait celle de l'économie française. Encore que l'interrogation demeure de la réalité même de ce choix ou, plutôt de la marge de manœuvre qui est réellement nôtre. Les contraintes sont si nombreuses et si étrangères à notre action que l'étendue de notre liberté de choix est, en pratique, beaucoup plus réduite qu'en une rhétorique dont nous sommes parmi les meilleurs spécialistes. Il est même très vraisemblable que notre pays, fidèle à son histoire radicale, va parvenir à ne pas choisir ; que sous l'influence du jeu conjugué des contraintes économiques, sociales et politiques internes, il va définir à l'intérieur de lui-même deux grands sous-ensembles d'activités et d'individus d'autant plus complémentaires et nécessaires que différents. Le premier, intégré à l'espace mondial fait d'entreprises exportatrices, délocalisées, soumises à la concurrence internationale, d'hommes passant une partie notable de leur vie dans les aérodromes et les chaînes hotelières qui uniformisent les conditions de la nuit, d'institutions, enfin, nécessaires au fonctionnement d'un monde moins inégalement industrialisé qu'il ne l'est encore aujourd'hui. Le second devrait être l'incarnation de nos tendances historiques au règlement économique de la facile prosélyte de notre langue et, plus démocratiquement, de l'affirmation — nécessaire à tous les peuples, en particulier méditerranéens — de notre identité culturelle. Il sera constitué d'hommes moins mobiles, d'organisations à vocation purement internes et d'institutions de redistribution.

Ce clivage ne se confondra ni avec les oppositions politiques actuelles, ni avec les distinctions trop fameuses du public et du privé ou du marchand et du non-marchand. Il sera *sui generis*, se fera lentement, avec des tensions sociales dont il est bien difficile de prévoir l'exacte intensité et déroutera, une fois de plus, les prévisions monotones.

Là-dessus, plus tard, notre clarté cartésienne fera des miracles d'exposition.

Imprimé en France, à Vendôme
Imprimerie des Presses Universitaires de France
1978 — N° 26 024